MINERVA
はじめて学ぶ
子どもの福祉
8

倉石哲也/伊藤嘉余子
[監修]

子どもの保健

鎌田佳奈美
[編著]

ミネルヴァ書房

監修者のことば

本シリーズは、保育者を志す人たちが子どもの福祉を学ぶときにはじめて手に取ることを想定したテキストです。保育やその関連領域に関わる新進気鋭の研究者や実践者の参画を得て、このテキストはつくられました。

保育をめぐる現在の情勢はまさに激動期です。2015年4月に「子ども・子育て支援新制度」がスタートし、保育所と幼稚園の両方の機能をもつ幼保連携型認定こども園が創設されました。養成校では、それに対応した保育士資格と幼稚園教諭免許の取得が必須となる「保育教諭」の養成が本格化しています。今後ますます、幼保連携が進められると、すべての保育者に子どもの福祉に関する知識が必要となるでしょう。

また、近年では児童虐待をはじめとした、養育環境に課題を抱える子どもと保護者への対応が複雑かつ多様化しています。今春告示された「保育所保育指針」には、新たに「子育て支援」という章が設けられました。これからの保育者は、保護者の子育てを支援するために、子どもを育てる保護者や家族が直面しやすいニーズについて理解するとともに、相談援助に必要な姿勢や視点、知識やスキル等を身につけていくことがさらに求められます。

このテキストにおいては、上記で述べたようなこれからの保育に対応するために必要な知識や制度についてやさしく、わかりやすく解説しています。また、テキストを読んだあとで、さらに学習を進めたい人のための参考図書も掲載しています。

みなさんが卒業し、実際に保育者になってからも、迷いがあったときや学びの振り返りとして、このテキストを手元において読まれることを期待しています。

2017年12月

倉石　哲也

伊藤嘉余子

はじめに

　子どもは発達し続けている存在であり発達の主人公です。この世に生まれたときから健やかに発育・発達していくことが当然のように周囲の大人から期待されています。しかしながら、子どもの健やかな発達には心とからだの健康状態が大きく関与しています。

　以前のわが国は、飢えや疾病のために多くの乳幼児が育つことなく亡くなっていました。戦後、科学や医療の進歩による衛生状態や栄養状態の改善、予防接種や抗生物質等の普及にともない、多くの乳幼児の命を救えるようになりました。さらに「母子保健法」の制定により乳幼児健康診査や母子健康手帳制度が定着したことで、母親のおなかにいるときから子どもの健康を管理できるようになり、子どもの発達に大きな貢献をもたらしました。しかし乳児死亡率の激減と相反して、子どもの虐待や心身症の増加、発達障害などのさまざまな課題が、子どもの発達に影響を及ぼしているという現状も存在しています。

　すべての子どもは生きる力、発達する力をもってこの世に生まれてきます。しかし未熟であるがゆえに心身ともに脆弱で疾病や事故、養育環境から影響を受けやすく、家族を中心とした大人からの保護を必要とします。子どものそばにいる保護者や保育者は、重大な病気や事故の危険から子どもを護り、健やかな発育・発達に向けた養育環境を準備する責任と役割を担っています。本書では、子どもの発育・発達に欠かすことのできない要素である“健康”の保持増進、疾病や事故の予防に必要な知識と対応方法について、理解を深めることができるよう構成をしています。

　第1章では、子どもの健康や現状についての理解を深め、健康保持・増進に向けた保護者や保育者の責務と子どもの保健について学びます。

　第2章では、子どもの身体発育だけでなく、生理機能、運動機能、精神機能の発達について理解を深めます。

　第3章では、子どもの疾病の特徴や、疾病に対する子どもの理解について学びます。さらに、乳幼児期にかかりやすい疾病とその対応や予防の方法を学びます。

　第4章では、心とからだが関係しやすいという子どもの特徴を踏まえ、気になる生活習慣や情緒行動上の問題について理解を深めます。特に、発達障害と子ども虐待について詳細に学びます。

　第5章では、集団生活のなかで、子どもの疾病や事故を予防するための保育環境や衛生および安全管理の方法について具体的に学びます。

　第6章では、子どもの心とからだの健康保持・増進を目指した職員間および他機関や地域との連携のあり方について考えたいと思います。

　本書が、子どもの保健に関わる保育者を目指す人たちの専門性向上に役立つものとなれば幸いです。

2018年1月

編著者　鎌田　佳奈美

目次

はじめに

第1章　子どもの健康と保健の意義

レッスン1　子どもの保健とは………………………………………………… 2
　　　　　① 子どもの保健とは何か…2　② ヘルスプロモーション（健康づくり）…2

レッスン2　保健活動の目的・意義と実際……………………………………… 6
　　　　　① 保健活動の目的…6　② 保健活動の意義…6　③ 保健活動の実際…7

レッスン3　健康の概念と健康の指標………………………………………… 11
　　　　　① 子どもの健康とは…11　② 母子保健…11　③ 統計からみる母子保健…12

レッスン4　地域における保健活動と子ども虐待防止……………………… 23
　　　　　① 子どもの健康とは…23　② 地域における子育て支援・虐待予防…25

●コラム　子どもにやさしいフィンランドの制度──ネウボラ…31

第2章　子どもの発育・発達と保健

レッスン5　生物としてのヒトの成り立ち…………………………………… 34
　　　　　① 精子・卵子とヒトの性別…34　② 受精…34　③ 着床…36　④ 胎児の発育…
　　　　　37

レッスン6　身体発育と保健…………………………………………………… 38
　　　　　① 体重…38　② 身長…38　③ 成長の評価…39　④ 頭囲・胸囲…41　⑤ 身体
　　　　　計測方法…41

レッスン7　生理機能の発達と保健1………………………………………… 44
　　　　　① 体温調節…44　② 呼吸…46　③ 循環（脈拍・心拍・血圧）…47

レッスン8　生理機能の発達と保健2………………………………………… 49
　　　　　① 消化吸収機能…49　② 排泄…49　③ 睡眠…51　④ 免疫…53　⑤ 感覚…54

レッスン9　運動機能の発達と保健1………………………………………… 56
　　　　　① 成長・発達の一般的原則…56　② 各発達段階における運動機能発達…57

レッスン10　運動機能の発達と保健2……………………………………… 61
　　　　　① 粗大運動…61　② 微細運動…62

レッスン11　精神機能の発達と保健1……………………………………… 63
　　　　　① 知的機能…63　② 言葉の発達…65

レッスン12　精神機能の発達と保健2……………………………………… 68
　　　　　① 情緒の発達…68　② 社会性の発達…70

●コラム　子どもの＜活動意欲＞「活動なくして発達なし」…73

第3章　子どもの疾病と保育

レッスン13	子どもの疾病の特徴 ‥‥‥‥‥‥‥‥‥‥‥‥‥‥‥ 76
	① 疾病とは何か…76　② 認知発達の特徴による子どもの病気の理解…76
	③ 子どもの身体の解剖学的・生理学的特徴と疾病…79

レッスン14　子どもの疾病と保育1 ‥‥‥‥‥‥‥‥‥‥‥‥‥‥ 81
　　　　　① 発熱…81　② 咳・喘鳴…82　③ 嘔吐…83　④ 下痢…84　⑤ 脱水…85
　　　　　⑥腹痛…86　⑦ けいれん…86

レッスン15　子どもの疾病と保育2 ‥‥‥‥‥‥‥‥‥‥‥‥‥‥ 89
　　　　　① 病原体と感染症…89　② 子どもの感染症の特徴…89　③ 感染経路…90
　　　　　④ 学校感染症…90　⑤ 主な感染症…91

レッスン16　子どもの疾病と保育3 ‥‥‥‥‥‥‥‥‥‥‥‥‥‥ 98
　　　　　① 熱中症…98　② 熱性けいれん…99　③ 食物アレルギー…100　④ かぜ症候群
　　　　　…104

レッスン17　子どもの疾病と保育4 ‥‥‥‥‥‥‥‥‥‥‥‥‥ 106
　　　　　① 気管支ぜんそく…106　② てんかん…107　③ 先天性心疾患…108　④ 腎疾
　　　　　患…109

レッスン18　子どもの疾病の予防と適切な対応1 ‥‥‥‥‥‥‥ 111
　　　　　① アトピー性皮膚炎…111　② 障害児…112　③ 医療的ケアを必要とする子ど
　　　　　もへの対応…114　④ 乳幼児突然死症候群（SIDS）…115

レッスン19　子どもの疾病の予防と適切な対応2 ‥‥‥‥‥‥‥ 117
　　　　　① 手洗い…117　② 予防接種…118　③ 健康教育…119

●コラム　障害（障がい）の表記について…123

第4章　子どもの精神保健

レッスン20　子どもの心身の健康 ‥‥‥‥‥‥‥‥‥‥‥‥‥‥ 126
　　　　　① 精神発達理論…126　② 子どもの心と体の問題…128　③ 心身症…129

レッスン21　子どもの生活習慣や生活上の問題‥‥‥‥‥‥‥‥ 132
　　　　　① 生活習慣の問題…132　② 習癖・情緒・行動上の問題…135　③ その他の症
　　　　　状…137

レッスン22　子どもの発達障害 ‥‥‥‥‥‥‥‥‥‥‥‥‥‥‥ 140
　　　　　① 気になる子どもとは…140　② 発達障害…142

レッスン23　発達障害の子どもの支援 ‥‥‥‥‥‥‥‥‥‥‥‥ 146
　　　　　① 発達障害児への視覚支援…146　② ペアレントトレーニング…147　③ ソー
　　　　　シャルスキルトレーニング…148　④ 乳幼児健康診査…149　⑤ 医療機関との関
　　　　　わり…149

レッスン24　子ども虐待 ‥‥‥‥‥‥‥‥‥‥‥‥‥‥‥‥‥‥ 151
　　　　　① 子ども虐待とは…151　② 子ども虐待の現状…152　③ 子ども虐待の発見と介
　　　　　入…154　④ 子ども虐待に関係する機関と法律…155　⑤ 子ども虐待の予防…156

●コラム　子ども虐待による死亡事例等を防ぐためのリスクとして留意すべきポイント…159

第5章　環境および衛生管理並びに安全管理

レッスン25　保育環境整備と保健 ･･････････････････････････････ 162
① 保育環境とは何か…162　② 保育環境を整備する意義…162　③ 望ましい保育施設内での保育環境…162　④ 保育施設内での環境整備の実際…163　⑤ 保育施設外の環境整備…167

レッスン26　保育現場における衛生管理 ･････････････････････････ 169
① 疾病予防のための管理…169　② 学校、幼稚園、保育所で予防すべき感染症への対応…171　③ 子どもの健康管理…172

レッスン27　保育現場における事故防止および安全対策並びに危機管理 ･･････ 174
① 子どもに起こりやすい事故…174　② 事故防止および安全対策…179　③ 子どもと大人への安全教育…180　④ 事故・急病発生時の対応…183　⑤ 事故や災害を経験した子どもへの対応…184

●コラム　「事故防止に努めること」と「子どもがのびのびと育つこと」…187

第6章　健康および安全の実施体制

レッスン28　職員間の連携と組織的取り組み ･････････････････････ 190
① 組織とは何か…190　② 職員一人ひとりの姿勢と実践力…191　③ 職員間の連携…193　④ 組織としての取り組み…193

レッスン29　母子保健対策と保育 ･･･････････････････････････････ 196
① わが国の母子保健施策…196　② 主な母子保健事業…197

レッスン30　家庭・専門機関・地域との連携 ･･･････････････････････ 206
① 妊娠・出産包括支援事業の展開…206　② 家庭との連携…207　③ 専門機関との連携…208　④ 地域との連携…212

●コラム　他職種の業務内容…214

さくいん…215

●この科目の学習目標●

「指定保育士養成施設の指定及び運営の基準について」（雇児発0331第29号）において6つの目標が明示されている。①子どもの心身の健康増進を図る保健活動の意義を理解する、②子どもの身体発育や生理機能及び運動機能並びに精神機能の発達と保健について理解する、③子どもの疾病とその予防法及び適切な対応について理解する、④子どもの精神保健とその課題等について理解する、⑤保育における環境及び衛生管理並びに安全管理について理解する、⑥施設等における子どもの心身の健康及び安全の実施体制について理解する。本書も、この目標を達成するよう、内容を考えている。

第1章

子どもの健康と
保健の意義

本章では、子どもの保健とは何か、保健活動や健康、地域保健活動や子ども虐待防止について学んでいきます。

みなさんがこれから専門的に学んでいく保育の世界において、「子どもの保健」の知識がどうして必要になるのかを理解することが大切です。

レッスン1　子どもの保健とは

レッスン2　保健活動の目的・意義と実際

レッスン3　健康の概念と健康の指標

レッスン4　地域における保健活動と子ども虐待防止

レッスン**1**

子どもの保健とは

本レッスンでは、子どもの保健とは何かについて学びます。子どもは発達の主人公として存在しています。けれども、子どもは発達の途上にあるため、周囲の大人が保護しなければならない存在といえます。そのため保育者は、子どもに関わる専門職として病気や危険な状況から子どもを守るために必要な知識や技術を学習していきましょう。

1．子どもの保健とは何か

「子どもの保健」とは何でしょうか。個々の子ども、または集団を形成する子どもの健康の維持と増進を図る領域であり、心身ともに健やかな発育・発達を目指した子どもと保護者に対する支援です。子どもが病気にかからないようにするだけでなく、現在の健康状態を継続、今以上に向上することを目指して、子どもの育ちを支援していく必要があります。

保育者は、子どもに関わる専門職として一人ひとりの子どもが健やかに発育・発達できるよう適切に対応するとともに、子ども集団全体の健康を意識した保育を実践する必要があります。そのため、子どもの健康とはどのような状態を意味しているか、健康状態が子どもにどのような影響を及ぼすのかを理解し、子どもの健やかな発育・発達を目指した保育について理解を深めていきましょう。保育者には、個々の子どもと集団の健康状態の維持・増進に向け、積極的な保育が求められているのです。

2．ヘルスプロモーション（健康づくり）

健康は「人々が幸せな人生を送るための大切な資源」であるということが強調されています。人々の**生活の質**（**QOL**：Quality of life）の充実には健康が大きく関わってくるといえるでしょう。健康な人だけでなく病気や障害を抱えている人も含め、その人なりの幸せな人生を送るために、その人自身の健康状態を継続すること、改善することが必要です。このような健康づくりに対する基本的な考え方を**ヘルスプロモーショ**

ンといいます。1986年、世界保健機関（World Health Organization：WHO）は、ヘルスプロモーションとは「人々が自らの健康をコントロールし、改善することができるようにするプロセス」であると定義しています。

　具体的には、以下の2本を柱としています。

　●一人ひとりが自ら健康増進や病気の予防、病気や障害をコントロールする力を高めること
　●健康を支援する環境づくりを行うこと

　一人ひとりが自ら健康を管理するためには、健康に関する知識やスキルが必要となります。しかしそれだけでなく、「健康が幸せな人生にとって最も有用な資源である」こと、「健康は他人から与えてもらうものではなく自分で守るものである」こと、「健康は自ら積極的・計画的に管理していく必要がある」といった考えや価値観を根付かせる営みが健康に関わる多くの人々の役割といえるでしょう。もちろん保育者はその役割を担っています。

　個人の知識やスキル、価値観が変容しても行動につながらない場合もあります。それは人々を取り巻く社会の環境によるものです。たとえば、喫煙が健康に影響を及ぼすことは国民の多くが理解しています。長年喫煙してきた人が健康保持・増進を目指し「よし、今日から禁煙しよう」と強い意思をもったとします。ところが、職場や飲食店などで何の制限もなく、周囲の人々が喫煙している状況ではどうでしょうか。これまでの喫煙行動を変化させることはとても難しいと想像できるでしょう。職場全体で喫煙を禁止したり、飲食店での分煙室の設置など、国や社会全体で禁煙の取り組みがなされることで、個人の行動変容を容易にすることができます。

　このようにヘルスプロモーションを推し進めていくためには、個人の力を高めることと、環境づくりの両側面からの働きかけが必要となることを理解できたのではないでしょうか（図表1-1）。

1 ヘルスプロモーションの特徴

　ヘルスプロモーションには、以下の4つの特徴があります。

①ヘルスプロモーションのゴールは、人々の**生活の質（QOL：Quality of life）の向上**です。健康であることは、人々の生活の質を高める最大の資源です。

図表 1-1 ヘルスプロモーションの概念図

疾病対策から健康づくりへ、主役は住民、ゴールはQOL、あらゆる生活の場が健康づくりの場

出典：NPO法人Well-Being「地域保健・地域でのヘルスプロモーション活動」(http://www.well-being.or.jp/tiiki/think.html)をもとに作成

②ヘルスプロモーションの主体は、**地域で生活する個人**です。個人の毎日の生活は、ヘルスプロモーションに大きな影響を与えます。そのため、健康的な生活を送れるよう専門家や周囲の人たちは、環境を整え、後押しすることによってサポートします。

③ヘルスプロモーションでは本人への知識や技術の提供だけでなく、**健康づくりを行いやすい環境**を整えます。

④生活におけるあらゆる場面や場を**健康づくりの場**として考えます。家庭だけでなく、保育所、幼稚園、病院、職場など日常の生活の場で健康維持・増進をしていきます。

2　子どもと家族のヘルスプロモーション

では、子どものヘルスプロモーションはどのように考えればよいでしょうか。子どもの健やかな発育・発達につながる健康づくりの土台となる乳幼児期の子どもへの関わりはとても大切であるといえます。乳幼児期の子どもを育てているのは保護者です。子どもの健やかな育ちに向け、保護者に対する健康教育が重要であることはいうまでもありません。しかし、それだけで十分といえるでしょうか。子どもは幼ければ幼いほど、保護者の考えや生活に多大な影響を受けます。したがって、子どもの健康に関する正しい知識と健康づくりのスキルだけでなく、子どもを含めた**家族全体のヘルスプロモーション**を考えていく必要があります。

たとえば、保護者が朝食を食べない生活習慣をもっている家庭の場合、子どもの生活はどうなるでしょうか。子どもも朝食を食べずに幼稚園や保育園に登園することが想像できます。朝食を抜いたことで、機嫌が悪

くなったり、ほかの子どもと同じように朝の活動を行えないこともあります。また、保護者の就寝時間が遅い場合は、子どもも遅寝となり睡眠時間が短くなりがちです。睡眠時間の不足は、成長期に必要なホルモンの分泌が不十分になり発育状況に影響を与えます。さらに、日中の活動や活動意欲が低下することは、これまでの調査からも明らかになっています。

　以上のように、保護者の生活は子どもの健康に大きな影響を与えていることがわかるでしょう。そのため子どものヘルスプロモーションは、家族全体の幸せな人生を送るための健康づくりに向け、保護者とともに考えていく必要があります。

　また、子どもの発達にともない、子ども自身も健康に対する知識やスキルを学び、健康にとって望ましい生活習慣を獲得していけるような支援も必要となるでしょう。幼少期より自分の健康を意識し、それを守ろうとする姿勢や活動は、大人になってからの健康の土台となります。幼少期の子どもに対する健康教育や習慣づけは保護者とともに保育者の重要な役割といえるのではないでしょうか。

演 習 課 題

①子どもの保健において、あなたが保育者なら、どのような目標を立てますか。具体的に考えてみましょう。
②現在の生活のなかで、あなた自身の行動で変化させたいことについて、ヘルスプロモーションの考え方をもとに、どのように実施すればよいか具体策を立ててください。
③子どもの健康を保持増進するために日常生活のなかで心がけることを5つあげてみましょう。

レッスン**2**

保健活動の目的・意義と実際

レッスン1では子どもの保健について学びました。本レッスンでは、乳幼児期の個々の子どもと集団を形成する子どもに対する保健活動の目的・意義とその実際について学びます。

1．保健活動の目的

　人間の子どもは、ほかのどの動物よりも未熟なままでこの世に生まれてきます。しかし、生後1年を過ぎる頃より、一人で立って歩けるようになり、道具を使えるようになり、言葉を用いて話すことができるようになります。これはほかの動物との大きな違いです。

　ではなぜ、このような違いが現れてくるのでしょうか。それは大人の関わりによるものです。つまり、人間の子どもは未熟であるがゆえに、ていねいな大人の関わりを必要とし、子どもの健康と安全が守られているからこそ、豊かな発育・発達が育まれていきます。このように、保健活動の目的は子どもの健やかな発育・発達を支援することです。

2．保健活動の意義

　乳幼児期はあらゆる身体機能がまだ十分備わっていないため、感染症をはじめとする病気や事故に遭遇しやすいという特徴をもっています。具体的には子どもがおなかのなかにいるときには、母親から免疫（**IgA**[*]）という病気に抵抗する物質を獲得していました。けれども出生とともに免疫は途絶え、他の免疫もほとんどもっていない無防備な状態となります。そのため、乳幼児期の子どもはさまざまなウイルス性の感染症にかかりやすいのです。

　乳幼児期は感染症にかかりやすい時期であり、適切な対応を怠れば重症化しやすく、合併症を引き起こすこともあります。しかし、感染症にかかっても適切に対応していけば、感染症にかかることを通じて病原体への抵抗力をつけ、強い身体をつくっていきます。

✳ **用語解説**

IgA
病気に抵抗する物質（抗体）には5種類あり、それぞれIgG、IgA、IgM、IgD、IgEとよばれる。血液中に最も多いIgGは、全体の約80％を占め、全身系で感染防御に関与する。IgAは約10％を占め、消化管や肺、泌尿器などの粘膜に存在する。IgMも約10％で、感染初期の防御に役立つ。IgDとIgEは1％以下。IgEはアレルギーを起こす抗体でごく微量である。

レッスン2　保健活動の目的・意義と実際

　また、子どもは小さなけがを繰り返しながら危険から身を守る術を学習していきます。毎日の生活のなかで繰り返し体験を重ねることで、少しずつ学習しているのです。乳幼児期は、自ら健康や安全を守ることができるようになるための学習期間としてとらえることができるのではないでしょうか。そのため大人には、子どもの経験や学習を保障しつつ、健康と安全を守る責任があります。その責任は、最も身近にいる保護者と周囲にいるすべての大人にあるといえます。

　病気や事故は、ときに子どもの発育発達に大きな影響を及ぼすことがあります。不適切な対応あるいは適切に対応できなかったために、病気が悪化し、生命に関わるような**合併症**[*]を発症したり、身体に障害を残すような重大な事故を引き起こしてしまう危険性があります。

　先にも述べた通り、子どもの心身の健康への脅威は、子どもの発育発達に大きく関わってきます。周囲の大人が子どもの保健や安全に関する知識を深め、実践につなげることが非常に重要な意味をもつということが理解できたでしょうか。

> **✴用語解説**
> **合併症**
> 合併症とはある病気にともなって起きる別の病気をいう。

3．保健活動の実際

1　個別の子どもの保健

①子どもの健康管理・健康教育

　保育者は日々の観察や関わりから、ふだんの子どもの様子や特徴を理解しておくとよいでしょう。同じ年齢や月齢であっても子ども個々に特徴があるため、保護者と相談しながら、子どもの特徴に応じた支援を考えていくとよいでしょう。日頃の健康管理として、ていねいに子どもの身体を観察するとともに、保護者から家庭での子どもの様子を聞き、子どもの健康状態を総合的に判断します。特に1歳に満たない子どもに対しては、登園時に体温測定も行って感染症の有無を確認します。3歳を過ぎると、子どもは身体の状態を訴えられるようになるので、子どもからも体調を確認しましょう。

　子どもの健康状態は、急激に変化しやすいという特徴があります。朝元気で登園してきても、昼には発熱していたり、なかには熱が出ているのにほかの子どもと同じように遊んでいて、かぜをこじらせたりすることもよくあります。回復も早いのですが、悪くなるのも急です。そのため、保育者が保育活動のなかで注意深く観察しておく必要があります。

　子どもの体調不良にいち早く気づき、対応するための要点は図表

7

第1章　子どもの健康と保健の意義

図表 2-1　子どもの体調不良に対応するための要点

①ふだんの子どもの様子や状況をしっかり把握する。

　日常の観察からふだんの様子や状態を知っておきましょう。「いつもと違う」「なんとなく変」という感覚がとても大切になります。

②子どもの機嫌や活気を手がかりにする。

　特に子どもは言葉で伝えられなくても、機嫌や活気に表れます。いつもより機嫌が悪い、活気がない、顔色が悪いという情報はとても重要です。これらの様子を手がかりに、食欲や排便、睡眠状態や症状等から総合的に心身の状態を判断していきます。たとえば、同じ37.8℃の体温でももともと平熱の高い子どもと低い子どもでは状態に違いがあります。また、発熱していても比較的機嫌がよく、食欲もある場合と、いつもより機嫌が悪く、ぐったりしている場合では対応に違いがでてきます。

③保護者と協力して子どもの健康状態を把握し、必要に応じて保護者への健康教育を行う。

　保育者の気づきを保護者にしっかり伝え、家庭での様子の見方や対応方法についても伝えておくとよいでしょう。保育者から保護者へ伝える際には、「昼過ぎから熱が出てきました」「園で下痢を3回しました」「おうちで様子をみておいてください」と単に子どもの状態や状況を伝えるだけにとどまらず、「一度受診をさせてあげてください」「食欲はなくても脱水予防のために少しずつでよいので水分だけはしっかり飲ませるようにしましょう」「熱があがったらできるだけ首の後ろやわきの下を冷やしてあげましょう」などと具体的な助言が保護者の行動を促す支援になります。このような積極的な助言の一つひとつが保護者に対する健康教育につながります。

2-1の3つです。

②慢性疾患をもつ子どもの健康管理・健康教育

　慢性の病気をもつ子どもの支援の要点は次の通りです。まず、ふだんから保護者と情報を共有したり、ノートを利用して連絡を密接にしておきましょう。どの子どもにも共通してみられる症状もありますが、その子どもに特有な症状や出現の仕方もあります。そのため、症状が出現し始めるきっかけや特徴、注意点などについて、必ず保護者から情報を得ておくとよいでしょう。

　次に、子どもの情報は保育所全体で共有しておきましょう。保護者の同意を得て嘱託医に情報提供し、必要時には医療機関からの説明を求めましょう。日常生活のなかで注意が必要なこと、観察内容、緊急時の対応などについて保育所全体で確認しておきます。具体的に緊急時の対応を話し合ったり、マニュアル化しておくことが大切な準備となります。対応の遅れが子どもの病状悪化や生命の危険につながることもあるので、ふだんからあらゆる状況を想定して備えておくことが必要でしょう。

　最後に、日常生活のなかで子どもをしっかりと観察し、必要時には配慮をしましょう。慢性疾患をもつ子どもには日常生活のなかで、より配慮が必要になります。たとえば、食物アレルギーの子どもに対しては、食事内容だけでなく、配膳時の確認、食事中の様子やほかの子どもと関わっている様子を観察するなど、注意深い対応が必要となります。熱性けいれんを起こしたことのある子どもの場合、熱の上昇にいち早く気づ

参照

食物アレルギー
→レッスン16

熱性けいれん
→レッスン16

レッスン2　保健活動の目的・意義と実際

き、少しでも早く解熱に向けた対処が求められます。このように保育者は一人ひとりの状況や状態を定期的、継続的、または必要に応じて随時、把握しておく必要があります。そして、緊急時にすぐに対応できるよう、保護者とすぐに連絡がつくようにしておくことも忘れないようにしましょう。

2 集団の子どもの保健

①集団の健康管理

　保育の場は子ども一人ひとりの健康だけでなく、集団の健康を維持増進していくところです。集団の健康管理をしていくために必要なこととして、以下の3点があげられます。

　①保育のなかで子どもに規則正しい生活習慣を養わせ、病気に対する抵抗力を高めるためにふだんから体力づくりを行う。

　②年長の子どもには健康教育を行うことで、自ら健康を守るための行動がとれるように促す。

　③感染症が疑われる子どもをいち早く発見し、感染拡大の予防を心がける。

　乳幼児期は免疫力が最も低い時期であり、小児期に罹りやすいさまざまな流行性の**感染症**が存在しています。適切な対応を怠れば、一人の子どもから保育所全体に感染症が蔓延する危険性があります。

②規則正しい生活習慣

　保育所での規則正しい生活習慣は、将来の生活習慣の土台となります。毎朝決まった時間に目覚め、朝食を食べ、登園し、身体を使ってしっかり遊び、お昼寝をするといった一貫した生活は、自律神経を整え健全な身体をつくる基礎となります。さらに生活リズムの安定は、身体の調子を整えるだけでなく、心の安定にもつながります。子どもは脳の機能が未熟であるため、不安を生じやすい傾向にありますが、生活のなかで次に何が起こるかを知っておくだけで安心感を覚えます。したがってデイリープログラムは重要な意味をもっているといえるでしょう。

③日常生活のなかでの健康教育

　日常生活のなかでの清潔行動の習慣づけは、病気から自分の身体を守るための方法を子どもに身につけさせます。食事前やトイレ後の手洗いや散歩から帰ったときの手洗いやうがい、水分補給、プール遊びのあとに目を洗うことなど、すべてが病気の予防につながります。これらの行動の意味と正しい方法を子どもが理解できるように説明し、生活のなかで実行できるようにすることが子どもへの健康教育そのものです。これ

参照
感染症
→レッスン15

補足
自律神経
自律神経は身体の調子を調節する役割をし、24時間働いており、昼間に活発になる神経と夜の安静時に活発になる神経のバランスによって体調を整えている。自律神経が乱れると、腹痛や頭痛などさまざまな症状が出現する。

らをうまく導くためには、子ども自ら「やってみたい」と思える意欲を引き出すことが必要です。子どもが意欲をもって取り組めるように仕向けるポイントとしては、練習や訓練という形ではなく、あくまでも日常生活のなかで自然に身につけさせていくことです。乳幼児期は生活習慣を獲得する時期であるため、これらの保育者の関わりは非常に重要な意味をもっています。保育者は日常生活のすべての関わりが子どもへの健康教育であることを意識しておくことが必要でしょう。

演 習 課 題

①保育者と他の専門職（医師、保健師など）が行う保健活動の違いを考えてみましょう。保育者だからできる保健活動はどのようなことかを述べてください。

②保育の場での子どもの健康状態を把握することや異常を早期発見するために大切なことを説明して下さい。

③最近の子どもの生活について、新聞などから情報を集めてみましょう。また、その生活の背景にはどのような状況があるかも考えてみましょう。

レッスン**3**

健康の概念と健康の指標

現在のわが国は、医療が進歩し、栄養状態や衛生環境は非常によく整備され、発展途上国の子どものように餓死や感染症によって命を落とすことはまれです。しかし、いじめや摂食障害、引きこもり、不登校、虐待など、子どもを取り巻く課題は多くみられます。本レッスンでは健康とは何かについて学びます。

1. 子どもの健康とは

「健康」とはどのような状態をいうのでしょうか。国連の専門機関である世界保健機関（WHO）は、「全ての人々が可能な最高の健康水準に到達すること」を目的として、「世界保健機関（WHO）憲章」の前文のなかで、健康について以下のように示しています。

"Health is a state of complete physical, mental and social well-being and not merely the absence of disease or infirmity."
「健康は完全な肉体的、精神的及び社会的福祉の状態であり、単に疾病又は病弱の存在しないことではない」（昭和26年官報掲載訳）

このように健康は、病気でないという身体的な状態のみを表しているのではなく、心の状態や社会的にもよい状態であることを示しています。また健康は、人種、宗教、政治的信念または経済的もしくは社会的条件によって差別されることなく、誰もがもっている基本的権利であり、個人だけでなく社会全体で守られなければならないことが示されています。特に子どもの健康は、家族や社会からの影響を強く受けるため、家族や社会の責任が重要であることはいうまでもありません。

2. 母子保健

子どもの健康は、すでに母親の妊娠中からさまざまな影響を受けてい

第1章　子どもの健康と保健の意義

用語解説

低出生体重児

2,500g未満で生まれた新生児のことをいい、さまざまな機能が未熟なまま生まれてくるため、呼吸、消化器等の問題をもちやすい傾向にある。

出典

†1　川畑友二「不登校と乳幼児期との関連について──乳幼児精神保健の新しい風」『別冊発達』ミネルヴァ書房、2001年、186-194頁

†2　清水将之「思春期の精神保健と乳幼児期──乳幼児精神保健の新しい風』『別冊発達』ミネルヴァ書房、2001年、179-185頁

補足

出生率

1年間の出生数を人口との関係でその割合を示したもの。

用語解説

合計特殊出生率

15～49歳までの出産可能年齢の女性の生涯出産数を表す。

ます。母親自身がもつ身体的な健康問題は、直接おなかの子どもの身体に影響を及ぼすといわれています。しかし、それだけではありません。母親の生活習慣や行動も子どもに影響を及ぼします。たとえば、母親の喫煙習慣や食生活、過度のストレスが**低出生体重児**[*]の出生につながることはこれまで数多くの研究から示されてきました。低体重で生まれた子どもにみられる、よく吐く、よく泣くなどの育てにくさは、母親の不安やストレスを増大することがあります。また、乳幼児早期の親子の関係が思春期の不登校、摂食障害などの問題と密接な関連があることも示されています[†1]。つまり、子どもの健康は母親の心身の状態に関連し、その影響は妊娠中から始まっています。

　一方、子どもの生活習慣病、心の問題、いじめ、子ども虐待など、子どもを取り巻く環境や家族に深く関わる子どもの健康問題が増加しています[†2]。また、少子化、ひとり親家庭の増加、育児不安、孤立育児など、さまざまな困難な状況を抱えながら子育てをしている家族も少なからず存在しています。このように現代は、子どもが健やかに発育・発達していくことが難しい時代であるといえるのではないでしょうか。

　そのため、子どもに関わる専門職には、子どもだけでなく保護者が健全に子育てができるよう、家族全体を支えていくことが必要になります。

3．統計からみる母子保健

　子どもと保護者の健康に関連する状態を統計的に表すことで、子どもを取り巻く社会環境とこれからの課題がみえてきます。わが国の母子保健の水準を表すものとして、出生、妊産婦死亡、周産期死亡・死産、新生児死亡、乳児死亡などをみていきましょう。

1　出生数・出生率

　出生数と**合計特殊出生率**[*]の年次推移を図表3-1に示しました。第1次ベビーブームを経て、第2次ベビーブーム時（昭和46～49年）には209万人であった出生数が、2016（平成28）年には97万6千人と半数以下に減少しています。合計特殊出生率も2005（平成17）年には1.26まで落ち込みました。その後2016年には1.44と少し増加がみられたものの、他の先進国に比べるとまだまだ低い状態です。少子化の傾向はしばらく続きそうです。

　合計特殊出生率の年齢階級別年次推移をみると、20歳代の母親の出

12

図表 3-1 出生数および合計特殊出生率の年次推移

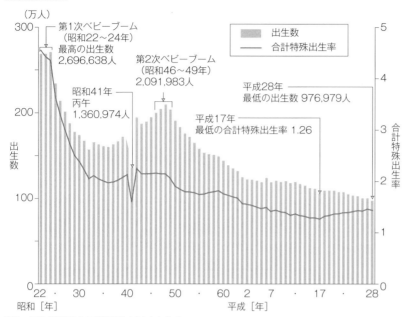

出典：厚生労働省「人口動態統計」をもとに作成

図表 3-2 合計特殊出生率の年次推移（年齢階級別内訳）

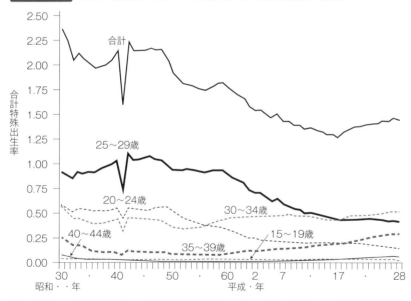

注：この図の年齢階級別の数値は、母の各歳別出生率を足しあげたもので、各階級の合計が合計特殊出生率である。なお、15歳と49歳には、14歳以下、50歳以上を含んでいる。
出典：図表3-1と同じ

生数が減少傾向となっているのに対し、30歳代、40歳代の母親の出生数は増加しています（図表3-2）。第1子出生時の母親の年齢も年々上昇し30.7歳（2016年）となっています。また、全出生数は減少傾向に

第 1 章　子どもの健康と保健の意義

図表 3-3　人口動態総覧

	実数 （人、胎、組）			率*	
	平成28年	平成27年	対前年増減	平成28年	平成27年
出生	976,978	1,005,677	△ 28,699	7.8	8.0
男	501,880	515,452	△ 13,572	8.2	8.4
女	475,098	490,225	△ 15,127	7.4	7.6
死亡	1,307,748	1,290,444	17,304	10.5	10.3
男	674,733	666,707	8,026	11.1	10.9
女	633,015	623,737	9,278	9.9	9.7
（再掲）					
乳児死亡	1,928	1,916	12	2.0	1.9
新生児死亡	874	902	△ 28	0.9	0.9
自然増減	△ 330,770	△ 284,767	△ 46,003	△ 2.6	△ 2.3
死産	20,934	22,617	△ 1,683	21.0	22.0
自然死産	10,067	10,862	△ 795	10.1	10.6
人工死産	10,867	11,755	△ 888	10.9	11.4
周産期死亡	3,516	3,728	△ 212	3.6	3.7
妊娠満22週以後の死産	2,840	3,063	△ 223	2.9	3.0
早期新生児死亡	676	665	11	0.7	0.7
婚姻	620,531	635,156	△ 14,625	5.0	5.1
離婚	216,798	226,215	△ 9,417	1.73	1.81

	平成28年	平成27年
合計特殊出生率	1.44	1.45
年齢調整死亡率*　　　男	4.8	4.9
女	2.5	2.5

注：出生・死亡・自然増減・婚姻・離婚・年齢調整死亡率は人口千対、乳児死亡・新生児死亡・早期新生児死亡率は出生千対、死産率は出産（出生＋死産）
　　千対、周産期死亡・妊娠満22週以後の死産率は出産（出生＋妊娠満22週以後の死産）千対である。
出典：厚生労働省「平成28年人口動態統計（確定数）の概況」2017年、4頁をもとに作成

▶ 出典
†3　厚生労働省「人口動態統計」

✲ 用語解説
死亡率
死亡率は、死亡数を人口で割った値で、死亡率＝死亡数／人口×1,000で求められる。

◈ 補足
妊産婦死亡率
妊産婦の死亡率の計算式は、妊産婦の死亡数÷出生数＋妊娠満12週以降の死産数×100,000である。

ありますが、2,500gより小さく生まれた子どもの数は横ばいになっています[†3]。

2　死亡数・死亡率

2016（平成28）年の死亡数は130万人、**死亡率***は10.5と昨年より0.2ポイント上昇しました（図表3-3）。出生数と死亡数の差である自然増減数は10年連続して減少しています。わが国の人口は減少し続けていることがわかります。死亡数のなかで母子保健の状況を最もよく示している妊産婦死亡、死産、周産期死亡、乳児死亡、幼児期以降の死亡率をみていきましょう。

①妊産婦死亡

妊産婦死亡は、安全な妊娠・出産の状況や環境を示すバロメータです。

1965（昭和40）年に「母子保健法」の制定により妊娠の届出や**母子健康手帳**が開始され、妊娠中から母子の健康状態の管理がなされたこと、医学の進歩により妊産婦死亡は着実に減少してきています。

②死産

死産とは妊娠満12週以降に死亡した子どもの出産で、自然死産と人工死産があります。2016年は20,934人と昨年より減少しました。1985（昭和60）年以降は人工死産が自然死産を上回っています[†4]。

③周産期死亡

周産期死亡とは、妊娠満22週以後の死産と生後1週未満の早期新生児死亡をいいます。母体の健康状態から影響を受ける**周産期死亡率**（出産千対）は、国の母子保健の指標となっています。周産期死亡率は年々減少傾向にあり、2016年は3.6と昨年より0.1ポイント低下しました。

④乳児死亡

生後1年未満の死亡は**乳児死亡**といいます。そのうち生後7日（1週）未満の死亡を**早期新生児死亡**、生後28日（4週）未満の死亡を**新生児死亡**といいます。

乳児死亡は、子どもが養育されている衛生状態、経済状況、教育水準、保護者の心身の状態など、さまざまな環境の影響を受けやすいといわれています。

1950（昭和25）年には60.1であった乳児死亡率は、さまざまな母子保健施策の実施や医療の高度化にともない、2016年には2.0に激減しました。妊産婦死亡同様、戦後一貫して減少し続け、他の諸外国と比較しても最高水準となっています（図表3-4）。

⑤子どもの死亡原因

2016年に乳児の死因で最も多いのは**先天奇形**[*]等で、次いで周産期の何らかの異常による呼吸障害、**乳幼児突然死症候群**[*]でした（図表3-5）。1〜4歳でも死因の1位は乳児同様、**先天奇形等**でしたが、2位は**不慮の事故**[*]となっていました。

子どもの死因としては、**悪性新生物**[*]と不慮の事故が多くなっています。5〜9歳、10〜14歳では、悪性新生物が死因の1位、1〜4歳と15〜19歳では3位となっています。不慮の事故は1〜4歳、5〜9歳、15〜19歳で死因の2位、10〜14歳でも3位と上位を占めています。さらにくわしくみていきますと、0歳児の不慮の事故の原因で最も多いのは窒息でした。1歳以降の死因は交通事故、溺死・溺水の順になっています。

参照

「母子保健法」
→レッスン4

母子健康手帳
→レッスン4

▶ **出典**

†4　†3と同じ

✛ **補足**

周産期死亡率
周産期死亡率の計算式は、周産期死亡＝（妊娠満22週以後の死産数＋早期新生児死亡数）÷（出生数＋妊娠満22週以後の死産数）×1,000である。

乳児死亡率
乳児死亡率は次の計算式で求められ、出生千対で示される。
乳児死亡率＝乳児死亡数÷出生数×1,000

✖ **用語解説**

先天奇形
遺伝子と染色体の異常をいい、出生前から発症する疾患全般を指す。

乳幼児突然死症候群（sudden infant death syndrome：SIDS）
呼吸器や心臓など、死亡の原因となる基礎疾患がない乳児に起こる突然死をいう。

不慮の事故
思いがけない出来事、予測不可能で急に起こった事故などを意味する。

悪性新生物
遺伝子の変異によって突然増殖した細胞で周囲の組織を侵し、転移を繰り返すもののことである。がんや悪性腫瘍ともいう。

図表 3-4 早期新生児死亡率、新生児死亡率、乳児死亡率の推移

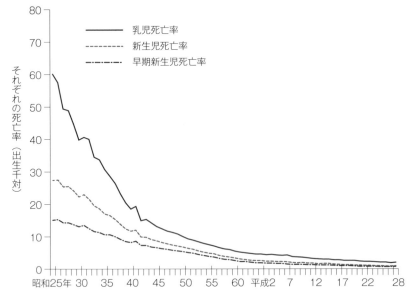

注：昭和47年以前は沖縄県を含まない。
出典：図表3-1と同じ

図表 3-5 年齢別死因順位

年齢	第1位	第2位	第3位	第4位	第5位
0歳	先天奇形等	呼吸障害等	乳幼児突然死症候群	不慮の事故	出血性障害等
1～4歳	先天奇形等	不慮の事故	悪性新生物	心疾患	肺炎
5～9歳	悪性新生物	不慮の事故	先天奇形等	肺炎	心疾患
10～14歳	悪性新生物	自殺	不慮の事故	先天奇形等	心疾患
15～19歳	自殺	不慮の事故	悪性新生物	心疾患	先天奇形等

出典：図表3-1と同じ

3 家族の状況

　発達の途上にある子どもは、日々世話をしてくれる家族から大きな影響を受けます。その傾向は子どもが幼ければ幼いほどはっきりと表れています。現代は子育てが難しい時代といわれており、その一因として家族を取り巻く社会状況の変化があげられています。子どもと家族の支援を考えるうえで、まずは現代家族の特徴を理解する必要があるでしょう。そして、大きく変化してきた子育て環境についてみていきましょう。

①**家族形態の変化**

　戦後、わが国の家族形態は大きく変化しました。夫婦と子どもだけの家族である核家族の増加に加え、**単独世帯の増加**という現象が起こっています（図表3-6）。戦前までは、祖父母を含めた二世代、三世代の大家族が当たり前で、若い両親はまわりの親きょうだいから多くの手助け

レッスン3　健康の概念と健康の指標

図表 3-6 世帯構造別推計世帯数および構成割合の推移

区分	総数	単独世帯	住み込み・寄宿舎等に居住する単独世帯	その他の単独世帯	核家族世帯	夫婦のみの世帯	夫婦と未婚の子のみの世帯	ひとり親と未婚の子のみの世帯	三世代世帯	その他の世帯
昭和45年 (1970)	29,887 (100.0)	5,542 (18.5)	2,514 (8.4)	3,028 (10.1)	17,028 (57.0)	3,196 (10.7)	12,301 (41.2)	1,531 (5.1)	5,739 (19.2)	1,577 (5.3)
50 (1975)	32,877 (100.0)	5,991 (18.2)	2,248 (6.8)	3,743 (11.4)	19,304 (58.7)	3,877 (11.8)	14,043 (42.7)	1,385 (4.2)	5,548 (16.9)	2,034 (6.2)
55 (1980)	35,338 (100.0)	6,402 (18.1)	1,643 (4.6)	4,759 (13.5)	21,318 (60.3)	4,619 (13.1)	15,220 (43.1)	1,480 (4.2)	5,714 (16.2)	1,904 (5.4)
60 (1985)	37,226 (100.0)	6,850 (18.4)	1,647 (4.4)	5,204 (14.0)	22,744 (61.1)	5,423 (14.6)	15,604 (41.9)	1,718 (4.6)	5,672 (15.2)	1,959 (5.3)
平成2年 (1990)	40,273 (100.0)	8,446 (21.0)	1,664 (4.1)	6,782 (16.8)	24,154 (60.0)	6,695 (16.6)	15,398 (38.2)	2,060 (5.1)	5,428 (13.5)	2,245 (5.6)
7 (1995)	40,770 (100.0)	9,213 (22.6)	1,385 (3.4)	7,828 (19.2)	23,997 (58.9)	7,488 (18.4)	14,398 (35.3)	2,112 (5.2)	5,082 (12.5)	2,478 (6.1)
12 (2000)	45,545 (100.0)	10,988 (24.1)	1,388 (3.0)	9,600 (21.1)	26,938 (59.1)	9,422 (20.7)	14,924 (32.8)	2,592 (5.7)	4,823 (10.6)	2,796 (6.1)
17 (2005)	47,043 (100.0)	11,580 (24.6)	914 (1.9)	10,667 (22.7)	27,872 (59.2)	10,295 (21.9)	14,609 (31.1)	2,968 (6.3)	4,575 (9.7)	3,016 (6.4)
22 (2010)	48,638 (100.0)	12,386 (25.5)	1,003 (2.1)	11,383 (23.4)	29,097 (59.8)	10,994 (22.6)	14,922 (30.7)	3,180 (6.5)	3,835 (7.9)	3,320 (6.8)
23 (2011)	46,684 (100.0)	11,787 (25.2)	852 (1.8)	10,935 (23.4)	28,281 (60.6)	10,575 (22.7)	14,443 (30.9)	3,263 (7.0)	3,436 (7.4)	3,180 (6.8)
24 (2012)	48,170 (100.0)	12,160 (25.2)	789 (1.6)	11,371 (23.6)	28,993 (60.2)	10,977 (22.8)	14,668 (30.5)	3,348 (7.0)	3,648 (7.6)	3,370 (7.0)
25 (2013)	50,112 (100.0)	13,285 (26.5)	1,137 (2.3)	12,148 (24.2)	30,163 (60.2)	11,644 (23.2)	14,899 (29.7)	3,621 (7.2)	3,329 (6.6)	3,334 (6.7)
26 (2014)	50,431 (100.0)	13,662 (27.1)	1,223 (2.4)	12,439 (24.7)	29,870 (59.2)	11,748 (23.3)	14,546 (28.8)	3,576 (7.1)	3,464 (6.9)	3,435 (6.8)
27 (2015)	50,361 (100.0)	13,517 (26.8)	1,006 (2.0)	12,511 (24.8)	30,316 (60.2)	11,872 (23.6)	14,820 (29.4)	3,624 (7.2)	3,264 (6.5)	3,265 (6.5)
28 (2016)	49,945 (100.0)	13,434 (26.9)	965 (1.9)	12,469 (25.0)	30,234 (60.5)	11,850 (23.7)	14,744 (29.5)	3,640 (7.3)	2,947 (5.9)	3,330 (6.7)

注：三世代世帯：世帯主を中心とした直系三世代以上の世帯。平成7年の数値は、兵庫県を除いたものである。平成23年の数値は、岩手県、宮城県及び福島県を除いたものである。平成24年の数値は、福島県を除いたものである。
出典：厚生労働省「平成28年国民生活基礎調査」をもとに作成

をしてもらいながら子育てしていました。また、子ども自身もきょうだいが多く、弟や妹の世話をしながら育ちました。しかし現在はどうでしょうか。親きょうだいから支援を受けられない状況のなか、初めてお世話をするのがわが子ということが多いのではないでしょうか。

　また、離婚率は1960年代から急激に増加し、2002（平成14）年に人口千人に対して2.31と最も高い離婚率となっています。その後、現在まで減少傾向で2016（平成28）年には1.73になっていますが、依然とし

第1章　子どもの健康と保健の意義

▶出典
†5　†3と同じ

て高い離婚率であり、ひとり親家庭で育つ子どもは今や珍しいことではなくなってきています†5。

②晩婚化と出産時期の高年齢化

　女性の初婚率（女性人口千対）年次推移をみると、1995（平成7）年には25〜29歳が70.6%、次いで20〜24歳が48.9%であったのに対し、2016（平成28）年には25〜29歳は58.0%、30〜34歳が28.1%と**晩婚化**がみられています。それにともない第1子出産時の母親の平均年齢も27.5歳（1995年）から30.7歳（2016年）へと出産適齢期を超え**高年齢化**してきています†6。高齢出産は子どもの健康リスクを高めます。

▶出典
†6　†3と同じ

③**女性の就業率**

　男女共同参画社会における柱の一つに「家庭生活における活動と他の活動の両立」が掲げられ、女性の就業率も上昇しています。20代前半には77.6%の就業率が、20代後半から30代後半にかけて65.9%まで低下し、その後再び上昇し、緩やかな**M字の形**となっています。20代後半からの低下は結婚や出産によって就業の中断によるものと考えられています。1990（平成2）年以降、さまざまな子育て支援施策がなされ、その成果として25〜44歳の年齢層の就業率は2002（平成14）年からみると2016年には約10%程度増加しています†7。

▶出典
†7　総務省「労働力調査（基本集計）平成28年（2016年）」2017年

☑法令チェック
「男女共同参画社会基本法」第2条
男女共同参画社会の形成
男女が、社会の対等な構成員として、自らの意思によって社会のあらゆる分野における活動に参画する機会が確保され、もって男女が均等に政治的、経済的、社会的及び文化的利益を享受することができ、かつ、共に責任を担うべき社会を形成することをいう。

　欧米諸国の年齢階級別女子労働力と比べてみると日本の女性就業率はどうでしょうか（図表3-7）。日本のような一時的な低下はみられていません。たとえば、合計特殊出生率が日本より高いフランス、スウェーデンでは、子育て家族に対する経済的支援や託児支援が整い、母親が働きながら子育てできる環境が整備されています。そのため女性は結婚や出産によって仕事を中断することなく子育てとの両立ができていることがわかります。現在わが国は、女性も男性同様に社会で活躍することが求められ、女性もその意思を示しています。しかしながら、子どもを預ける場所がなく、2015（平成27）年に待機児童問題が国会で話題になっていたことはみなさんもよく知っているのではないでしょうか。2015年度4月から施行された**子ども・子育て支援新制度**では、それらの課題解決に向け、女性の働きやすい職場環境についての方針も盛り込まれています。今後さらなる女性の社会進出が予測されます。

4　子どもの状況

①**発育状態**

　身長は、いずれの発達段階の子どもでも男女ともに横ばいとなっていますが、体重は、2000（平成12）年前後から、幼児後半、小学生、中

図表 3-7 欧州諸国と日本との女性の年齢階級別就業率の比較

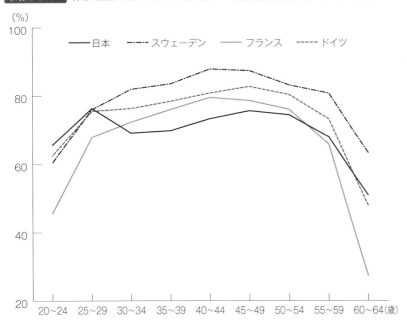

注：日本は、総務省「労働力調査（基本集計）」（平成28年）、その他の国は、ILO "ILOSTAT" より作成。
出典：内閣府「平成29年版男女共同参画白書」2017年を一部改変

図表 3-8 身長・体重の平均値の推移

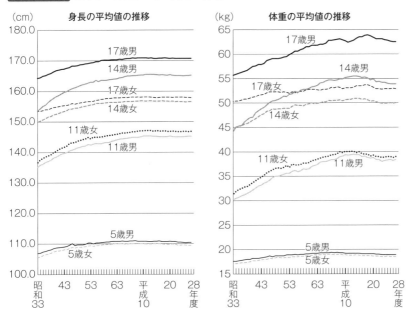

注：明治33年から昭和14年までは「生徒児童身体検査統計」として実施。
　　昭和23年から統計法による「学校衛生統計」として実施し、昭和35年に「学校保健統計」に名称変更。
　　以下の各表において同じ。
出典：文部科学省「学校保健統計調査」をもとに作成

学生で男女ともに減少傾向にあります（図表3-8）。しかし2011（平成

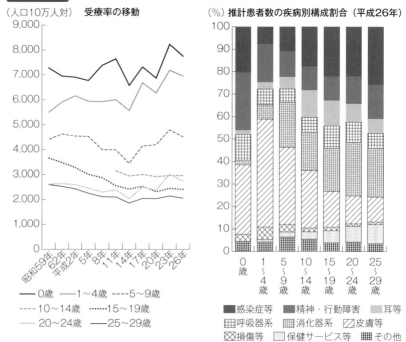

図表 3-9 受療率・推計患者数（疾病別構成割合）

出典：厚生労働省「平成26年患者調査」をもとに作成

23）年度以降、肥満傾向の子どもの割合は上昇しています。一方、痩身傾向児の割合は、女子は低下しているのに対し、男子は上昇しています。

②運動機能

2010（平成22）年の乳幼児の運動と言語機能をみると、「ねがえり」は生後6〜7か月未満、「ハイハイ」は生後9〜10か月未満、「ひとり歩き」は生後1年3〜4か月未満の子どもの90％以上ができるようになっています。また、言語機能は生後1年6〜7か月未満の幼児の90％以上が単語を言うことができるようになっています。2000（平成12）年と比較すると、運動・言語機能はやや遅くなっています[8]。

③子どもの病気

病気にかかって医療を受けた子どもの割合（**受療率**）は、0歳が最も多く、次いで1〜4歳、5〜9歳の順となっています。高齢者に比べると受療率は低いのですが、年齢が低いほど医療機関を受診していること、重症化しやすいことが特徴としてあげられます。

▶出典
[8] 厚生労働省「平成22年乳幼児身体発育調査」2011年

疾病では0〜14歳では気管支炎や肺炎などの呼吸器に関連する疾患が最も多くみられています。15〜19歳では呼吸器系の疾患と消化器系の疾患がほぼ同じ割合となっています（図表3-9）。学童の健康問題のうち視力低下の者の割合は少しずつ上昇傾向にあり、2014（平成26）年度は小学生の約3割、中学生で約5割、高校生で約6割と年齢が上がるほど割合は高くなっています。むし歯のある子どもの割合は、1970年代から徐々に低下し、2014年度は4〜5割です。

④子どもの貧困

わが国は他の先進国に比べ、子どもの**相対的貧困率**が高いことが問題になっています。相対的貧困とは、どのような状態を示すのでしょうか。

貧困には**絶対的貧困**[*]と**相対的貧困**があります。相対的貧困率とは、ある国や地域の大多数よりも貧しい相対的貧困者の全人口に占める比率をいいます。簡単に説明すると、世帯収入から子どもを含む国民一人ひとりの所得を仮に計算し、順番に並べたとき、真ん中の人の額の半分に満たない人の割合です。たとえば、年間所得の真ん中の人が244万円であったとすると122万円に満たない人の割合が相対的貧困率となります。

2014年の調査[†9]によると、わが国の絶対的貧困率は低いのに対し、子どものいる世帯全体の相対的貧困率は13.2％で約7人に1人の割合で貧困ということになります。世帯別でみると、ふたり親世帯の相対的貧困率は7.3％に対し、ひとり親世帯は54.2％に上り、2人に1人の割合となります。ひとり親世帯の貧困率の高さがよくわかるでしょう。経済的な問題は、満足のいく栄養が不足したり、十分な医療や教育が受けられないという可能性があり、子どもと保護者の生活や健康状態に直結する問題だといえます。

さらに、貧困は単なる経済的な貧困に限らず、さまざまな課題を抱えてしまうことに注目しておく必要があります。貧困にともない社会的なネットワークが不足し孤立育児につながる、ひとり親の就業時間が長くなり子どもの養育が不足してしまう、十分な教育が受けられないなど、さまざまな問題が生じる可能性があります。

⑤子ども虐待

わが国では子ども虐待はどのくらいの数あるのでしょうか。児童相談所が最初に調査を行った1990（平成2）年度以来、子ども虐待数は増加の一途を辿っており、2015（平成27）年度の子ども虐待相談件数は10万件を超えました[†10]。1年に出生する子どもの数が約100万人ですから、その多さを実感できるでしょう。しかし、この数はあくまでも児童相談所に相談のあった数のみを示しています。さらに多くの子どもと保護者

✳ **用語解説**

絶対的貧困
時代や社会の相違とは関わりなく、必要最低限の生活水準を維持するための食糧・生活必需品を購入できる所得・消費水準に達していない状態をいう。

▶ **出典**

†9　独立行政法人労働政策研究・研修機構「子どものいる世帯の生活状況および保護者の就業に関する調査2014（第3回子育て世帯全国調査）」2015年

▶ **出典**

†10　厚生労働省「平成27年度福祉行政報告例」2016年

第1章　子どもの健康と保健の意義

が支援を必要としていることが容易に推測できます。そして、10万件の虐待相談件数の子どもたちのうち、保護者との分離が必要と判断されて一時保護所や児童福祉施設等に入所する子どもは約2割であり、残り8割の子どもは在宅で保護者とともに生活をしています。つまり、不適切な養育やそのリスク状況にある家族の多くは地域で生活しています。このような家族は何らかの心理的、物理的、経済的ストレスが増強することで、虐待発生の危険性が高まる家族といえます。そのため地域のあらゆる機関（保育所、幼稚園、学校、保健所、福祉事務所、医療機関など）の専門職がさまざまな場で虐待の発生予防に向けた養育支援を行うことが必要になります。

⑥発達障害

保育所や幼稚園において、「指示が入りにくい」「多動」「目と手の協調動作が苦手」「集団行動ができない」「かんしゃく」「順番が待てない」など、気になる行動を示す子どもが増加しています。そのなかには**発達障害**の子どもが含まれています。

発達障害とは、子ども自身がもつ素因（生まれつきもっているもの）とさまざまな環境要因との相互作用によって生じるといわれています。さまざまな環境要因が積み重なることでリスク要因として働きます。

2012（平成24）年、文部科学省が全国の公立小・中学校で約5万人を対象とした調査の結果、通常学級に通学している子どもの6.5％が発達障害の可能性のある子どもとされました。このような子どもたちの様子に気づかないままでいると、社会になじめない状況が生じ、さらに子どもと保護者を追い詰めることになるでしょう。早い段階から子どもの様子に気づき、保護者とともに子どもへの支援を進めていくことが大切です。

参照
地域における子育て支援・虐待予防
→レッスン4

|演|習|課|題|

①母子保健統計から、わが国の母子保健の特徴をまとめておきましょう。
②子どもと家族の状況について、あなたの子ども時代と現在との違いを検討してみましょう。
③子どもと家族を取り巻く環境や問題が子どもの健康にどのような影響を及ぼすかについて考えてみて下さい。

レッスン**4**
....

地域における保健活動と子ども虐待防止

本レッスンでは、地域における保健活動を考えるうえで、わが国の母子保健の歴史と現在の母子保健の取り組みからみていきます。安心して出産・育児ができる社会づくりに向け、母子の健康水準を高めることは今後の重要な課題です。地域における母子保健活動を充実させ、子ども虐待防止に向けた支援のあり方を考えていきましょう。

1．子どもの健康とは

1　これまでの母子保健活動

　2016（平成28）年のわが国の乳児死亡率は2.0に対し[†1]、1918（大正7）年では出生千対188.6と、多くの乳児が感染症や栄養状態不良で亡くなっていました。1942（昭和17）年には、現在の**母子健康手帳**[*]に相当する妊産婦手帳が交付されました。手帳を見せれば物資や食料が特別に配給されるようにしたため一気に普及しました。

　また、1947（昭和22）年には「**児童福祉法**」[*]が制定され、現在の母子保健事業のもととなる事業が整備されました。たとえば、妊産婦手帳は母親と子どもの健康管理のための母子健康手帳となりました。また、低出生体重児を出生した家庭を訪問し育児指導を行い、必要な医療の費用を給付する制度ができました。

　このように母子保健に関わる事業の充実が一因となり、乳児死亡率は1950（昭和25）年には60.1と飛躍的な改善をみせたといわれています。さらに、1965（昭和40）年に「**母子保健法**」[*]が成立し、医療の進歩と相まって感染症や栄養不良などが激減し、乳児死亡率は諸外国のなかで最高水準となりました。

2　これからの地域保健活動

　母子保健事業の整備や医療の発展にともない、多くの子どもの命が救われるようになりました。戦前のように栄養不良状態の子どもは少なくなりましたが、新たな健康問題として視力低下の子どもが顕著になっています。これらの状況はテレビ、ゲーム、パソコン等の普及とともにみられており、現在の子育て環境に影響を受けていることは否定できないでしょう。また少子化や家族形態の変化は、子育ての難しさにつながっ

▶**出典**

†1　厚生労働省「平成28年人口動態統計（確定数）の概況」2017年

✻**用語解説**

母子健康手帳

妊娠期から乳幼児期にかけて母と子の健康管理の目的で健康に関する重要な事項やサービスの案内が一冊にまとめられている手帳である。妊娠の届け出時に受け取ることができる。

「児童福祉法」

すべての児童が心身ともに健やかに生まれ、育つ権利を有し、国および地方公共団体が保護者とともにその責任を負うことを明文化している。1947（昭和22）年に成立し、1948（昭和23）年4月から施行された法律。

「母子保健法」

母親と乳幼児の健康保持、増進を図るために制定された法律。母子健康手帳の交付、妊産婦および乳幼児の訪問、3歳児健康診査などについて規定されている。

第1章　子どもの健康と保健の意義

図表 4-1 「健やか親子21（第2次）」の基盤課題と重点課題

【基盤課題】
（1）切れ目ない妊産婦・乳幼児への保健対策
（2）学童期・思春期から成人期に向けた保健対策
（3）子どもの健やかな成長を見守り育む地域づくり
【重点課題】
（1）育てにくさを感じる親に寄り添う支援
（2）妊娠期からの児童虐待防止対策

参照
健康の定義
→レッスン3

＊ 用語解説
「健やか親子21」
21世紀の母子保健の主要な取り組みを提示するビジョンであり、その目標を達成するための国民運動計画である。2015（平成27）年度から第2次が開始されている。

＊ 用語解説
育てにくさ
育てにくさとは、子育てに関わる者が感じる育児上の困難感で、その背景として、子どもの要因、親の要因、親子関係に関する要因、支援状況を含めた環境に関する要因など多面的な要素を含む（厚生労働省・健やか親子21推進協議会「健やか親子21（第2次）」）。

ていると考えられます。経済的に豊かな日本でありながら、子どもは諸外国と比べ相対的な貧困状態にあり、子どもの虐待も増加の一途をたどっています。このような子どもの現状は本当に健康といえるでしょうか。

健康とは「完全な肉体的、精神的及び社会的福祉の状態であり、単に疾病又は病弱の存在しないことではない」ことをいいます。少子化の進行、家族形態の変化、育児の孤立化、子どもの貧困など、子どもを取り巻く現状は厳しく、わが国では子どもは精神的および社会的な課題が多く残されています。次世代を担う子どもの健やかな育ちを支えていくためには、子育て世代への支援がとても重要となってきます。

子どもの肉体的、精神的、社会的な健康水準を高めるための取り組みとして、国によって2001（平成13）年から2014（平成26）年まで「**健やか親子21***（**第1次**）」が計画、実施され、その基礎づくりが行われました。第1次計画では、全体目標のうち約8割が改善したと評価されました。さらに、第1次に残された課題と現在の親子を取り巻く状況を踏まえ、2015（平成27）年度から「**健やか親子21（第2次）**」で10年後の目指す姿が示されました。基盤となる課題と重点課題は図表4-1の通りです。

これらの課題に対し、各職種が専門的な視点から家族全体を支援していくことが求められています。特に保育者には、子どもの健やかな成長を見守り、子育て世代の保護者を孤立させないよう支える地域づくりをしていく役割があるでしょう。たとえば保育者は、子育て中の保護者が発信する子どもの**育てにくさ***や子育て不安などのさまざまなサインを見逃さない確かな観察力と、保護者に寄り添いともに考え、悩みを共感する姿勢が必要になります。このような支援は、常に子どもと保護者に、最も近くで関わりをもつ保育者であるからこそできる支援といえます。

2．地域における子育て支援・虐待予防

1 保育者に求められる力

　今後、保育者の役割は、保育施設に通う子どもの発育発達・健康保持増進に加え、その対象者がますます拡大します。**子ども・子育て支援新制度***において、保育を必要とする理由に虐待やDV（Domestic Violence：配偶者、内縁関係、恋人など近親者間に起こる暴力全般）のおそれが明記されました。さらに、保護者が子育てに関する相談や親子で交流ができる「地域子育て支援拠点事業」のようなさまざまな子育て支援事業や活動を積極的に進めていくことの必要性もはっきりと示されています。少子化、育児情報の氾濫にともなう子育て不安の高まり、ひとり親家庭の貧困問題や孤立育児、疾患や障害の子どもをもち育児負担を抱えながら地域で生活している家族など、さまざまな支援を必要としている家庭を把握し、それぞれの家族のニーズに応じた多様な支援が求められています。また、このような家族への対応は一つの保育園だけでは困難です。子どもと家族に関わるさまざまな機関と連携しながら対応することが必要になってくるでしょう。今後は保育者は他の機関と情報を交換し、ともに協力し合いながら支援を進めていくことが必要となってきます。

　このように、これからの保育者に求められる力は、子どもと保護者のSOSのサインを見逃さない**"観察力"**、個々の親子のニーズにていねいに耳を傾け理解するための**"聴く力"**、養育支援を提供するための**"実践力"**、他機関と連携しながら支援を進めていく**"協働力"**です。それらの力を身につけるため、さらなる保育者の知識や技術が必要となってくるでしょう。

2 虐待予防、早期発見に向けて

①「児童虐待の防止等に関する法律」

　保育所や幼稚園は毎日連続して子どもと保護者を観察できる場であり、保育者は子どもと保護者の状況を把握しやすく、些細な変化に気づきやすい立場にあります。この気づきを嘱託医や市町村等に相談できる体制を確立しておくだけでも子ども虐待の予防や早期発見につながります。

　2000（平成12）年に**「児童虐待の防止等に関する法律（児童虐待防止法）」**が制定され、虐待の定義や通告の義務が明記されました。その後2004（平成16）年に法律の改正があり、不適切な養育状況の家族を発見

✚ 用語解説

子ども・子育て支援新制度
「量」と「質」の両面から子育てを社会全体で支えるための制度。2015（平成27）年4月からスタートした（内閣府・文部科学省・厚生労働省「子ども・子育て支援新制度なるほどBOOK（2016年4月改訂版）」）。

第1章　子どもの健康と保健の意義

した場合の通告先として、児童相談所に市町村が加えられました。

「児童虐待の防止等に関する法律」

第5条　児童虐待の早期発見等

　学校、児童福祉施設、病院その他児童の福祉に業務上関係の
ある団体及び学校の教職員、児童福祉施設の職員、医師、保健
師、弁護士その他児童の福祉に職務上関係のある者は、児童虐
待を発見しやすい立場にあることを自覚し、児童虐待の早期発
見に努めなければならない。

第6条　児童虐待に係る通告

　児童虐待を受けたと思われる児童を発見した者は、速やかに、
これを市町村、都道府県の設置する福祉事務所若しくは児童相
談所又は児童委員を介して市町村、都道府県の設置する福祉事
務所若しくは児童相談所に通告しなければならない。

　虐待の通告はすべての国民の努力義務です。特に子どもに関わる専門
職である保育者は子どもと家族の状況を把握しやすい立場にあるため、
積極的に早期発見し、児童相談所等に通告する必要があります。保育者
のなかには、何となく気になる家族だが「虐待かどうかの判断ができな
い」「はっきりとした証拠がない」と戸惑う場合も少なくないでしょう。
「児童虐待防止法」では、虐待を受けていると明確にわかる子どもだけ
でなく「虐待を受けたと思われる子ども」も通告対象に含まれています。
つまり、保育者が虐待かどうか白黒はっきりさせる必要はなく、子ども
にとって「不適切な養育状況があるのでは」と感じたときには積極的に
通告や相談をしていくことが求められています。万一、それが間違いで
あったとしても何ら罰せられることはありません。誰が通告をしたのか
といったことも家族に伝えられることは一切ありません。

②子ども虐待としつけ

　「保護者から『しつけ』と言われれば、口出しすることができない」
と関わりを躊躇してしまうという人もいます。保護者との関係性を継続
するために、このように考えることは当然かもしれません。保護者には
子どもに対する**親権***が存在しているからです。

　親権とはどのようなものでしょう。「民法」第820条には、「親権を行
う者は、子の利益のために子の監護及び教育をする権利を有し、義務を
負う」と保護者の権利と義務が示されています。つまり保護者は、子ど
もの幸福や安寧を満たすためにのみ、その権利を行使できるのであって、

✴用語解説

親権
①子どもの成長発達権を保
障し、子どもの人権を擁護
する責務、②子どもを監護
養育しその最善の利益を実
現する責務、③子どもが必
要とする医療や教育、保護
を要求する権限とされてお
り、子どもの権利を守る親
の責務と権限の総称を示す。

レッスン4　地域における保健活動と子ども虐待防止

保護者の行為が子どもにとって有害であれば権利は無効になることを意味しています。たとえ保護者が「しつけのため」と言っても、子どもにとって不快な行為や悪影響を及ぼす場合は、虐待であるととらえることができます。このように保育者にとって大切なことは、常に子ども側の視点に立ち、子どもの命や育ちを守ることを最優先に考えることです。

③虐待防止・早期発見のために

積極的に保育者自身が意識を向けなければ、養育支援が必要な家族を見逃してしまいます。また、経験の浅い保育者の場合、そのような家族に気づきにくかったり、気づいたとしてもどのように対応すればよいか戸惑いも大きいでしょう。どのような状況であっても、誰が遭遇しても対応ができるよう、虐待防止対応マニュアルや養育支援を必要とする家族に気づけるようなチェックリストの活用が助けになります。

ここでは北九州の保育施設で実際に利用しているチェックリストを紹介します（図表4-2）。担任だけでなくいろいろな場面で関わった多くの保育者から集められた情報を保育所全体で共有することにより家族の理解が深まります。さらに、児童相談所や市町村に通告したり、相談を依頼するときにもチェックリスト等は客観性のある事実として非常に有効な資料となります。

④親への養育支援

保育者にとってもう一つ大切な視点があります。それは**虐待の加害者である保護者も支援を必要とする対象である**という視点です。これは前項の「子どもの視点に立つ」という内容と矛盾しているかのようにみえますが、両者のバランスを保ちつつ両立していかなければ虐待予防にはつながりません。虐待対応において、支援の対象は2人いることを忘れないようにしましょう。養育支援を必要としている保護者は、支援者がいない状況で孤立育児を強いられている、初めての育児に不安が大きい、保護者自身が疾患を抱えている、経済的に困窮している、夫からのDVに怯えながら生活をしているなど、さまざまな状況で子育てを行っていることがほとんどです。保護者が置かれているこのような状況での子育てを想像してみてください。保護者自身が生きていくこと、生活していくことで精一杯の状況がみえてくるのではないでしょうか。養育支援は、子どもが育つための支援であると同時に、保護者が親になることを助ける支援でもあります。

子育て支援の先進国であるフィンランドでは子どもが産まれた家族に対する経済的な支援とともに、ネウボラという子育てを手伝うしくみがあります。子育て家庭は共働きが当たり前で、男性も女性もフルタイム

参照
ネウボラ
→章末コラム

第1章　子どもの健康と保健の意義

図表 4-2 　虐待早期発見のためのチェックリスト（例）

Maltreatment case【マルトリートメント症例（疑い）】相談書

（作成日　　　年　　月　　日）　　　　　　　　（依頼日　　　年　　月　　日）

相談先：園医・校医＿＿＿＿＿＿＿＿＿先生
相談依頼者：＿＿＿＿＿＿＿＿　保育園・幼稚園・学校（担当）＿＿＿＿＿＿
子どもの姓名：＿＿＿＿＿＿＿＿　20＿＿年＿＿月＿＿日生まれ（＿＿歳）
○最も気になること　　　　　　　　○それはいつ頃から気付かれたか
（　　　　　　　　　　　　　　）（　　　　　　　　　　　　　　　　　）

※1〜3の各項目について、該当するものにチェックをつけて下さい。（複数チェック可）
1．子どもの様子で気になる点
　　□小柄・低身長　□やせすぎ　□発達の遅れ
　　□おおよそ不適切な服装（季節はずれ、性別不明など）
　　□不衛生（垢まみれ、異臭、汚れた衣服、着替えをもたない、ひどいオムツかぶれ）
　　□未治療の皮膚炎　□未治療のう歯が多い
　　□全身に新旧混在した外傷痕　□不審な傷（指や紐の形の傷、腕や手首を巻いている傷など）
　　□外傷を起こしにくい箇所（臀部、太ももの内側など）に外傷が多い
　　□不自然な熱傷　□頭部のブヨブヨした皮下血腫　□性器および性器周辺の外傷
　　□妊娠　□年齢不相応な性に関する言葉　□反復する傷病での欠席・遅刻・早退が多い
　　□一見して子どもらしくない無表情　□表情が暗く、硬く、感情を出そうとしない
　　□自発語が少ない　□目立つ無気力さ、活動性の低下　□触られることを異様に嫌がる
　　□大人の顔色をうかがったり、怯えた表情をする　□逆に異様に甘えてベタベタする
　　□多動で落ちつきがない　□乱暴な言動、注意をひこうとする行動
　　□保護者と離れても泣かない　□保護者がいるのといないのとで動きや表情が極端に変わる
　　□家に帰りたがらない　□繰り返す家出　□夜間遅い時間の外出
　　□繰り返す食行動異常（むさぼり食い、過食、異食、拒食など）
　　□単独での非行（特に食物を主とした盗み）　□急激な学力低下
2．保護者の様子で気になる点
　　□子どもへの言動が激しい　□人前でも平気で子どもに暴力を振るう
　　□協調性がなく行事にほとんど参加しない　□他人への責任転嫁が多くトラブルメーカー
　　□依頼や指導・忠告などへの反応がまったくない　□他の保護者から孤立している
　　□反社会的な性格がある　□保護者自身が暗く、生活・子育てに余裕がなさそう
　　□保護者に病気がある
3．家庭環境で気になる点
　　□予防接種・乳幼児健診未受診　□不衛生な（不適切な）住環境
　　□経済的困窮　□ひとり親家庭（父子、母子、その他）
　　□内縁の夫（妻）がいる　□両親の仲が悪い　□DVがある
　　□保育料、給食費、校納金などの未払い
4．より具体的に書くことが可能なことや、その他に気になることがあれば書いてください。

出典：北九州医師会「医療機関と保育園・幼稚園・学校との連携マニュアル──マルトリートメント症例早
期発見に向けて」『児童虐待防止医療ネットワーク事業推進の手引き』2015年をもとに作成

で就労しています。しかし、基本的に赤ちゃん（0歳児）は親と一緒にいることを大切にされているため出産休業が多いことと、ネウボラによる子育てへの個別のアドバイスや支援が行われています。全家族を対象にリスクや問題の早期発見・予防と早期支援を行い、子育て不安、家族関係などに対応しています。また、乳幼児をていねいに観察し、発達の状況を確認しています。このような制度が導入されてからは、明らかに虐待で死亡する子どもが減少しています[†2]。

　わが子を生んですぐに"親"になれる人はいません。親もまた子ども同様、"親"として育てられ、親になっていくのです。特に、わが国のように母親が一人で担わざるを得ない子育て状況においては、親として育つまでの間、子育ての支援者が必要なのです。ネウボラのようなシステムのないわが国においては、保育者は保護者が親になるまでの伴走者としての役割があります。保護者を理解し、寄り添い、モデルとなって子どもの日常生活援助の仕方や言葉かけを見せたり、ときに保護者の関わりを見守るといった方法での支援が必要でしょう。このような日常の一つひとつの関わりが保護者を親として育てるとともに、虐待の予防につながっていることを意識しておいてください。

演 習 課 題

①現代社会の特徴をあげ、その状況下で子育てをしている保護者の生活をイメージしてみましょう。

②「健やか親子21（第2次）」の課題に対して、保育者としてできることを具体的に考えてみましょう。

③虐待者である保護者に対するあなた自身の思いや感情に変化がありましたか。振り返りをしてみましょう。

参考文献

レッスン1

　NPO法人Well-Being　「地域保健・地域でのヘルスプロモーション」
　http://www.well-being.or.jp/tiiki/think.html

　日本学術会議 健康・生活科学委員会子どもの健康分科会　「報告書 日本の子どものヘルスプロモーション」　2010年

▶**出典**

†2　高橋睦子『ネウボラ──フィンランドの出産・子育て支援』かもがわ出版、2015年

✚**補足**

日本の産休・育休制度
日本の産休・育休制度は原則として、出産予定日の6週間前から出産翌日から8週間。育児休業することができるのは、原則として子が出生した日から1歳になる日までの保護者が希望する期間となっている。しかし1歳6か月以後も保育園等に入れないなど、休業が必要な場合に限って、職場に申し出ることにより育児休業期間を最長2歳まで延長できる。

第1章　子どもの健康と保健の意義

レッスン2
　厚生労働省　「保育所保育指針解説書」　2008年
　　http://www.mhlw.go.jp/bunya/kodomo/hoiku04/pdf/hoiku04b.pdf
レッスン3
　川畑友二　「不登校と乳幼児期との関連について──乳幼児精神保健の新しい風」『別冊発
　　達』ミネルヴァ書房　2001年
　厚生労働省　「平成26年患者調査」　2015年
　厚生労働省　「平成28年人口動態統計（確定数）の概況」　2017年
　清水将之　「思春期の精神保健と乳幼児期──乳幼児精神保健の新しい風」『別冊発達』
　　ミネルヴァ書房　2001年
　杉山登志郎編著　『講座子どもの心療科』　講談社　2009年
レッスン4
　北九州医師会　「医療機関と保育園・幼稚園・学校との連携マニュアル──マルトリー
　　トメント症例早期発見に向けて」『児童虐待防止医療ネットワーク事業推進の手引き』
　　2015年
　厚生労働省　「平成28年人口動態統計（確定数）の概況」　2017年
　高橋睦子　『ネウボラ──フィンランドの出産・子育て支援』かもがわ出版　2015年
　内閣府・文部科学省・厚生労働省　「子ども・子育て支援新制度なるほどBOOK（平成28
　　年4月改訂版）」　2016年

おすすめの1冊

高橋睦子　『ネウボラ──フィンランドの出産・子育て支援』　かもがわ出版　2015年
子育て世代にやさしい社会であるフィンランドの福祉についてわかりやすくまとめられてい
る。フィンランドの子育て支援マインドを学び、わが国でも生かせる内容を考えてほしい。

> **コラム**

子どもにやさしいフィンランドの制度——ネウボラ

　ネウボラ（neuvola）とはフィンランドにおける子育て家族を中心とした、ひとつながりの子育て支援の「制度」で、地域の拠点そのものの名称を指します。内容は妊娠期から就学前までの子どもの健やかな成長発達、母親を中心とした家族の心身の健康支援のサービスです。この制度は国全体が「赤ちゃん（0歳児）は自宅で過ごすことがよい」という社会的な合意をしており、子どもと親が一緒にいられる時間を重視しています。そして、そのことが親子の安定した愛着につながるということを国民全体が共通理解をしています。そのため、出産休業も263日と長く、休業中も給与の7割は保障されています。もちろん産前産後休業・育児休業後は元の職場に戻ることができます。

　子どもが生まれると病院やクリニックから市町村に情報が届き、その家族が登録されます。登録された全家族サービスの対象になります。ネウボラの中心となる関わりは、"指導ではなく、アドバイスや助言"です。専門職（主として保健師）と利用者である家族との「個別の対話」「信頼関係」を重視し、強制や一方的な指導はしません。できるだけ家族が支援を受け入れてくれるよう助言者として、また子どもを育てる家族の伴走者として専門職が関わります。具体的には、養育上のリスクや問題の早期発見・予防と早期支援や子育て不安のある母親や産後うつの対応、経済的な問題や家族関係に対しても同じ専門職が相談にのってくれます。もちろん、乳幼児の成長・発達もていねいに観察をしています。母親や家族との関係を結ぶために最初の面談に時間をかけ、ていねいに行っています。最初が肝心ということです。

　また、フィンランドでは出産を控えた母親に母親手当として、現金または育児パッケージ（赤ちゃんの産着やおむつ、おもちゃなどの現物）が贈られます。そのねらいは母親がネウボラに足を運ぶための動機づけとしています。ネウボラが家族にとって身近な存在であるようにさまざまな工夫がなされていることがわかります。児童精神科医のカイヤ・プーラ医師は、社会的平等で男女がともに仕事と家庭生活を両立できることが国の繁栄と平和につながっていること。社会全体で乳幼児への手厚いケアが国の生産性を高める最もよい方法であることを強調しています。

　わが国においても、"子どもと家族にやさしいしくみづくり"を目指し、次世代を担う子どもの健やかな育ちと子育て世代に寄り添う支援を提供するために、子どもに関わる専門職への期待はますます大きく広がっていくでしょう。

第2章

子どもの発育・発達と保健

本章では、子どもの身体発育や生理機能・運動機能・精神機能の発達と保健について学んでいきます。子どもは身体発育が著しく、この時期体型や体格は大きく変化します。生きていくうえで大切な機能を子どもがどのように成長させていくかについて理解を深めていきましょう。

レッスン5	生物としてのヒトの成り立ち
レッスン6	身体発育と保健
レッスン7	生理機能の発達と保健1
レッスン8	生理機能の発達と保健2
レッスン9	運動機能の発達と保健1
レッスン10	運動機能の発達と保健2
レッスン11	精神機能の発達と保健1
レッスン12	精神機能の発達と保健2

レッスン**5**

生物としてのヒトの成り立ち

本レッスンでは、生物としてヒトがどのように形成されるのかを学びます。ヒトの生殖は有性生殖であり、精巣と卵巣のなかで減数分裂が生じ、男性においては精子が、女性においては卵子が形成されます。その精子と卵子が結合する（受精）ことによって新しい個体がつくられます。

➕ 補足

有性生殖
雄と雌の2個の配偶子によって新しい個体がつくられる生殖方法。

✳ 用語解説

減数分裂
精子や卵子などの配偶子がつくられる過程で行われる分裂であり、2つの連続した分裂により、分裂後に染色体数およびDNA量が半減することが特徴である。

1．精子・卵子とヒトの性別

1 精子

　男性性細胞である精子は、精細管でつくられます。精子の母体である精粗細胞は、44個の常染色体と2個のXYの性染色体の合計46個の染色体をもちます。これが**減数分裂**[*]を行い、「22の常染色体＋X性染色体（22＋X）」と「22の常染色体＋Y性染色体（22＋Y）」の2種類の精子がつくられます（図表5-1）。

　精子は全長0.05mmで、1回の射精で排出される2～4mLの精液のなかには1～2億個の精子が含まれています。

2 卵子

　卵子は母体となる卵祖細胞からつくられ、44個の常染色体と2個の（XX）性染色体をもちます。これも減数分裂によって「22＋X」の型の卵子ができます。

　「22＋X」型の精子と卵子が結合すると「44＋X＋X」となって女性ができ、「22＋Y」型の精子と結合すると「44＋X＋Y」となって男性ができます。このようにしてヒトの性別が決定します（図表5-2）。

2．受精

　受精とは、精子と卵子が合体し、受精卵をつくり出すことをいいます。ヒトの場合は、女性の膣の中に射精された精子が子宮頸管内で粘液を酵素で溶かしながら上昇し、子宮腔を経て卵管に入ります。卵管に進入できる精子の数は100～1,000個程度であり、膣内に射精された量の10万

図表 5-1 精子の形成と染色体

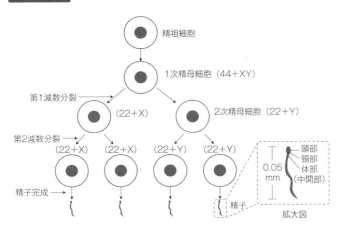

出典：新道幸恵編『マタニティサイクルにおける母子の健康と看護──新体系看護学全書 母性看護学②（第5版）』メヂカルフレンド社、2015年、12頁をもとに作成

図表 5-2 卵子の形成と染色体

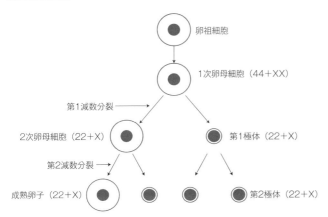

出典：図表5-1と同じ、13頁をもとに作成

〜200万分の1にすぎません。一方、排卵された卵子は卵管の線毛運動によって卵管内に取り込まれ、卵管膨大部といわれるやや広くなった部位に到着します。卵子はここでわずか2〜3日の間、生きることができ、この場所で精子と出会うことになります。

精子は卵子を取り囲む卵胞細胞（放射冠）と透明層を貫通して卵細胞内に進入します。これにともなって卵娘細胞は減数分裂を再開させ、雌性前核（22＋X）を形成します。進入した精子は尾の部分が消失し、頭部のみが卵子の核に接近します。このように、半数の染色体（23本）を有する2つの細胞が結合することにより、46本の染色体をもつ新しい細胞ができあがります。これを**受精卵**といいます。

3．着床

　受精卵が子宮壁に付着することを**着床**といい、受精後6〜7日目に開始されます。受精卵は卵管の線毛運動によって子宮に運ばれ、受精後4〜5日で子宮腔内に到達します。細胞は通常、分裂したあと、分裂前の大きさまで成長してから次の分裂を開始しますが、受精卵の場合は成長をすることなくそのまま次の分裂が起こります。この細胞成長をともなわない分裂を「**卵割**」といい、これを繰り返すことによってできた新しい細胞（割球）で埋め尽くされた状態になった受精卵を「桑実胚」といいます。このようにして細胞分裂を繰り返した受精卵は、桑実胚から胞胚（胚の初期段階）となって着床を開始します。排卵から胞胚に至るまでには5〜8日かかるとされています。子宮粘膜に完全に埋没したときを「着床の完了」とし、これをもって「妊娠の成立」となります。そして、妊娠が成立することを「受胎」といいます。

　着床した胞胚からは、「内胚葉」と「外胚葉」という細胞群がつくられ、それに次いで「中胚葉」がつくられます。「内胚葉」からは消化器、呼吸器、膀胱などが、外胚葉からは皮膚、中枢神経系と目、耳、鼻、舌などの感覚器系が、中胚葉からは結合組織、筋組織、骨、循環器、腎臓、生殖器などが発生します（図表5-3）。

図表5-3 胞胚の発育

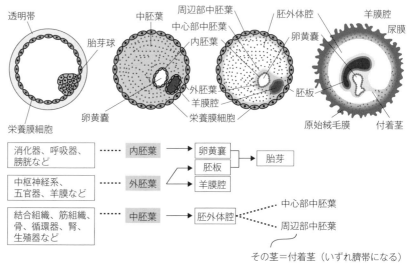

出典：図表5-1と同じ、15頁をもとに作成

レッスン 5　生物としてのヒトの成り立ち

4．胎児の発育

　着床後、胞胚は発育を続けます。妊娠10週未満を**胎芽**といい、それ以降になると胎児とよばれます。胎児を包む膜から、子宮壁のなかに胎児と母体をつなぐ絨毛とよばれる糸（絨毛膜有毛部）ができ始め、母体から栄養をとります。子宮の一部が厚くなり、くぼみができた場所から円盤状の**胎盤**がつくられます。胎盤は胎児にとって重要な器官であり、胎児は、**臍帯**を通じて老廃物や二酸化炭素を胎盤に送り、母体の血液から酸素と栄養素を受け取ります。この胎盤は、妊娠16週頃に完成します。胎盤の状態は母体の健康状態に大きく影響されますので、母体の栄養状態や血液の状態を良好に保つことが大切です。

　胎児の心臓は妊娠3週くらいには形づくられ、4週には拍動が開始します。脳などの神経系の発達は妊娠9週頃より始まり、妊娠20週頃には大人と同じ数の神経細胞をもつといわれています。神経細胞間の**シナプス**[*]の形成は、新生児から乳幼児初期という早期の段階でピークを迎えます。妊娠16週の終わり頃までは、体内の臓器が次々につくられる時期であり、「器官形成期」ともよばれます。この時期を過ぎると、いわゆる「安定期」といわれる比較的流産の危険が少なくなる時期になります。

　このように胎児は子宮のなかで40週約280日の間、発育を続け、個体が完成します。個体が完成すると、陣痛が起こり、子宮口が開き、胎児が外に押し出されます。これを「**分娩**」といい、いよいよ新しい生命の誕生に至ります。

＊用語解説
シナプス
神経情報の出力―入力の間に発達した、情報を伝達するための接触構造。

┌─┬─┬─┬─┐
│演│習│課│題│
└─┴─┴─┴─┘

①「器官形成期」である妊娠16週までの時期には、特にどのようなことに気をつけたらよいでしょうか。
②免疫のない女性が妊娠初期に感染すると将来的に胎児に大きな影響を及ぼす疾患について調べてみましょう。

37

レッスン**6**

身体発育と保健

本レッスンでは、子どもの身体発育と保健について学びます。発育は継続的なものであり、この経過を定期的に測定し、順調であるかどうかを評価することができます。しかし、その状態には個人差があり、評価にあたっては、基準値を把握するとともに、測定値を断片的ではなく、経過を追ってその推移をとらえていくことが必要になります。

◆補足
身体発育
身体発育とは成長（growth）を意味し、身体の形態的な量的変化を指す。小児期は身体発育が著しい時期であり、体格や体型も大きく変化する。身体全体の評価は主に身長、体重で、各部位の評価は頭囲、胸囲などで行う。

1．体重

　体重は身体の成長の度合いや栄養・健康状態を示す目安となり、発育を評価するうえで最も重要な指標となります。出生時の体重は約3kgであり、生後数日間で出生体重の5～10%ほど減少します。これを**生理的体重減少**といいます。新生児は特に体重あたりの体表面積が大きく、呼吸や皮膚からの水分喪失や排泄で失われた水分量を補えるだけの哺乳量に達していないために生じます。哺乳量が徐々に増加すると生後1週間ほどで出生時の体重に戻り、その後はだんだんと増加します。乳児の1日の体重増加は月齢が小さいほど著しく、乳児期は一生のうちで最も体重増加の割合が大きくなります。生後3～4か月で出生時の約2倍、1歳で約3倍、1歳以降は1年間で約2kg前後増加していき、就学時には約20kgとなります（図表6-1）。

図表6-1 年齢と体重のおおよその増加倍数

年齢	生下時	3～4か月	1年	2.5～3年	4年
生下時体重比（約）	1	2	3	4	5
体重（約）	3kg	6kg	9kg	12kg	15kg

2．身長

　子どもの身長は乳児期に急激に増加し、特に生後6か月頃の増加率が最も高く、幼児期には緩やかになります。子どもの生下時の身長の平均値は約50cmですが、1～1歳半で約1.5倍、4歳で約2倍となり、12歳前後では約3倍となります（図表6-2）。学童期後半では、男児より

レッスン6　身体発育と保健

も女児のほうが一気に伸びることが多く、一般的にこの時期は女児のほうが男児に比べて身長が高くなります。男児は少し遅れて伸びのスパートが訪れ、最終的には男児のほうが平均して身長が高くなります。

身長の発育にも個人差があり、特に乳幼児期の身長の発育は遺伝的要因に影響されることが少なくありませんが、思春期を迎えて急激に伸びるものもあります。

図表6-2 年齢と身長のおおよその増加倍数

年齢	生下時	1～1年半	5年	15年
出生時身長比（約）	1	1.5	2	3
身長（約）	50cm	75cm	100cm	150cm

3．成長の評価

体重・身長などの成長を評価するには、単に数値の増加だけでなく、そのバランス（体格）をみることも重要であり、また**身長体重曲線**に沿って経過をみる経時的評価が必要になります。

1　標準値との比較

乳幼児の発育評価の基準値は、厚生労働省が10年ごとに公表している「**乳幼児身体発育調査**」が参考になります。この調査は、全国的に乳幼児の身体発育の状態を調査し、乳幼児の身体発育および発育曲線を明らかにして乳幼児保健指導の改善に資することを目的としており（厚生労働省）、最新は2010（平成22）年のものになります（図表6-3）。母子健康手帳にはこの調査をもとにした身長・体重の月齢別、男女別のパーセンタイル値のグラフが示されており、発育や栄養状態を把握する目安になります。

パーセンタイル値とは、全体を100として小さいほうから数えて何番目にあたるかを示す数値で、50パーセンタイル値は中央値です。10パーセンタイル未満や90パーセンタイルを超えていると発育に偏りがあると評価され、経過観察が必要になります。さらに3パーセンタイル未満と97パーセンタイル以上が続くときには発育に問題があると評価され、必要に応じて受診や検査が必要となります。

身長や体重の評価は、その時点の測定値だけでなく、この身長体重曲線を用いて健康状態や育児環境などを加味しながら経時的に評価してい

39

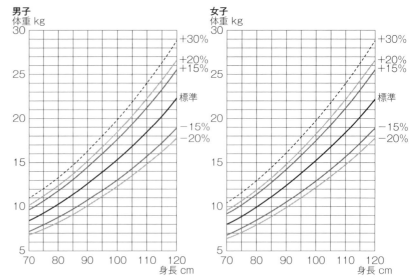

図表6-3 幼児の身長体重曲線

注：身長別の体重の値を2次曲線で近似した成績による
出典：厚生労働省雇用均等・児童家庭局「平成22年乳幼児身体発育調査報告書」2011年をもとに作成

くことが大切です。

学童期になると、「学校保健統計調査」による学童期以降の子どもの年齢・性別ごとの平均値と標準偏差から評価を行います。

2 指数による評価

年齢相応の発育を遂げているかどうかの評価を、身長と体重のバランスにより判定する方法があります。乳幼児の発育・栄養状態の評価にはカウプ指数や**肥満度**が用いられます。ただし、**カウプ指数**は標準値が年齢や身長の値により変動してしまうため、この指数の評価については統一した見解は得られていません。また、学童、思春期の発育状態の評価には**ローレル指数**が用いられます。それぞれの計算式と判定基準は図表6-4の通りです。

図表6-4 指数による身体発育の判定基準

指数	計算式	肥満	太り気味	正常	やせぎみ	やせ（やせすぎ）
カウプ指数	〔体重（g）÷身長^2（cm）〕×10	20以上	18以上20未満	15以上18未満	13以上15未満	13未満
ローレル指数	〔体重（kg）÷身長（cm）^{3}〕×10^7	160以上	145以上160未満	115以上145未満	100以上115未満	100未満
肥満度（％）	〔（実測体重kg－標準体重kg）÷標準体重kg〕×100	＋20％以上（幼児期は15％以上）		－20％以上～＋20％未満		－20％未満（幼児期は15％以下）

4. 頭囲・胸囲

生下時の頭囲は平均33cm、胸囲は32cmと頭囲のほうがやや大きく、生後1〜2か月でほぼ等しくなります。頭囲の発育は個人差も少ないですが、乳児期の増加は著しく、1歳では約45cm程度となり、胸囲とほぼ同じになります。2歳以降になると胸囲が頭囲を上回ります。

新生児では頭蓋骨の縫合が完成されていないため、骨の間に隙間があります。これを**泉門**といい、前頭骨と頭頂骨で囲まれたひし形の隙間を大泉門、後頭骨と頭頂骨で囲まれた部分を小泉門といいます。小泉門は生後まもなく閉じますが、大泉門は1歳半頃に閉鎖します。大泉門の閉鎖が遅れているときは、水頭症などの病気が疑われます。以上のことから、頭囲の測定は、通常出生から3歳程度まで実施されます。

乳児の胸郭は大人とは異なり、水平で円柱状ですが、成長に従って肋骨が前斜し、前後径が左右径より小さくなり、呼吸がより効率的に行われるようになります。胸囲の測定は主に新生児・乳幼児の健診の場面で行われ、発育状態を評価します。

◆補足
泉門の図

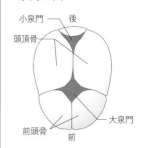

5. 身体計測方法

1 身長

2歳以下の乳幼児では、乳児用身長計を用い、寝かせて測定します。幼児以上の場合は一般身長計を用いて立位で測定します。測定に際しては、できるだけ全裸か下着1枚程度にして正確に測定するのが望ましいです。室温調整を行い、寒くないように工夫をしましょう。

<乳児>
・身長計の上にタオルを敷く。
・着衣を外し、台板の上に静かに寝かせる。
・眼と耳を結んだ線が垂直になるように頭部を固定板に密着させ、膝や腰が曲がらないように軽く押さえ、そっと伸ばして移動板をあて、目盛りを読む。このとき、無理に押さえつけないように注意する。安全確保と正確な測定のため、できれば2名1組で測定するとよい。1名が頭部を支え、もう1名が膝を支える。

＜幼児（立位がとれる子ども）＞
・靴下を脱ぎ、測定計の上に静かに立たせる。
・両方の踵（かかと）を合わせて足の先を30〜40°開き、背中を身長計の尺度棒に密着させる。顎（あご）を引き、視線が床と水平に保つように頭部を固定し、両手は軽く自然に身体の横に垂らす。
・横規を静かに下げて頭頂部に軽く密着させて目盛りを読む。

2 体重

体重計は子どもの体重増加量を考慮し、適切なものを選択することが大切です。2歳以下の乳幼児の場合には乳幼児体重計を用い、立位がとれる子どもでは一般体重計を用います。測定に際しては、できるだけ測定条件を一定にし、授乳や食事の前に測定し、排泄や哺乳直後は避けます。体重計は水平な場所に置き、測定前に目盛りが0であることを確認し（乳幼児体重計の場合はタオルを敷いてから0点を確認する）、安全・正確な測定に努めることが大切です。

＜乳児＞
・衣類・オムツを外し、体重計の上で全裸の乳児があおむけか座位がとれるようにする。
・秤台（ひょうだい）の上に正しく静かに乗せ、転落防止のため子どもから目を離さず、すぐに手を出せるような位置で子どもに触れないように測定する。
・子どもが落ち着かず、動いている場合はあやしながら測定し、落ち着いた時点の値をすばやく読む。落ち着かない場合は介助者が抱っこして通常の体重計で測定し、あとで介助者の体重を測定して差し引く方法もある。

＜幼児（立位がとれる子ども）＞
プライバシーの保護に努めたうえで、できるだけ下着一枚とし、一般体重計に静かに乗ってもらう。

3 頭囲

乳幼児をあおむけまたは座位、立位とし、メジャーを後頭結節（最も

図表 6-5 頭囲測定

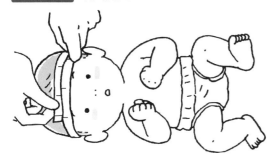

図表 6-6 胸囲測定

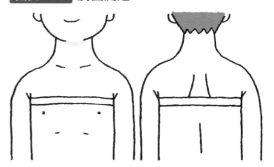

出っ張っている部分)、前頭部は前頭結節（眉間）を通るように密着させ、目盛りを読む（図表6-5）。

4　胸囲

いずれの場合も、プライバシーの保護、保温に努める。

＜新生児・乳児＞
上半身を裸にし、あおむけとする。メジャーを肩甲骨下端と乳頭を通るように平らに回し、呼気の終わりに測定する。

＜幼児・学童＞
上半身を裸にし、両上肢を自然に横に垂らした立位をとる。メジャーを乳児と同様の部位に当てて測定するが、女児で乳房が発達している児の場合、乳頭の位置にかかわらず、肩甲骨下端を基準として水平になるようにメジャーを当てる（図表6-6）。

演習課題

①実際に身長体重曲線を参照し、身体発育の評価をしてみましょう。標準はどの範囲で、身体発育が最も早いのはいつの時期でしょうか。また、発育を評価する際に、どのようなことに配慮・注意したらよいのかについても考えてみましょう。
②身体計測時のポイントや注意点をそれぞれまとめ、乳幼児の体重、身長、頭囲、胸囲を実際に測定してみましょう。

レッスン**7**

生理機能の発達と保健1

本レッスンでは、子どもの生理機能の発達と保健について学びます。生理機能とは、人間が生きていくために必要な機能を指し、ここではまず、体温、呼吸、循環について学びます。

1．体温調節

体温とは、身体の中で産生された熱と身体から放散される熱との差であり、哺乳類の体温は、間脳の視床下部にある体温調節中枢機能によって周囲の環境に影響されずに一定に維持されています（**恒温動物**）。人間の安静時の体温は腋窩（脇の下）では36〜37℃ですが、直腸では0.5〜1.0℃高く、口腔では0.3〜0.5℃高くなります。また、個人差が大きく、年齢、食事、活動、入浴、室温や衣類、性周期などによっても変動し、感染症などの病気や心因性の要因などによっても体温が高くなることがあります。さらに、体温は日内変動があり、午前0〜6時（睡眠中）、起床直後の体温が最も低く、午後4〜6時頃が最も高くなり、その差は0.1〜0.4℃程度です。体温調節機能の成熟に従って日内の温度差は少なくなります。

1　子どもの体温の特徴

発育期にある小児期は新陳代謝が活発であり、一般の成人に比べて熱産生が多く、体温は高めです（図表7-1）。また、体表面積が体重の割に大きく、熱の放散も多くなります。さらに、体温調節機能が未熟なため、衣服や寝具などの環境による温度変化を受けやすい特徴があります。そのため、気温に合わせて室温や衣服などの適切な選択、調整が必要です。成長に従って熱産生は減少し、10〜15歳で成人とほぼ同じになります。

2　体温の測定方法

体温を測定する際には、次のような点に注意します。
①実施前に子どもの状態を観察し、ふだんの体温などを把握しておく。

レッスン7　生理機能の発達と保健 1

図表 7-1 子どもの体温の正常値（目安）

体温計	対象	安静時（℃）	活動時（℃）
水銀体温計	乳児	36.2～37.2	36.3～37.3
	幼児	35.8～36.6	36.3～37.1
	学童	35.5～36.5	36.3～36.9
電子体温計	乳児	36.3～37.3	36.3～37.5
	幼児	35.8～36.6	36.5～37.5
	学童	35.6～36.6	36.5～37.3

出典：中野綾美編『小児看護技術──ナーシング・グラフィカ　小児看護学②』メディカ出版、2013年、195頁をもとに作成

図表 7-2 体温計の種類による特徴

種類	特徴
電子体温計	・測定時間が短い（腋窩は約1～2分） ・予測値であるため、水銀体温計に比べると誤差が大きい ・実測値を得るためには測定時間を延長し、10分程度の測定が必要である
水銀体温計	・精度が高く、正確に近い体温が測定できる ・測定時間が長い（腋窩：約10分） ・破損しやすく、水銀による汚染の危険がある ・現在はあまり使用されていない
鼓膜（耳式）体温計	・耳垢があると正確に測定できない

②子どもの年齢や発達段階、状態に合わせて適切な体温計を選択する（図表7-2）。

③測定部位には腋窩、直腸（肛門）、口腔、顎下（あごの下）、耳などがある。直腸温が最も正確に近いが、安全を確保するため、一般的には腋窩で測定する。耳式体温計は簡便ですばやく測定できるが、誤差も大きいため、注意して測定する。

④子どもが理解できるようわかりやすく説明し、協力してもらう。腋窩が汗などで濡れている場合は軽く拭いておく。

⑤腋窩の中央よりやや前方に30～45度の角度で体温計を入れ、腋窩を閉じ、測定中は体温計が動かないように軽く腕を支える。測定中に嫌がったり、じっとしていられない場合は、抱っこしたりおもちゃを使用してあやしたり、絵本をみせながら測定するなど工夫するとよい。

⑥体温計を静かに取り出し、値を読む。

⑦水銀体温計の場合は使用前に必ず35℃以下になっていることを確かめ、測定後は静かに振り下ろしておく。

⑧測定後はアルコール綿で消毒してケースに戻す。

図表 7-3 発達段階別の呼吸数の目安

発達段階	呼吸数（回／分）
新生児	40〜45
乳児	30〜40
幼児	20〜30
学童	18〜20
成人	15〜20

出典：今村榮一・巷野悟郎編著『新・小児保健（第13版）』診断と治療社、2010年、52頁をもとに作成

2．呼吸

1 子どもの呼吸の特徴

　乳幼児は肺胞数が少なく、1回換気量が少ないため、呼吸の回数を増やすことで十分な酸素を取り入れています。そのため、年齢が小さいほど、呼吸回数は多くなります（図表7-3）。また、呼吸中枢が未熟なため、呼吸のリズムは不規則で、寒冷刺激などの刺激を受けやすい特徴があります。だいたい1歳くらいになると、少しずつ規則正しいリズムとなっていきます。

　乳児は肋骨が水平に走っているため、胸郭の拡大運動が少なく、腹式呼吸となります。また、この時期は鼻で呼吸することが多いため、鼻汁などによって鼻腔が閉塞すると、容易に呼吸困難につながります。また、掛け物が顔にかかったり、うつぶせで寝かせたりすることは、窒息の可能性が高まるため、注意が必要です。

　成長に従って肋骨が前斜し、胸郭が左右と前方に広がることによって胸式呼吸の型となってきます。一般に、新生児、乳児〜幼児期前期では腹式呼吸、幼児期後期は胸腹式呼吸、学童期以降になると胸式呼吸となっていきます。

2 呼吸の測定方法

①乳幼児の呼吸は活動の影響を受けやすいため、入浴、食事（哺乳）、運動の直後は避けることが望ましい。睡眠中など、できるだけ安静な状態のときに測定する。

②乳幼児期は呼吸が不規則であるため、原則として1分間の呼吸数を測定する。呼吸数だけでなく、深さやリズム、呼吸のパターンや異常音の有無などについても観察する。

③子どもが呼吸を測定されていることを意識すると正確に測定できない

レッスン7　生理機能の発達と保健1

図表 7-4 発達段階別の脈拍・血圧の標準値(目安)

発達段階	脈拍数（回/分）	血圧（最高血圧/最低血圧）mmHg
新生児	120〜140	60〜80/60
乳児	120〜140	80〜90/60
幼児	90〜120	90〜100/60〜65
学童	80〜90	100〜110/60〜70
成人	60〜70	110〜130/60〜80

ため、さりげなく測定する。

④視診では、乳幼児では腹部の動き、幼児期後期・学童期以降では胸
　郭の動きを観察して測定する。胸腹部の動きがわかりにくい場合は、
　そっと手を置いて測定してもよいが、押さえつけないように注意する。

⑤聴診の場合は、胸部に聴診器をあて、呼吸音の性状、部位による差異、
　空気の入り具合などを聴診する。聴診器は冷たくないように、あらか
　じめ手などで温めておく。

3．循環（脈拍・心拍・血圧）

　循環とは、血液やリンパ液の流れによって体内の組織に酸素や栄養を
運ぶシステムです。

1　脈拍

　脈拍とは動脈の拍動を指し、脈拍数は通常1分間の拍動数を表しま
す。子どもは心臓が小さく、心臓の筋肉が未熟なため、成人に比べて1
回の拍出量が少なく、それを補うために拍動数が増加します。成長に
従って心臓は大きくなり、1回拍出量が増加するため、年齢とともに**心
拍数**は減少していきます（図表7-4）。

　子どもの脈拍、心拍数は運動や日常生活、啼泣、発熱等による影響を
受けやすいため、測定に際しては影響因子の有無や健康状態を考慮して
とらえることが必要です。

　脈拍は主に手首の橈骨動脈に触れて測ることが多いですが、その他、
足背動脈、上腕動脈などでも測定できます（図表7-5）。測定部位に第
2〜4指をそっと当てて測定しますが、その際は数だけでなく、脈の大
きさや強さ、リズムなども一緒に観察します。

47

図表 7-5 脈拍測定部位

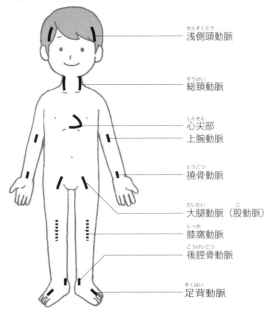

出典：奈良間美保『小児看護学概論・小児臨床看護総論（系統看護学講座 専門分野Ⅱ）』医学書院、2015年、288頁をもとに作成

2　血圧

　血圧とは、血管の中を流れる血液の圧力が血管を押し広げる力を指します。心臓から送り出される血液量（心拍出量）と血管の弾力性などによって変動します。心拍出量と末梢血管の抵抗が増すと血圧は高くなり、逆に減少すると低くなります。子どもは心臓が小さく、血管の壁が柔軟であり、収縮力も弱いため、年少になるほど血圧は低くなります。血圧も食事や運動、興奮、体温の上昇などによって値が変化します。

演 習 課 題

① 実際に体温、呼吸、脈拍を測定してみましょう。
② 体温計の特徴を踏まえ、どのような状態や発達段階の子どもに、どの体温計を選択するのかを考えましょう。実際に測定し、値に違いがあるかどうか確認してみましょう。
③ じっとしていない子どもに対する測定の工夫を考えてみましょう。

レッスン**8**
生理機能の発達と保健2

本レッスンでは、生理機能のうち、食べ物から栄養素を取り入れる消化・吸収や排尿・排便などの排泄機能、体内への異物の侵入を排除する免疫機能や睡眠、感覚機能について学習します。これらの機能も人間が生きていくうえで非常に大切な機能です。

1．消化吸収機能

　消化とは、私たちが毎日摂取する食物をより小さくし、細胞に栄養素を取り込みやすくするための変換作業を指します。消化には、かむ、すりつぶすなどの**機械的消化**と、各臓器から分泌された消化酵素によって栄養素を化学的に分解し、細胞に吸収されやすい形にする**化学的消化**があります。食物は、通常口（口腔）から入って咽頭、食道、胃、小腸、大腸、肛門を通って排泄されます。これらを消化管といいます。

　新生児期・乳児期の胃の形状は成人に比べて縦長であり、下部食道括約筋が未発達なことから胃の内容物が逆流しやすく、嘔吐や**溢乳**をきたしやすいという特徴があります。哺乳のあとにはしっかり排気をさせる、すぐに横に寝かさない、また腹部を圧迫しないように抱っこするなどの配慮が必要です。

2．排泄

1 ▶ 排尿のしくみ

　身体の中の有害物質や老廃物は、腎臓において尿となって排出されます。腎臓の**糸球体**で血漿がろ過されて原尿となり、その99％が**尿細管**に再吸収されて尿がつくられます。尿は尿管を通って膀胱に貯められ、膀胱の内圧が上昇すると大脳皮質で尿意を知覚し、神経を介して膀胱の筋肉を収縮させ、括約筋を弛緩させて排尿に至ります。

　乳児期においては、生後2〜3か月頃までは**脊髄反射**で排尿が起こり、排尿をコントロールすることはまだできません。運動機能や認知機能が発達することにより、尿意を感じることができるようになり、1歳

✳ **用語解説**

溢乳
乳児が、授乳のあとに食道や胃の内容物（主に母乳やミルクなど）をゲップとともに溢れるようにもどすこと。

✳ **用語解説**

糸球体
腎臓のなかにある器官で、毛細血管が糸の球のように集まったもの。

尿細管
糸球体と腎盂（じんう）をつなぐ細長い管。

脊髄反射
脊髄が中枢となり、脳で意識せずに起こる反射。

49

を過ぎる頃には膀胱容量が増え、排尿間隔が長くなります。尿意をいったん抑制して、準備が整ったら排尿するという、大脳皮質によるコントロールが少しずつできるようになってくるということです。この頃には、尿意を感じたり排尿時の感覚の経験をすることによって、排尿前後にもじもじしたり、オムツを触ったりするような特定のしぐさがみられるようになります。また、言語機能も発達してくるため、言葉によって尿意を知らせることが可能になります。トイレトレーニングを始める時期の目安とするとよいでしょう。ただし、あくまで子どもの状況をみながら、失敗しても叱ったりせずに焦らずに見守る姿勢で臨むことが大切です。個人差はありますが、おおむね3～4歳くらいで日中の排尿が自立します。

　また、夜間の睡眠中に起こる無意識の排尿を夜尿といいます。乳児では、まだ膀胱容量も小さく、尿をためておくことができないため、昼夜の区別なく排尿があります。トイレトレーニングが進む2～3歳頃になると夜間、尿をためておくことが少しずつできるようになります。ぐっすり眠っているときには、尿を濃くして尿量を少なくするホルモン（抗利尿ホルモン）が分泌されるため、夜間の睡眠パターンが定着する頃には夜尿も少なくなってきます。睡眠や排尿の機能が発達する5～6歳を過ぎても月に数回以上夜尿がある場合は、「夜尿症」が疑われるため、医療機関を受診することが望ましいです。

参照
夜尿症
→レッスン21

2 排便のしくみ

　十二指腸、小腸で消化吸収が行われたあと、残った消化されていない食物や腸粘膜からの分泌物が大腸に運ばれ、そこで水分が吸収されて残ったものが便として排泄されます。直腸に貯まった便がある量に達すると神経の刺激を受け取る受容器が働き、肛門括約筋が弛緩して排泄されますが、これも新生児や乳児では反射的に行われるため、生後2～3か月頃までは排便回数は多くなります。便を出すために腹圧をかける「いきみ」が随意的（意図的）に行われるようになるのは、大脳皮質の機能が発達する幼児期になってからです。1歳を過ぎると排便回数や便の性状も安定してくるため、トイレやおまるに誘導し、トレーニングを開始するとよいです。個人差はありますが、だいたい4歳頃には子どもが便意を感じて1人でトイレで排便できるようになり、4歳半頃には後始末も自立します。

レッスン 8　生理機能の発達と保健 2

図表 8-1　発達段階別全体水分量（％）および 1 日の必要水分量と排泄量（ml/kg/日）

発達段階	全体水分量	細胞外液	細胞内液	必要水分量	尿量	不感蒸泄
乳児期	65〜70	30	40	150	80〜90	50〜60
幼児期	55〜60	20	40	100	40〜50	40
学童期	55〜60	20	40	80	30〜40	30
成人	55〜60	20	40	50	20〜30	20

3　体内の水分量と体液分布

　子どもは成人に比べて体内の水分の占める割合が高く、特に**細胞外液**[*]の割合が高いのが特徴です。また、体表面積が大きいため、体重あたりの水分必要量や皮膚から蒸発する不感蒸泄が多いことも特徴としてあげられます。さらに、腎機能が未熟であるため、尿での濃縮機能が低く、老廃物を排泄するために薄い尿を多く排泄します。

　これらのような特徴から、子ども（特に年少児）は容易に脱水をきたしやすいといえます。このような特徴を理解して、子どもの状態を注意深く観察し、脱水の予防に努めることが大切です。図表 8-1 に、発達段階別の排泄量および必要水分量を示します。

✳ 用語解説

細胞外液
体のなかにある水分は細胞外液と細胞内液で分けられ、細胞の外にあるのが細胞外液である。細胞外液にはナトリウムが、細胞内液にはカリウムが多く含まれる。

3．睡眠

1　睡眠の発達

　新生児期は昼夜の区別なく、短い周期で睡眠と覚醒を繰り返します。6 か月くらいになると心身の発達や環境への適応が進み、少しずつ昼夜の区別がつくようになり、夜間の睡眠時間のほうが多くなってきます。1 日のおおよその睡眠時間は図表 8-2 の通りであり、年齢が進むにつれて減少します。成人と同じ睡眠覚醒リズムがつくられるのは、だいたい 4 〜 5 歳頃になります。

　睡眠には深い眠りの**ノンレム睡眠**と浅い眠りの**レム睡眠**があり、これを交互に繰り返しています。レム睡眠は、脳波上は覚醒している状態であり、眼球の動きや手足がピクピク動いたりする様子がみられ、夜泣きもこのときに多くなります。ノンレム睡眠は大脳が休息しているとされ、筋肉が弛緩します。乳幼児ではレム睡眠の割合が多く、中枢神経の成熟とともにノンレム睡眠とレム睡眠の割合は変化します（図表 8-3）。新生児期はレム睡眠から睡眠が始まることもありますが、幼児期になるとノンレム睡眠がまず現れ、続いてレム睡眠が現れるという睡眠パターン

51

第 2 章　子どもの発育・発達と保健

図表 8-2 子どもの年齢（発達段階）別の睡眠時間

発達段階	睡眠時間
新生児期	15〜20時間
生後3か月頃	14時間
1歳頃	12時間
幼児期	10〜12時間

図表 8-3 全睡眠におけるレム睡眠の割合

発達段階	レム睡眠の割合
新生児期	50%
乳児期	40%
幼児期	20〜25%
5歳以上	成人とほぼ同様

になります。

2　睡眠の効果と睡眠への援助

　子どもにとって睡眠とは、ただ疲れをとるだけではなく、ぐっすり眠っている間に分泌される成長ホルモンをはじめとするさまざまなホルモンの作用で、身体の成長を促したり、思考力や集中力などを高めたりなど、成長発達や生活の質を高める大切な役割があります。そのため、子どもの睡眠時間が確保できるよう、生活リズムを整えることが大切です。早寝早起きを心がけ、決まった時間に起きて朝日を浴び、昼間にしっかり活動させることで良質な睡眠を得ることができます。また、室温や明るさ、音など子どもの睡眠環境を整えることも必要です。安心して眠りにつけるよう、絵本の読み聞かせや子守歌を歌うなどしてあげるとよいでしょう。

　また、まだ睡眠覚醒リズムが確立していない時期には、昼寝をして睡眠時間を補うことが必要になります。個人差はありますが、1歳までの乳児では午前、午後1回ずつ、1歳を過ぎる頃には午後1回の昼寝が必要な場合が多いです。昼食後には眠気を損なう遊びは避け、昼寝は夜間の睡眠が阻害されないように2時間程度にして、長くなり過ぎないように配慮する必要があります。ただし、睡眠の周期は個人によって異なるため、嫌がる子どもには無理に寝かせたりせず、静かな遊びを提供するなど、年齢相応の睡眠パターンを考慮しつつ、子どもに合わせた関わりの工夫も必要です。4〜5歳の年長児になると、小学校入学を見すえて昼寝をしなくても元気で遊べるよう、特に生活リズムを整えていくことが大切です。

レッスン8　生理機能の発達と保健2

3　睡眠に関連した問題

①夜泣き

前述のように、夜泣きは眠りの浅いレム睡眠の際に現れます。レム睡眠の割合の多い新生児～乳児に夜泣きが多いのもこの睡眠パターンが大きく影響しています。夜泣きの原因は空腹や暑さ、寒さ、興奮などの生理的要因や、不安や恐怖などの心理的要因などさまざまです。できるだけ日中はしっかり遊ばせることや、生理的欲求を満たし、環境を整えるなどの関わりの工夫が大切です。

②乳幼児突然死症候群（Sudden Infant Death Syndrome）

乳幼児の睡眠中に発症する疾患で、原則としてそれまでに健康状態に問題のない1歳未満の子どもに、原因が特定されない突然死をもたらす症候群を指します。厚生労働省が2017（平成29）年に公表した「人口動態統計」によると、0歳児の死亡原因としては第3位であり、注意深い観察や配慮が必要であるといえます。さまざまな角度から原因が検討されていますが、明確な原因としては明らかになっていません。疫学的な調査により、うつぶせ寝や人工栄養、家族の喫煙との関連が指摘されており、医療従事者や保育関係者をはじめ、一般の人々を対象に予防キャンペーンが展開されています。

> **参照**
> 夜泣き
> →レッスン21

> **参照**
> 乳幼児突然死症候群
> →レッスン18

4．免疫

免疫とは、自己と非自己を識別して、外部からの非自己の物質の侵入を防ぐ機能であり、ウイルスや細菌などが体内に侵入した際、それを攻撃したり、働きを弱めたりするしくみを指します。麻しんなどに一度罹ったら、二度と同じ病気に罹りにくいのは、その機能によるものです。

ウイルスや細菌などの病原体が抗原となり、これに対抗する抗体ができます。抗体はたんぱく質のなかのグロブリンでできており、免疫を担う**免疫グロブリン**には、IgA、IgG、IgM、IgE、IgDの5種類があります。このなかで、感染を防ぐ働きをするのはIgA（初乳中に多く含まれる）、IgG（胎盤を通過する）、IgMであり、アレルギー反応に関係するのはIgEです。

IgGは胎盤を通じて母体から胎児に移行します。乳児の一部の感染防御に役立ちますが、母体由来のものは生後6か月頃にほとんど消失します。乳児自身も免疫グロブリンをつくり出しますが、その量が成人と等しくなる5～6歳くらいまでは免疫力が十分でなく、感染症に罹りやす

53

第2章　子どもの発育・発達と保健

参照
免疫グロブリン
→レッスン15

くなります。母体由来のIgGが減少し、乳児生成のものが十分でない生後3か月頃が最も免疫グロブリンが少ない時期といえます。

5．感覚

新生児の聴覚などは、胎児期からすでに働き始めることが証明されています。

1　視覚

光に対する対光反射（瞳孔反射）や閉眼反射（強い光に対して眼を閉じる反射）は、出生直後から認められます。

生後1か月頃になるとかなりはっきり見えるようになり、物をじっと見つめる注視がみられます。3か月頃になると戸外に対しても興味を示し、動くものを目で追うようになります（追視）。視覚の発達につれて人の顔をじっと見るようになり、なかでも見慣れた人物（母親であることが多い）には微笑んだりするのに対して、見慣れない人物に対しては緊張した様子をみせるなど、いわゆる「人見知り」が始まります。これは、見知ったものと知らないものを認識し、区別できていることを表します（図表8-4）。

2　聴覚

前述したように、人は胎児期から聴覚が発達しており、胎児は外の音に反応を示すこともあります。新生児期には、大きな音に対して目をつむる閉眼反射が認められます。生後2～3か月頃になるとガラガラなどの音がするほうへ目や顔を向けるようになり、しだいに視覚と聴覚を関連づけて識別する能力が発達してきます。乳児はなじみのある音に慣れるため、自らの置かれた生活環境の音にある程度適応していきます。

3　味覚

味覚は新生児期からすでに存在しており、乳汁やミルクなどの甘味のものを好みます。味覚は体験によって広がっていくため、離乳期以降にできるだけ多様な種類の食物を食べることによって、味覚の感受性を高めていくことが大切です。

レッスン8　生理機能の発達と保健2

図表 8-4 視覚の発達過程

新生児期	明暗がわかる
1か月	焦点を合わせる
1〜2か月	両眼視が可能になる、水平方向に動くものを目で追う
2〜3か月	立体に興味をもつ
3〜4か月	動くものを追って手を動かす
6か月	近くの距離を正確に判別できる
7〜8か月	母親の顔を判別できる。人見知りが始まる
11〜12か月	ゆっくり動く物体をスムーズに追視する

出典：服部右子・大森正英編『図解子どもの保健1（新時代の保育双書）』みらい、2013年、41頁をもとに作成

4 嗅覚

　嗅覚についても早期から発達しており、新生児期からアンモニア臭のような不快な臭いを避けようとします。生後数日経つと母親のにおいを嗅ぎ分けられるようになるといわれています。

5 触覚（皮膚感覚）

　新生児は、口唇の感覚が鋭敏で、そのために乳首をうまくとらえることができます。また、温度感覚は新生児期にすでに認められます。痛みの感覚は出生時にはさほど敏感ではないですが、その後しだいに敏感になっていきます。このような皮膚感覚は、その感覚を体験することによって、しだいに発達していきます。

演 習 課 題

①トイレトレーニングの進め方や注意点について調べてみましょう。

②乳児期・幼児期の子どもの脱水予防のためには、どのような日常的な配慮が必要になるでしょうか。それぞれの時期について考えてみましょう。

③子どもの良質な睡眠のために、どのように生活リズムを整えたらよいか考えてみましょう。

レッスン9

運動機能の発達と保健1

本レッスンでは、運動機能の発達について学びます。運動機能には、粗大運動と微細運動があります。子どもの運動機能は、中枢神経や筋肉の発達の他、精神機能発達とも互いに関連しており、特に生後1年間のうちに著しく発達します。成長・発達の一般的原則とともに、主に乳児期の粗大運動、微細運動について理解しましょう。

1. 成長・発達の一般的原則

出生後の発達過程には以下の一般的な原則が認められています。
（1）一定の順序性、方向性がある。

運動機能の発達は一定の順序・方向性で進みます。すなわち、頭部から下部の方向へ向かい、また身体の中心から末梢に向かって発達します（図表9-1）。たとえば、まず頭部に近い首がすわり、腰部の発達に従っておすわりができるようになります。下半身の発達にともなってつかまり立ち、ひとり歩きと進んでいきます。また、上肢の発達では、肩や肘の大きな関節の運動から始まり、手首、手掌、指先の運動に進みます。
（2）連続しながらも段階的に進む。一定の速度ではなく、臓器によって成長発育のパターンが異なる。

運動機能の発達は神経系の成熟と密接に関連しており、連続しながらも一直線ではなく、一つひとつの段階を充実させながら段階的に進みま

図表9-1 運動発達の方向

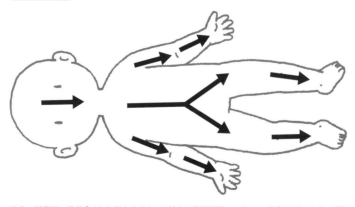

出典：榊原洋一監修『これならわかる！ 子どもの保健演習ノート——子育てパートナーが知っておきたいこと（改訂第3版）』診断と治療社、2016年、28頁をもとに作成

図表9-2 スキャモンの発育曲線

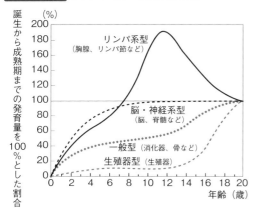

出典：松尾保編『小児保健医学（新版第5版）』日本小児医事出版社、1996年、10頁をもとに作成

す。たとえば、「ハイハイ」や「自立歩行」は、平衡機能感覚や全身の筋肉の成熟を条件として可能となります。

発達の時期は神経系が最も早く、幼児期にはほぼ成人と同様のレベルにまで達しますが、生殖器系は思春期に急速な発達を遂げます。また、胸腺、リンパ節などのリンパ系の発達は学童期に最大となります（図表9-2）。

（3）合目的に進む。

発達は、しだいに目的に合った部分的な動きができるように進んでいきます。

（4）発達には決定的に重要な時期（臨界期）がある。

諸機能が発達する過程において決定的に重要な時期を**臨界期（critical period）**といい、この時期に正常な発達が妨げられると、不可逆的な欠陥や障害を残すなど、重大な影響を及ぼすことがあります。

2．各発達段階における運動機能発達

1 新生児期（原始反射）

新生児期は、大脳の発達が未熟であるため、さまざまな原始反射がみられます。この運動は、生物が生命を守るために必要な反射であり、栄養の摂取や外界の刺激から身体を守ることができます。これらの反射は、大脳の発達に従って消失していき、多くは生後数か月の間に消失します。以下に、主な反射を示します。

①吸啜反射……口の中に指などを入れると吸いつく動作。1歳くらいまで続く。

②探索反射……口角や口唇を刺激すると顔を向けて追う動作。

③把握反射……手掌に物が触れると握ったり、足の裏を圧迫すると同様に足の指が前屈して握ったりするような動作。

④モロー反射……あおむけで頭を持ち上げ、急に頭を下げたりするときに起こる両上肢を広げて抱きつくような動作。

⑤足底反射（バビンスキー反射）……足底を踵から足指に向けて外側を強くこすると母趾の背屈と指の開扇現象（扇状に開く）が生じること。1歳までは認められるが、1歳以下でも反応がみられなかったり、非対称に反応がみられたりする場合、5歳以上でみられる場合は中枢神経系の異常が考えられる。

⑥自動歩行反射……新生児のわきの下を支えて身体を前傾させ、足底を下につけると下肢を交互に発進させ、歩行しているような動作を示す。

⑦緊張性頸反射……あおむけで頭を一方に向けると、向けた側の上下肢を伸ばし、反対側の上下肢を屈曲させる動作（フェンシングの姿勢）。

2 乳児期

①粗大運動

　乳児期の運動機能の発達は著しく、新生児期に認められた原始反射が徐々に消失し、意図的な運動（随意運動）が可能になります。

a）定頸

　上半身の筋肉群の発達によって、胸部を支えて身体を傾けても頭部を垂直に保持できる状態で、生後3か月頃にはあおむけから両上肢をもって引き起こしたときに頭部がついてきて、後ろに下がらなくなります。また、生後4か月頃にはうつぶせにしたときに上肢で支えて頭と肩を持ち上げ、胸を床から離していられるようになります。この首のすわり（定頸）は、姿勢保持の最初の重要な課題であり、この定頸がなければ、前述の発達の一般的原則によって、その後に生じるおすわりやひとり立ちに移行することが難しくなります。

b）寝返り

　自分であおむけからうつぶせに変わることで、多くは生後5〜6か月頃までにできるようになります。

c）おすわり

　両手をつかずにおおむね1分以上座っていられることを「おすわりができる」とします。生後7〜8か月頃になると乳児を抱えて上体を前

に倒すと、瞬間的に両手を出して上半身を支えようとする反射（パラシュート反射）がみられるようになります。この反射を利用しながらおすわりが自立していきます。この反射は一生涯続きます。

d）ハイハイ

両腕で上体を支えて進む「ずりばい」に続き、腹部を床から離し、腕と膝で這うようになり、やがて手と足底で這うようになる「高這い」に続きます。これは次のつかまり立ちの前段階といえます。しかし、子どもによってはハイハイせずにつかまり立ちに移行することもあります。この「這う」という動作は、自分で自分の身体を動かせるということを意味しており、運動機能だけでなく、精神機能も急速に発達することを表しています。こうして、ヒトらしい移動運動能力である「ひとり歩き（二足歩行）」に向けた基礎が築かれていきます。

e）つかまり立ち

高這いができるようになり、下肢の筋力がついてくると、物につかまって立ち上がることができるようになります。これに慣れてくると、「ホッピング反応」と言われる、立位から身体を左右どちらかに傾けると、傾けた方向の反対側の足を交差させるように踏み出し、転倒を防ぐ動作がみられます。これは、転倒を防ぐと意味もあり、次の段階のひとり歩きへの要素でもあります。

f）ひとり歩き

1歳頃になると、つかまり立ちの状態から手を離して数秒間立っていることができるようになります。1歳3か月〜4か月頃になると、ひとり歩きができるようになりますが、このつかまり立ちからひとり歩きが始まるまでの間隔は一般的に長く、個人差が大きいです。

②微細運動

微細運動の発達には、新生児期からの原始反射の消失と協調運動の発達が関係しています。

①把握反射は生後3〜4か月頃に消失し、しだいに自発的に物をつかめるようになってきます。自分の手を目の前にかざして眺めたりするようになります。

②生後5か月頃には目の前におもちゃをもっていくと手を伸ばしたりします（目と手の協応）。これは、定頸することによって自分の手の動きが視野に入ってくることで起こります。また、指の働きも発達し、手に取ったものを口にしばしばもっていきます。

③物の握り方は、生後6か月頃までは手掌全体で包むように握りますが、しだいに指先が使えるようになり、10か月を過ぎる頃になると

図表9-3 微細運動：つかみ方の発達

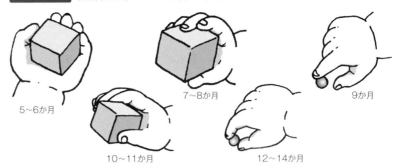

出典：奈良間美保編『系統看護学講座 専門Ⅱ——小児看護学概論・小児臨床看護総論』医学書院、2017年、91頁をもとに作成

　親指と他の指を使ってブロックなどをつかむことができるようになります。その後、1歳を過ぎる頃には小さな物も指先でつまめるようになります（図表9-3）。

④手（指）を動かすことは大脳の発達を促すことにつながり、心身の発達に大いに影響します。

演習課題

①乳児期の運動機能発達の様子をとらえ、月齢や年齢を評価してみましょう。
②乳児期の子どもの運動機能発達の遅れを心配する保護者からの相談や質問に対し、どのようなことに配慮して話したらよいか考えてみましょう。
③乳児期の運動機能発達を保障するための関わりや環境整備のあり方について調べてみましょう。

レッスン**10**

運動機能の発達と保健2

本レッスンでは、主に幼児期の運動機能の発達について学びます。幼児期は乳児期に比べ、身体発育のスピードはいくぶん緩やかになりますが、粗大運動や微細運動がより向上し、社会生活を送るうえで必要な基本的生活習慣を身につけていく大切な時期になります。

1. 粗大運動

1歳2か月頃にはひとりで立ち上がれるようになり、1歳3か月頃にはひとりで歩けるようになります。1歳半頃になると両腕を下した状態で、転ばずに歩くことができるようになります。また、階段は這うようにして昇り、さらに進むと2歳までの間には片手を支えられて階段を一段一段昇ることができるようになります。2～2歳半頃には、転ばずに走ることができるようになり、階段は両足をそろえながらゆっくり昇降できるようになるでしょう。3歳になるとバランス感覚が発達し、直線上をまっすぐ歩き、片足で数秒立っていることもできます。4歳までには三輪車に乗ることもできるようになります。4歳半以降ではさらに「～しながら……する」という「調整機能」がより発達し、スキップができるようになったり、立ってブランコをこいだりなどの、より複雑な運動が可能になります（図表10-1）。

図表 10-1 幼児期における運動機能発達

月齢	粗大運動	微細運動
1歳6か月以降	両腕を下して転ばずに歩く、音楽に合わせて全身を動かす	指先で物を上手につかむ、積み木を2個以上積める、直線のなぐり書き
2歳	転ばずに走れる、両足でぴょんぴょん飛ぶ	曲線のなぐり書き、絵本のページをめくる、指先や掌で押さえる折り紙
3歳	直線上をまっすぐ歩ける、数秒以上片足立ちをする、三輪車に乗れる	ハサミを使った直線切り、簡単な折り合わせ、真似て丸が描ける
4歳半以降	ケンケン、スキップができる。	ハサミで円を切る、指先を協応させた折り紙、真似て四角が描ける、大きなボタンがはめられる
5歳以降	走りながら方向転換や障害を飛び越える、身体の調節をとりながら持続して歩ける	大きさの異なる積み木を使って立体的に構成できる、真似て三角が描ける、本を見ながら折り紙ができる

2．微細運動

　発達は中心から末梢へ向かうという原則の通り、運動機能発達は腕や足全体の動きから手足の細かい運動へと進んでいきます。この時期は手指の巧緻性が増し、手や指を使って上手に物を操作できるようになります。

　1歳半頃には指先で物を上手につかみ、緩めのビンの蓋などを開けることができるようになります。また、2つの積み木が積めるようになったり、鉛筆などを使って直線のなぐり書きができるようになったりします。2歳を過ぎると曲線のなぐり書きや、自分で絵本のページをめくることができるようになります。3歳半頃にはハサミを使った直線切りや円の模写、折り紙の簡単な折り合わせなど、複雑な操作が可能になります。4歳以降では、利き手が明確になり、四角の模写、両手の指先を協応させた折り紙の折り合わせ、ハサミで円を切るなど、より巧緻性の発達がみられます。

　運動機能の発達には学習と体験が必要であり、活発に運動したり、手や指をたくさん動かしたりなどの機会が多くあることが重要です。適切な環境や道具を適切な時期に積極的に提供し、発達の機会を保証してあげることが大切です。

┌─┬─┬─┬─┐
│演│習│課│題│
└─┴─┴─┴─┘

①幼児期の運動機能発達の様子をとらえ、月齢や年齢を評価してみましょう。

②幼児期の子どもの運動機能発達の遅れを心配する保護者からの相談や質問に対し、どのようなことに配慮して話したらよいか考えてみましょう。

③幼児期の運動機能発達を保障するための関わりや環境整備のあり方について、幼児期前期、後期に分けてそれぞれ調べてみましょう。

レッスン11

精神機能の発達と保健1

本レッスンでは、精神機能の発達について学びます。精神機能も運動機能と同様に中枢神経系の発達にともなって発達し、身体発育や運動機能の発達と関連しながら発達していきます。ここでは、精神機能のうち、主に認知の発達——子どもがどのように世界をとらえ、認識していくかということについて学びます。

1．知的機能

心理学者の**ピアジェ（Piaget）**[*]は認知機能の発達を操作のレベルに応じて大きく4つの段階に分類しています（図表11-1）。

1 乳児期

乳児は手足や口を用いてさまざまなものを触ったり、舐めたり、叩いたりなどしてその対象について学びます。すなわち、感覚器を用いて世界を認知していく段階であるといえます。この出生後からおよそ2歳までの間の時期は、**感覚運動的段階**と表現されており、乳児が外界と関わって生きていくうえで、その直接的な接点となりうる感覚機能は最も大事な土台となるといえます。

生後5か月を超えると、目の前のものに手を出そうとするなど、外界に対して自ら行動を起こしますが、この時点ではまだ明確な目標をもって行動しているわけではありません。この時期は、目の前のものが隠されたことがわかり、「いないいないばー」を楽しむようになります。

生後7～9か月頃には模倣がさかんになり、「バイバイ」「イヤイヤ」などを大人の動作や声に合わせてする姿がみられます。

生後9か月頃を過ぎる頃には、目当てのものを隠すと隠されたものを記憶し、自ら邪魔なものを取り除いて、ほしいものに手を出すなどの、目標のもとに行動する志向性がみられるようになります。

2 幼児期

①感覚運動的段階～前操作的段階

幼児前期は、乳児期に続き、**感覚運動的段階**に位置づけられます。1歳半を超える頃には、目的に対する行動だけでなく、自身の行動とそれ

■人物

ピアジェ
（Piaget, J.）
1896～1980年
スイスの心理学者で、認知の発達に焦点を当て、その発生を系統発生と個体発生の両側面から考察した。思考の推理モデルを立て、その段階を大きく4つの段階を設けて論じた。自己中心性から社会性へと向かうプロセスを発達とみなす視点がその理論の根底にある。

第2章　子どもの発育・発達と保健

図表 11-1 ピアジェによる認知発達

感覚運動的段階 （0〜2歳頃）	知覚と行為の間に表象や言語が存在せずに、直接結びついた状態
前操作的段階 （2〜7歳頃）	・記憶、知識、イメージなどを使って頭のなかで考えたこと＝表象に基づいて行動する ・表象＝目の前にその物がなくても、頭のなかでイメージできる能力 ・思考の特徴：自己中心性、空想、魔術的思考、アニミズム
具体的操作段階 （7〜12歳頃）	具体的事象をもとに論理操作が可能になる
形式的操作段階 （12歳以上）	具体的事象にとらわれず、頭のなかだけで推論でき、目に見えない事象についても抽象的・論理的に思考できる

によって生じる結果を結びつけてとらえ、結果を予測することも可能になります。

　2〜7歳頃は**前操作的段階**と表され、身近な人、物など経験したことに対してイメージをもつことができるようになります。2〜4歳頃には、まだ具体的なものを通してではありますが、頭の中で物事を再現し、別のものに見立てて表現することができる**象徴機能**が発達します。この時期にごっこ遊びがさかんになるのは、この機能の発達を表しています。

　幼児期の思考の大きな特徴の一つとして、**自己中心性**があげられます。「自己中心性」とは、いわゆる「利己的」といった、自分の利益だけを追求するような個人特性を意味するものではありません。まだ**他者の視点**があることを理解することができないため、物事の一つの側面にしか注意を向けられず、自己の視点のみで物事をとらえるために生じるこの時期特有の認知の特徴を表しています。**アニミズム**[*]や**魔術的思考**[*]もこの自己中心性によって生じます。この発達段階の子どもは、苦痛な出来事を罪や罰ととらえてしまう傾向があるため、目に見えるものや具体物を通して、経験やなじみのあるものと関連させながら、正確な情報を伝えることが必要になります。

②**幼児期における注意、記憶、時間・空間の概念**

　幼児期の認知を表すものとして、**注意や記憶、時間・空間の概念**は非常に重要です。

　注意には外からの刺激によって生じる受動的注意と自ら注意する意図的注意があります。意図的な注意は4歳以後に著しく発達します。注意を持続できる時間は、3歳頃では10〜15分程度ですが、1〜4歳の間に4倍程度まで伸び、5歳頃には30分程度まで可能になります。しかし、どんなものにでもそれだけの間集中できるというものではなく、内容を理解でき、興味・関心をもつものに対して、より長く意識を集中できます。

　記憶とは、過去に経験したことを覚えていて、それをあとで想起で

❋ 用語解説

アニミズム
無生物（たとえば花やぬいぐるみなど）にも自分と同じように生命や感情があると信じるような思考。

魔術的思考
本来無関係な2つの現象の間に、現実的・合理的でない因果関係を想定するもの。たとえば、「雷が鳴ったのは私が悪いことをしたせいだ」など。

きることをいいます。8～9か月頃の乳児期においても、隠された物を探そうとすることができますが、記憶の保持時間は、短時間です。1歳前後では1～3分、1歳半頃には8分間程度記憶することができ、少しずつその時間は長くなります。なかでも、子どもにとってなじみがあり、目標が明確なものは覚えやすいと言えます。

　時間・空間の概念については、3歳半頃になると昨日と今日、今日と明日の区別や関連がしだいにわかるようになります。前後、左右などの対極にあるものに気づき、「対」の概念が生まれ、4歳半頃にその区別と関連が確立します。5歳半頃には、「昨日－今日－明日」、「大－中－小」の区別と関連がはっきりわかり、「中くらい」の概念が発達してきます。

③具体的操作段階～形式的操作段階

　7歳頃～11歳頃は**具体的操作段階**に位置づけられ、具体的な事象を通して論理的な推論、思考になる段階です。この頃には幼児期の自己中心性が解消され、わかりやすい説明で因果関係を理解します。

　さらに進むと、**形式的操作段階**（12歳以降）に入ります。形式的操作とは、物事に対し、見通しや仮説を立てて結果を予測し、それを検証するといったことができるようになることであり、物事を系統的に分析して解決に向けて取り組むことが可能になります。すなわち、目の前の具体物や状況にとらわれず、頭のなかだけで推論できる、抽象的思考が可能になります。

2．言葉の発達

　言葉には「命名機能」「伝達機能」「思考機能」「調整機能」があり、中枢神経系の成熟や構音機能、認知機能の発達と密接に関連しています。

1 乳児期

　当初は泣くことで自らの欲求を伝え、大人の注意を自分に向けます。生後2～3か月頃になると、泣き声とは異なる母音中心のさまざまな音声を発するようになります。これを喃語といいます。これは、言葉ではなく、乳児の遊びともいえるものです。

　生後6～7か月頃には、「アーウー」といった喃語がさらに活発になり、キャッキャとはしゃぐ様子もみられ、自分からよびかけるような声を出すこともあります。まだ人の言葉を理解はできていませんが、人の声を聞いて、自分でも真似するように発音する様子もみられます。

生後9～10か月頃になると音声を複雑に組み合わせ、話をしているような切れ目のない喃語を発します。言葉としては不完全であるものの、何らかの意思表示をしようとするもので、これが言葉の第一歩といえます。1歳前後になるとそれまで喃語を話していた子どもが「ブーブー」などの始めて意味のある言葉を発するようになり（**初語**）が出現し、音声が実際の物と対応してくる様子がみられます。

2 幼児期の言葉の発達

幼児期には、言葉がめざましく発達します。大人の繰り返しの働きかけによって語彙が増え、言葉が発達します。そのため、言葉が通じない時期から積極的に話しかけ、温かいやりとりを行うことが大切になります。

① 1～1歳半頃

1～1歳半頃には、表出言語としては、「マンマ」「ワンワン」などの**一語文**がみられます。「ママ」などとまわりの人によびかけたりすることもできます。ただし、必ずしも表出言語が理解言語と一致し、大人と同じ理解をしているわけではありません。しかし、この頃の子どもは、人差し指で対象を指差して、注目してほしいと訴えること（**指示行為**）が増えてきます。この行為と同時に何らかの発語、発声が生じており、このとき、大人が「そうね、～だね」とその対象を命名することによってさらに指示行為と発声を繰り返すようになります。これが言葉を生み出していくことにつながるのです。これを繰り返すことによって、実際の対象と言葉（たとえば「犬」と「ワンワン」など）を結びつけて理解し、発声することにつながります。

② 1歳半～2歳頃

1歳半～2歳頃の間に、「マンマ、チョーダイ」「アッチ、イク」などの助詞のない**二語文**を話すようになります。2歳半頃には語数も増え、二語～多語文が使えるようになり、主に身の回りの馴染みのあるものや出来事を表す言葉を獲得していきます。

③ 2歳半～3歳頃

2歳半～3歳頃には「これなあに？」や「なんで？」などの質問をして、確認を求めることが増えてきます。好奇心や活動意欲の高まりによるものでもありますが、質問することによって自分に関心を向けたい気持ちの表れであることも多くあります。大人が忙しくしているときに限ってこのような行動が増えるのは、「自分に注目して」という訴えであることも多いです。ぜひ、面倒がらずに向き合って、子どものニーズを受け

図表 11-2 乳幼児期の言語の発達

時期	理解言語	表出言語
1歳～1歳半	「ちょうだい」に反応して顔を見て渡す	「マンマ」「ワンワン」などの単語が中心。表出言語と理解言語は必ずしも一致していない
1歳半～2歳頃	「～はどれ?」と聞かれて指差しで答える	「アッチ、イク」「ソレ、チョーダイ」などの助詞のない二語文
2歳半～3歳頃	絵本の筋がわかってくる	「これなあに」「どうして」などの質問を繰り返す、二語～多語文が増える
3歳半頃	身近な人物の名称や顔の部分の名称が言える（命名機能）	助詞や助動詞を使って自分の体験を話すが、羅列的表現（伝達機能）
4歳以降	大人の話はほとんど理解できる	話し言葉の一応の完成

止めてほしいと思います。

④ 3～4歳頃

3～4歳頃になると、助詞や助動詞を使ってより複雑な文章を話します。4歳頃には話し言葉の一応の完成を認め、日常会話が可能になります。ただ、まだ要求を伝える際に主語と述語が明確でなかったり、話すことも順序立てたものではなく、羅列的な表現に留まっていたりします。

⑤ 4歳過ぎ

4歳を過ぎると大人の言うことはほとんど理解できるようになり、接続詞を使って自分の経験や思いを話せるようになります。身体の部位や乗り物の名前が言えるようになり、「ボク、ワタシ」などの言葉で自他を区別することができるようになります（図表11-2）。

演 習 課 題

①幼児期の子どもの自己中心性を表す認知の特徴（アニミズム、魔術的思考など）について調べてみましょう。

②言葉の発達を生み出し、引き出すために必要な関わりを考えてみましょう。

③言葉の発達の遅れを気にしている保護者への関わりで必要となる配慮やアドバイスの仕方について具体的に考えてみましょう。

レッスン**12**

精神機能の発達と保健2

本レッスンでは、レッスン11に続き、精神機能発達についてみていきます。ここでは、主に情緒や社会性などの発達について学びます。乳児期・幼児期それぞれの特徴を理解しましょう。

1．情緒の発達

感情は乳児期から5歳頃までに分化し、5歳頃には成人にみられるような情緒がひととおり形成されます（図表12-1）。

1 乳児期の情緒の発達

乳児期の情緒は未分化で、特に前半はそのほとんどが身体内部の変化によるものになります。まずは不快な刺激に対して反応し、泣く、筋肉を緊張させるなどの反応が新生児期からみられます。生後1か月頃までは入眠しかけた際などに子どもが自発的に微笑む**生理的微笑**がみられます。これは、子どもの感情とは関係なく無意識に起こるものです。

一方、快の感情は不快の感情より少し遅れて出現し、生後2〜3か月頃には大人の働きかけに対して微笑み、発声をともなって手足をバタバタさせるおはしゃぎ反応がみられるようになります。

生後5か月頃になると親しい人、特定の人の顔がわかり、あやされて声を出すだけでなく、自ら大人に声をかける仕草もみられます。

生後6〜7か月頃では、親しい人となじみのない人の顔を識別できるようになります。親しい人の顔をみて微笑んだり、声を出すなどの行動が現れ、同時にその人が見えなくなると激しく泣いたり探し求めたりという、**分離不安**が生じます。この、「親しい人とそうでない人の識別」が、いわゆる**人見知り**の始まりです。人見知りをして泣く前には重要他者（母親など）とほかの人の顔を見比べることもあります。1歳頃までには怒りや恐れなどの分化がみられます。

2 幼児期の情緒の発達

幼児期の情緒は、2歳頃までに基本的な発達を遂げ、さらに分化が進

図表 12-1 ブリッジスの情緒発達系統図

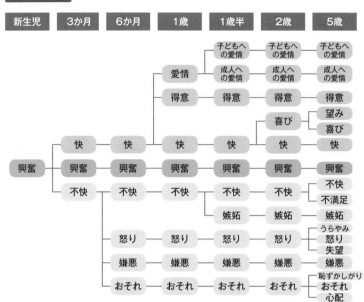

出典：高野陽編『小児保健（保育・看護・福祉プリマーズ⑧）』ミネルヴァ書房、2009年をもとに作成

み、5歳頃には、成人にみられるような情緒が形成されます。この時期の特徴としては、情緒が突如、激しく表出されることが多いことがあげられます。個人差はありますが、大声で全身を使って泣き喚いたり、暴れたりする様子がみられます。

さらに、その情緒は変化しやすく、長続きしないことも特徴のひとつです。さっきまで泣いていた子どもが、おもちゃや音楽・映像などによって泣き止んで、楽しそうにするなどの様子がしばしばみられます。

1〜2歳頃には、大人の簡単な指示に従うことができるようになりますが、甘えることが多くなり、駄々をこねたり癇癪を起こしたりします。

2〜3歳頃には**自我**が芽生えてきます。「自分で」という気持ちが高まり、大人の言うことに「イヤ」と言うことが多くなります。自分なりのやり方で物事をやりたいという意思が強く現れ、自分の要求を主張します。思い通りにいかないときは激しく泣いたり、癇癪を起こしたりすることもあるでしょう。これはいわゆる**反抗期**ともいわれていますが、これは親に「反抗」するものではなく、あくまで**自我の芽生えと発達**を表しているものです。大人は感情で反応せず、子どもの気持ちを認め、自分でやろうとする気持ちを育てていくことが大切です。「あれはダメ」と禁止するよりは、「これはできる」「こうしたらよい」と肯定的な表現で望ましい行動を伝えられるとよいです。

4〜5歳頃には**調整機能**が発達してくるため、大人の働きかけで気持

第2章 子どもの発育・発達と保健

ちをコントロールすることが少しずつできるようになります。

2. 社会性の発達

社会性とは、集団をつくって他者と関わって生活しようとする人間の根本的な性向であり、人間が他者と関わり、社会的に協同していくために必要な性質といえます。ここでも、乳児期と幼児期に分けて社会性における特徴について述べていきます。

1 乳児期

乳児期における「社会」とは、ほぼ家庭であり、おおむね両親を中心とした家族との関係性で表されます。この時期は、家族を中心とした特定の人物との情緒的な関係の形成が重要で、その後の社会性の発達や人間関係の構築のあり方に大きく影響します。

生後2～3か月ではあやされると笑うようになりますが、この段階ではまだ重要他者とそうでない人との識別はできていません。乳児期の情緒の項で述べたように、生後6～7か月頃にはその識別ができるようになり、いわゆる**人見知り**が始まります。重要他者（親）への接近と接触を求める傾向を**愛着（attachment）**といい、**ボウルビィ**は、愛着を「ある特定の対象に対して強い情愛的結びつきをもとうとする人間の特性」と定義しています[†1]。この愛着形成は子どもが生まれる前から始まっており、子どもの欲求を親が受け止め、満たし、子どもは欲求が満たされる経験を重ねることで、**基本的信頼感**が培われていきます。こうしたやり取り（相互作用）が繰り返されることで親子の愛着は育っていきます。すなわち、人見知りや後追いは、この愛着関係がしっかり成立していることを表しています。

乳児期までの遊びは、発声などの遊びや音の出るおもちゃ、積み木などを使った感覚・運動機能を働かせる遊びが中心で、大人とのやりとりが大切になります。

2 幼児期

幼児期は、乳児期において愛着に基づいた親子関係を築いたうえで、しだいに外の世界へ目を向けていきます。幼児期の主導的活動は「遊び」であり、遊びを通して社会性を獲得していきます。

1歳半～2歳頃には、他の子どもへの興味や関心が芽生え出しますが、

▶**出典**
†1 ボウルビィ／二木武監訳『母と子のアタッチメント──心の安全基地』医歯薬出版、1993年

近くにいても交渉はなく、好きなおもちゃなどを使ってひとりで遊ぶ**ひとり遊び**や、他の子どもが遊ぶのを眺めてそのなかには加わらない**傍観**、友だちのそばにいてもやりとりはないまま、同じ遊びをする**並行遊び**が主流です。

3歳頃には象徴機能が発達してくるため、何かを物に見立てて遊ぶ**ごっこ遊び**が盛んになります。また、子ども同士の関わりもできてくるため、仲間と同じ遊びを展開し、おもちゃの貸し借りなどのやり取りがありながらも明確なルールや役割分担のない**連合遊び**が中心となります。

4～5歳頃になると仲間との交流が増え、連合遊びとともに、鬼ごっこやかくれんぼなどのリーダーや役割分担を決めて、ルールに基づいた遊びを展開する**協同遊び**が盛んになります。

学童期になると、家庭や家族中心の生活から、友人関係に関心が移り、社会性の発達においては友人関係が大きく影響してくるようになります。学童期前半では、クラスが同じであるとか近所に住んでいるなどの理由で友人関係が形成され、その関係性や交友関係は変化しやすいことが多いです。学童期後半になると自発的に徒党を組んで集団的な行動をとることが多くなります。この時期を**ギャングエイジ（gang age）**といい、この集団のなかでルールをつくって行動したり、大人の目を逃れて結束して行動したりします。これによって社会生活に必要な対人関係の基礎や社会性を身につけていきます。

参照

象徴機能
→レッスン11

演 習 課 題

①ボウルビィの愛着理論について概要を調べてみましょう。

②人見知りをする時期の子どもに対し、どのような関わりや配慮が必要なのか考えてみましょう。

③幼児期の社会性の発達に応じて、どのように遊びを計画したらよいか、考えてみましょう。

参考文献……………………………………………………………………

レッスン5

河原克雅　『新看護学1——専門基礎1（人体のしくみとはたらき）』　医学書院　2008年

新道幸惠編　『マタニティサイクルにおける母子の健康と看護——新体系看護学全書 母性看護学②』メヂカルフレンド社　2015年

西沢いづみ・有本淳一　『看護系で役立つ生物の基本』　化学同人　2013年

保志宏　『ヒトのからだをめぐる12章』　裳華房　1993年

第 2 章　子どもの発育・発達と保健

レッスン 6

大西文子編著　『子どもの保健演習』　中山書店　2012 年

兼松百合子・荒木暁子・羽室俊子編　『子どもの保健・実習（第 2 版）——すこやかな育ちをサポートするために』　同文書院　2013 年

榊原洋一監修　『これならわかる！子どもの保健演習ノート（改訂第 3 版）——子育てパートナーが知っておきたいこと』　診断と治療社　2016 年

高野陽編　『小児保健（保育・看護・福祉プリマーズ⑧）』　ミネルヴァ書房　2009 年

中野綾美編　『小児看護技術（第 2 版）——ナーシング・グラフィカ小児看護学②』　メディカ出版　2013 年

奈良間美保編　『系統看護学講座 専門Ⅱ——小児看護学概論・小児臨床看護総論』　医学書院　2017 年

服部右子・大森正英編　『図解子どもの保健 1——新時代の保育双書（一部改訂）』　みらい　2013 年

レッスン 8

今村榮一・巷野悟郎編　『新・小児保健（第13版）』　診断と治療社　2010 年

大西文子編　『子どもの保健演習』　中山書店　2012 年

兼松百合子・荒木暁子・羽室俊子編　『子どもの保健・実習（第 2 版）——すこやかな育ちをサポートするために』　同文書院　2013 年

高野陽編　『小児保健（保育・看護・福祉プリマーズ⑧）』　ミネルヴァ書房　2009 年

中野綾美編　『小児の発達と看護（第 3 版）——ナーシング・グラフィカ28小児看護学』　メディカ出版　2010 年

奈良間美保編　『系統看護学講座 専門Ⅱ——小児看護学概論・小児臨床看護総論』　医学書院　2017 年

服部右子・大森正英編　『図解子どもの保健 1——新時代の保育双書（一部改訂）』　みらい　2013 年

レッスン 12

秋葉英則　『乳幼児の発達と活動意欲（復刻版）』　清風堂書店　1999 年

今村榮一・巷野悟郎編　『新・小児保健（第13版）』　診断と治療社　2010 年

大西文子編　『子どもの保健演習』　中山書店　2012 年

兼松百合子・荒木暁子・羽室俊子編　『子どもの保健・実習（第 2 版）——すこやかな育ちをサポートするために』　同文書院　2013 年

榊原洋一監修　『これならわかる！子どもの保健演習ノート（改訂第 3 版）——子育てパートナーが知っておきたいこと』　診断と治療社　2016 年

高野陽編　『小児保健（保育・看護・福祉プリマーズ⑧）』　ミネルヴァ書房　2009 年

中野綾美編　『小児の発達と看護（第 3 版）——ナーシング・グラフィカ28小児看護学』　メディカ出版　2010 年

奈良間美保編　『系統看護学講座 専門Ⅱ——小児看護学概論・小児臨床看護総論』　医学書院　2017 年

服部右子・大森正英編　『図解子どもの保健 1——新時代の保育双書（一部改訂）』　みらい　2013 年

おすすめの 1 冊

秋葉英則　『乳幼児の発達と活動意欲（復刻版）』　清風堂書店　1999 年

教育心理学者である著者により、0 歳から就学前までの子どもの発達について、詳細にまとめられている。「子育てに科学とロマンを」との命題のもと、子どもの未来を信じ、生きる力、「活動意欲」を育むための関わりを科学的視点をもって読み解いている。

コラム

子どもの＜活動意欲＞「活動なくして発達なし」

　秋葉※は＜活動意欲＞を「ヒト・子ども・人間の活動をうながす力・エネルギー」であり、それが発達の源であると述べています。これは外に向かって働きかける力であり、能力を獲得するために必要不可欠なエネルギーです。

　そして、この＜活動意欲＞は子どもが自然に持ち得るものではなく、子どもを取り巻く物や人との関係において生まれてくるもので、かつその関係によって常に変化していくものであることが注目に値する点であるといえるでしょう。つまり、子どもの＜活動意欲＞を引き出し、持続させるためには、われわれ大人の関わりや、仲間（友だち）の存在、発達に則した環境・媒体（玩具など）が重要になってくるということです。

　さらに、＜活動意欲＞はその名の通り、何らかの「活動」を引き起こすものであるため、身体の生理的リズムが大きく影響します。よって、起きた直後や眠いとき、健康でないときにはいくら外からの働きかけがあったとしても、意欲があらわれにくいのです。したがって、子どもができるだけ健康を維持できることはもちろん、一日の活動にあたってどのようなときに＜活動意欲＞が生まれ、強まりやすいのかを考えた働きかけや生活リズムの調整が必要になります。

※　秋葉英則『乳幼児の発達と活動意欲（復刻版）』清風堂書店、1999 年

第3章

子どもの疾病と保育

本章では、子どもの疾病の特徴や症状について学びます。子どもに特有の感染症や急性疾患、慢性疾患など疾病ごとに特徴や症状、対応を理解します。不調を感じても自分でうまく伝えられない子どもの症状にいち早く気づき、適切な対応をとるためには「子どもの疾病」の知識がとても大切です。

レッスン13	子どもの疾病の特徴
レッスン14	子どもの疾病と保育1
レッスン15	子どもの疾病と保育2
レッスン16	子どもの疾病と保育3
レッスン17	子どもの疾病と保育4
レッスン18	子どもの疾病の予防と適切な対応1
レッスン19	子どもの疾病の予防と適切な対応2

レッスン**13**

子どもの疾病の特徴

本レッスンでは、子どもの疾病の特徴について学びます。子どもは、成長・発達することが大きな特徴であり、発育期によって病気の理解が異なります。また、年齢によって起こりやすい病気にも特徴があります。子どもの疾病の特徴を学ぶことはその発生予防につながり、有効です。

■ 人物
アラン・ヤング
（Young, A.）
1938年～
アメリカ出身の医療人類学者。

1．疾病とは何か

　私たちは、身体的、精神的な不調、不都合を**病気**や**疾病**という言葉で表現します。**アラン・ヤング**[*]は、医療者からみた**疾患（disease）**と患者からみた**病（illness）**を分けて定義し、これらの包括的概念を**疾病（sickness）**であるとしています（図表13-1）。**病気**は**疾病(sickness)**と同義語で使用されています。

2．認知発達の特徴による子どもの病気の理解

　子どもの病気の理解には、子どもの認知発達、病気の状態、症状、他者の経験も含めた病気の経験、病気の期間などの要因が関与しています。子どもの認知発達による病気の概念の理解については、図表13-2のように説明されています。

1 乳児期

　乳児期の子どもの認知は、身体感覚活動（体を動かすことや遊び）を

図表 13-1 疾病、病、疾患のイメージ

包括的概念	疾病（sickness）
患者の視点	病（やまい、illness）
医療者の視点	疾患（disease）

出典：任和子・大西弘高編『臨床看護総論（ナーシング・グラフィカ 基礎看護学5）』メディカ出版、2014年、16頁をもとに作成

レッスン13　子どもの疾病の特徴

図表 13-2 子どもの発達段階と病気の理解

子どもの発達段階	ピアジェの発達段階	病気の概念の発達
乳児期	感覚運動期	病気を明確な概念として理解することができない
幼児期	前概念期	現象的理解：病気を表面的な現象としてとらえる 感染の概念：病気の原因に触れるとうつるととらえる感染の概念が生まれる
学童期	具体的操作期	健康への悪影響：病気は、外部からの悪いもの（たとえば「バイキン」）が原因であることを理解する 体内論的理解：外部からの原因（たとえば「バイキン」が体内に入ることによって病気が引き起こされることを理解する
思春期	形式的操作期	身体的要因の理解：病気の原因は外的な要因であり、それが身体の構造や機能を阻害することを理解する 心理身体的要因の理解：病気の原因は外的な要因だけでなく、思考や感情などの心理的な要因も身体の機能に影響することを理解する

出典：市江和子編『小児看護学』オーム社、2014年をもとに作成

中心に発達している時期であり、「病気」を明確な概念として理解することはできません。痛みや、倦怠感、押さえつけられた不快、動けない不快など、子どもの身体的な苦痛や不快、違和感それ自体が病気の理解（感じ方）となります。**愛着**が形成された子どもにとっては、病気は親密な関係にある人々から離される不安や恐怖感、不安感をもたらします。また、受けた経験が明確に記憶されるようになると、自分に直接恐怖や不快・苦痛をもたらす人（医師や看護師など）やモノ（注射器など）に対して強い警戒心をもつようになります。乳児にとってこのような過去の経験からの恐怖や不快の再現も、子どもにとっては病気の理解の仕方といえます。

参照
愛着
→レッスン12

2　幼児期

　2歳頃になると病気の理解がはじまります。幼児期は「**原因と結果**」の考え方が進むことで認知的な「病気」の理解ができるようになります。しかし、**前操作期**にある幼児は、「自己中心性」であるため、自分自身が目撃したもののみが事実にあり、見えないものは思考に入ってこない特徴があります。そのため、正しく病気を理解することが困難なことがあります。

　幼児期の理解で特徴となるのは「罪としての病気」というとらえ方です。たとえば、「言うことをきかなかったから（病気になった）」「お友だちとけんかをしたから（病気になった）」というように理解します。この時期の子どもは、病気の原因を病気になる直前に自分が行ったことや起こった出来事のためととらえる傾向があります。これは、日常のし

77

つけのために罪が使用されること、因果関係を理解しやすいことが関係していると考えられています。日常のしつけのなかで「早く食べないと大きくならないよ」といった「○○しないと嫌なこと（結果）が起こる」という因果関係を子どもたちは経験しています。そのため、病気という嫌な結果が生じると、その原因として「（たとえば）けんかをした」ことに結びつけやすいのです。

　幼児期後期には「感染の概念」が現れます。汚いもの（うんちやおしっこなど）に触ると病気になると考えます。その後、感染の概念には「バイキン」という介在物が加わります。アニメに登場する擬人化されたバイキンのキャラクターを病気の原因として理解するため、予防教育や病気の説明が可能になっていきます。

3　学童期

　自分の経験の範囲内での論理的思考が可能となります。病気や治療は、子どもの身体構造や機能の理解、経験の積み重ね、因果関係の理解の深まりとともに、かなり正確に理解されるようになります。この時期は、**具体的操作期**であり、具体的な症状を経験したり、目に見える変化がある場合には病気を正確に理解しやすいです。たとえ自分がそれを経験していなくても、図や写真などを用いたり、子どもが経験していることに置き換えて説明されると思考のなかで具体的操作が可能になり、目に見えない体の内部で起こっていることも理解できるようになります。因果関係では、病気が体を攻撃する外部からの原因とその結果の病気という構図だけでなく、病気が身体機能の低下によって生じること（たとえば、歯磨きをしないから虫歯になった）も理解できます。したがって、予防行動の理由がわかり、病気の治療には原因を取り除くだけでなく、身体機能を回復させる目的（たとえば、安静にする）があることも理解可能となる時期です。

4　思春期

　10、11歳頃になると、病気の原因に関する認知は成人と似通ったものとなります。身体的要因を中心とした理解ができるようになり、「外で遊んでいて、転んで膝をすりむいて、そこから菌が入って熱をもっている」といった、外的な「病気」の原因により、身体の構造や機能を阻害することが説明できます。さらに、心の状態が身体の健康にも影響を与えるといった心身相関的な病気のとらえ方も可能になります。

レッスン13 子どもの疾病の特徴

３．子どもの身体の解剖学的・生理学的特徴と疾病

　子どもの疾病には、身体の解剖学的・生理学的な成長・発達過程が関係します。そのため、起こりやすい疾病も年齢によって異なってきます。たとえば、乳児期は以下のような特徴があります。

> 　１）感染症に罹患しやすく、重症化しやすい
> 　２）呼吸器疾患になりやすい
> 　３）発熱や下痢、嘔吐により脱水になりやすい

　感染予防はもちろんのこと、症状の早期発見、治療が必要となります。疾患としては、かぜ症候群、発熱、脱水、乳幼児突然死症候群などが代表的な疾患です。このように、子どもの疾患には年齢依存性を認めることがあります。
　また、すべての年齢層のうち最も死亡率が低いのは、５～９歳です。2016（平成28）年の、５～９歳の死因は第１位：悪性新生物、第２位：不慮の事故、第３位：先天奇形等、10～14歳は第１位：悪性新生物、第２位：自殺、第３位：不慮の事故となっています。不慮の事故では、１～14歳で交通事故による死亡が最も多くなっています。学童期は他の年齢層と比べ身体的健康面の対策だけでは予防が十分にできない特徴をもっています。
　子どもにみられる症状の特徴を以下にまとめます。

> （１）構造機能的な特徴
> 　①体重当たりの体表面積が大きい→体温の調節が難しい
> 　②呼吸中枢が未熟である→呼吸器疾患になりやすい
> 　③気道が狭い→呼吸器疾患になりやすい
> 　④子どもでは耳管が太く、水平で短い→のどや鼻からいろいろな細菌が中耳に運ばれ、炎症を起こしやすい
> （２）症状に関する特徴
> 　①症状が現れるのが早く、悪化するのも早いが回復するのも早い
> 　②全身症状として現れることが多く、活動力の低下や不機嫌などの全身症状をともなう
> 　③症状が同時に出現することが多い

◆補足

罹患
病気にかかること。

参照

かぜ症候群
→レッスン16

発熱
→レッスン14

脱水
→レッスン14

乳幼児突然死症候群
→レッスン18

子どもの死因
→レッスン3

79

第 3 章　子どもの疾病と保育

参照
子ども特有の感染症
→レッスン 15

④子ども特有の感染症（麻しん、風しん、水痘、流行性耳
　下腺炎など）によるものがある

　以上のように、子どもは構造機能的な特徴から症状の現れ方も大人と
異なっています。また、子どもは言語発達が未熟なため、言語での表現
が難しく、訴えが不正確です。たとえば、腹痛があっても、「ポンポン、
イタイ」のように、どこがどのように痛いのかがわからないことがよく
あります。そのため、子どものまわりの大人が観察することが特に重要
になります。子どもの機嫌、活気、食欲や睡眠の程度、皮膚の状態など、
それぞれの症状に合わせて観察することが大切です。

演 習 課 題

①幼児期の子どもの認知発達に合わせた病気の説明とは、どのような説
　明内容でしょうか。具体的に、どのように説明すればいいか、まわり
　の人と話し合ってみましょう。
②子どもの死因にある不慮の事故を防ぐためにはどうすればいいか、ま
　わりの人と話し合ってみましょう。

レッスン**14**

子どもの疾病と保育1

本レッスンでは、子どもの主な症状について学びます。子どもは、大人と違って症状をうまく伝えることができません。特に乳児・幼児のときは泣くだけということもあります。子どもの症状に早く気づき対処することは、病気を悪化させないためにも有効です。

1．発熱

　発熱とは、体温調節中枢の機能が異常（熱の発生と放射機能のアンバランス）をきたし、正常体温以上に高くなった状態で、生体防御反応のひとつです。

　子どもの発熱は、**37.6℃以上、または平熱より1℃以上の上昇**をいいます。2歳以降では、日内変動がみられはじめ、午後から夕方には0.5～0.8℃高くなります。

1 　子どもの特徴

　子どもの発熱の特徴は、次の通りです。

①体重の割合に対して体表面積が広いため体温を奪われやすく、皮下脂肪や筋肉が薄く、汗腺の発育が不十分で体温異常が生じやすい。

②環境温度や着せ過ぎなどの些細なことで発熱しやすい。

③発熱にともなって頭痛、嘔吐、下痢などを随伴しやすい。

④免疫力が弱いため細菌やウイルスによる感染症に罹患しやすい（かかりやすい）。

⑤発熱の程度は必ずしも疾病の重さとは比例しない。

⑥容易に**熱性けいれん**を誘発し、症状が急変しやすい。

参照
熱性けいれん
→レッスン16

2 　発熱時の対応

　発熱時は、次のような対応を行います。

①安静が大切であり、消化のよい食べ物を与える。

②水分の補給を心がける。

③環境温度を調整する。

④衣服をゆるめ、腋窩（脇の下）や鼠径部（両足の付け根）を冷やす。

参照
環境温度の調整
→レッスン25

81

第3章　子どもの疾病と保育

◆補足

解熱剤
子どもの場合には、アセトアミノフェンがよく使用される。

⑤熱性けいれんの既往がある場合や38.5℃以上の熱が持続する場合は、解熱剤の利用を考慮する。

3　重症度の判断（できるだけ早く受診したほうがよい場合）

次のような場合は、医療機関を受診し、医師の指示に従います。
①一般状態（食欲、機嫌、活気など）が不良な場合。
②意識障害（物事を正しく理解することや、周囲の刺激に対する適切な反応が損なわれている状態）、けいれん、頭痛、嘔吐、呼吸困難などがある場合。
③発しんをともなう場合。

2．咳・喘鳴

咳（せき）は、気道内から異常な分泌物や異物を排除しようとする生理的な防御反応です。喘鳴（ぜんめい）とは、気道のどこかに不完全な狭窄がある場合、吸気時（息を吸うとき）や呼気時（息を吐くとき）に「ゼーゼー」「ヒューヒュー」などの雑音がします。咳や喘鳴は発熱とともに表れることが多い症状ですが、呼吸困難を生じることもあるため注意が必要です。

1　子どもの特徴

子どもの咳・喘鳴の特徴は、次の通りです。
①鼻腔や咽頭、喉頭の内腔が狭く気管支も細いため、鼻汁や気道内の分泌物の増加によって気道狭窄が起こりやすい。
②子どもは呼吸系の器官が未発達であり、呼吸困難を起こしやすい。
③腹式呼吸が主であり、便秘などで腹部膨満となると呼吸困難を起こしやすい。
④咳嗽（がいそう）反射が未熟なために分泌物が気道内に貯留しやすい。
⑤突然の喘鳴は気道内異物の可能性を考慮する。

2　咳・喘鳴時の対応

咳・喘鳴時は、次のような対応を行います。
①安静を保ち、楽な姿勢をとる。咳が続いて息が苦しいときは、抱く、座らせるなど、体を少し起こした状態にする。
②刺激の少ない食物を少量ずつ与える。
③水分補給を十分行う。

レッスン14　子どもの疾病と保育1

④室内の換気と保温。

3 重症度の判断（できるだけ早く受診したほうがよい場合）

次のような場合は、医療機関を受診し、医師の指示に従います。
①呼吸困難をともなう場合。
②咳、喘鳴以外の症状が顕著な場合（たとえば、高熱）。
③意識の低下を認める場合。
④突然の激しい咳や喘鳴で**チアノーゼ***を認める場合。
⑤眠れないほどの咳。

✳ 用語解説
チアノーゼ
爪や唇などが青紫色になる状態。酸素供給の不足が疑われる。

3．嘔吐

子どもでは、嘔吐中枢が未熟なこと、胃・食道の発達が未熟なこともあって嘔吐しやすい特徴があります。

1 子どもの特徴

子どもの嘔吐の特徴は、次の通りです。
①子どもの場合、食べ過ぎ、便秘、啼泣などの些細な原因で吐きやすい。
②容易に脱水に陥りやすい。
③髄膜炎など頭蓋内病変（頭の病気）により吐くこともある。

✦ 補足
乳幼児の脱水の症状
①口唇の乾燥
②泣いたときの涙の減少
③尿量の減少
④大泉門の陥没
⑤活動性の低下

2 嘔吐時の対応

嘔吐時は、次のような対応を行います。
①衣服をゆるめ、体温を測る。
②安静にする。
③水分を少しずつ何回にも分けて与えながら様子をみる。
④嘔吐の仕方、吐物の性状を観察する。

3 重症度の判断（できるだけ早く受診したほうがよい場合）

次のような場合は、医療機関を受診し、医師の指示に従います。
①機嫌が悪く、水分も受けつけない場合。
②頻回の嘔吐がある場合。
③噴水様の嘔吐がある場合。
④吐物が血性の場合。
⑤腹痛や血便、頻回の下痢を認める場合。

✦ 補足
嘔吐の仕方
ダラダラと吐く、ゲボッと吐く、噴水様に吐く。

吐物の性状
血が混じっていないか、胆汁が混じっていないか、食物の消化の状況。

83

第3章　子どもの疾病と保育

⑥高熱や頭痛をともなう場合。

⑦嘔吐のあと、顔色が悪かったり、呼吸困難を認める場合。

4．下痢

下痢とは、便の性状がやわらかくなることで、多くの場合、便の回数も増えます。子どもは下痢によって容易に脱水や電解質のバランス異常を起こしやすい特徴をもっています。

1　子どもの特徴

子どもの下痢の特徴は、次の通りです。

①下痢によって脱水や電解質のバランス異常を起こしやすい。

②乳児の場合、下痢が続くとおむつかぶれを起こしやすい。

③感染症の原因となる下痢（便からうつる）が多いため、感染防止の観点が必要となる。

2　下痢時の対応

下痢時は、次のような対応を行います。

①安静にする。

②水分を少しずつ何回にも分けて与えながら様子をみる。

③消化のよい食べ物を与える。

④下痢の回数、便の性状を観察する。

⑤手洗い、おむつの正しい処理方法など感染予防を心がける。

参照
手洗い
→レッスン19

3　重症度の判断（できるだけ早く受診したほうがよい場合）

次のような場合は、医療機関を受診し、医師の指示に従います。

①機嫌が悪く、水分も受けつけない場合。

②腹痛や血便、頻回の下痢を認める場合。

③高熱やその他の腹部症状をともなう場合。

④臀部（おしり）に発赤やびらんが発生した場合。

レッスン14　子どもの疾病と保育1

5．脱水

脱水とは、水分摂取が不足するか、発汗、下痢、嘔吐などのため体内から水分が失われた状態をいいます。子どもは、大人に比べて体重当たりの必要水分量や水分の出入りが多く、脱水症になりやすい特徴をもっています。

1　子どもの特徴

子どもの脱水の特徴は、次の通りです。
①身体の組成のうち、水分の占める割合が高い。
②体重当たりの必要水分量、**不感蒸泄量***が高い。
③新生児や乳児は口渇（のどの渇き）を自覚して自分で水分を摂取できない。
④胃腸炎などの感染症にかかると哺乳量が著しく減ったり、嘔吐・下痢によって大量の水分が喪失する。

2　脱水の症状

皮膚、唇の乾燥、目のくぼみ、皮膚の弾力性の低下、四肢（手足）の冷感、尿量の減少がみられます。乳児では、**大泉門***が陥没するという特徴もあります。

3　予防方法と重症度の判断（できるだけ早く受診したほうがよい場合）

①予防方法として、次のような点に注意して**経口補液剤***を与えることが有効です。
　・嘔吐の場合は、嘔吐の後15分ほどしてから経口補液剤をスプーンやスポイトで5～10mlずつ根気よく与える。
　・一度に多く飲ませると嘔吐を誘発するので注意する。
　・飲んだ経口補液剤の量を記録する。
②経口補液剤を与えても、全身状態の改善がみられないときや医師から指示された量が飲めないときは、速やかに受診します。

✛ 用語解説

不感蒸泄量
皮膚や肺（呼気）から水蒸気として放出される水のこと。

✛ 用語解説

大泉門
新生児の頭蓋骨の縫合部にあるすきまを泉門という。顔の前側に大泉門、後ろ側に小泉門がある。小泉門は、生後3～6か月、大泉門は1～1歳6か月で閉じる。
→レッスン6

経口補液剤
注射や点滴の成分とよく似た、水に塩分などの電解質と糖とがバランスよく配合されたもの。

85

第3章　子どもの疾病と保育

6．腹痛

消化器症状として、腹痛は下痢や嘔吐とともに頻度の高い症状です。

1 　子どもの特徴

子どもの腹痛の特徴は、次の通りです。

①小さければ小さいほど、腹痛としての訴えができないため、不機嫌として表現される。

②過食、便秘など、些細なことで腹痛を訴えることがまれではない。

2 　腹痛時の対応

腹痛時は、次のような対応を行います。

①痛みが軽く元気であれば、食事を控えて様子をみる。

②痛みを訴える場合は、衣類をゆるませ、膝を曲げると腹部の緊張がとれる。

3 　重症度の判断（できるだけ早く受診したほうがよい場合）

次のような場合は、医療機関を受診し、医師の指示に従います。

①高熱をともない、痛みが激しい場合。

②嘔吐や下痢をともない、脱水症状が認められる場合。

③便や吐物に血液が混じる場合。

④痛みがだんだんと強くなる場合

⑤間欠的（10〜15分おき）に痛みがある場合。

⑥紫斑（出血によって皮膚組織中に生じる紫色の斑点〔出血斑〕のこと）や関節痛をともなう場合。

7．けいれん

けいれんとは、本人の意思とは無関係に突然起きる筋肉の収縮のことをいいます。けいれんは「**ひきつけ**」「**発作**」ともいい、運動、姿勢の異常、意識障害、眼球の偏位・凝視（眼の方向や位置の異常）、口唇のチアノーゼ、呼吸の不正などがみられます。筋肉の収縮は、ずっと持続する場合（強直発作）、一定のリズムで周期的に繰り返す場合（間代発作）とがあります。乳幼児でけいれんがみられる病気の代表は、熱性けいれんとて

参照
熱性けいれん
→レッスン16

86

レッスン14　子どもの疾病と保育1

んかんです。

1　けいれんの種類

けいれんは次のような種類に分けられます。

①筋肉が急激に収縮することによって上肢や下肢、または身体全体を硬くして突っ張る姿勢をとる**強直発作**。

②上肢や下肢、または身体全体をリズミカルに屈曲させて、手足をバタバタさせる**間代発作**。

③突然倒れて強直発作を起こし、その後に引き続いて間代発作に移行する**強直間代発作**。

④突然力が抜けて倒れ、意識や反応がなくなってボーっとした状態になる**脱力発作**。

⑤倒れることはないが、発作の間は動作が停止し、注意力を失い外からの刺激に反応しなくなる**欠神発作**。

2　子どもの特徴

子どものけいれんの特徴は、次の通りです。

①大人に比べてけいれんを起こしやすい。

②乳幼児期に多いのは熱性けいれん、てんかんである。

③中枢神経系の感染症（髄膜炎、脳炎など）でもけいれんが起きる。

3　けいれん時の対応

けいれん時は、次のような対応を行います。

①慌てずに、まず落ち着いて対処する。

②発作の様子を観察する（発作の持続時間、部位、全身性か局所性か、強直性か間代性かなど）。

③発作のときに身体をぶつけて、けがをしないように、まわりに危険なものがないか注意する。

④衣服を緩めて、吐いても窒息しないように顔や体を横に向ける。

⑤発作の最中に、**口の中に手指や物を入れない**。

⑥外傷がないか確認する。

4　重症度の判断（できるだけ早く受診したほうがよい場合）

次のような場合は、医療機関を受診し、医師の指示に従います。

①1歳以下の場合や熱のともなわないけいれん。

②10分以上持続するけいれんやけいれん発作が反復する場合。

参照
てんかん
→レッスン17

③けいれん以外に頭痛や発熱などがある場合。

④意識状態、呼吸状態の悪化が認められる場合。

⑤けいれん後、手足の麻痺がみられる場合。

⑥基礎疾患がある場合。

演 習 課 題

①大泉門がへこんだり、腫れたりする病気について調べてみましょう。

②子どもはいつごろから自分の体調の変化を訴えられるのか調べてみましょう。

レッスン**15**

子どもの疾病と保育2

本レッスンでは、感染症について学びます。集団生活を送るなかで、感染対策は、子どもたちの健康を守るうえで重要です。また、感染症の疑いのある子どもを発見したときの対応についても熟知していることが望まれます。

1．病原体と感染症

　感染とは、ウイルスや細菌などの病原体が体内に侵入して増殖することです。発熱や咳、鼻水や下痢、嘔吐などのさまざまな症状を呈した状態が感染症です。子どもに感染症を起こす病原体には、細菌、ウイルス、マイコプラズマ、真菌（かび）などがあります。

2．子どもの感染症の特徴

（1）胎盤を通過して、母親から胎児に母体の抗体（**免疫グロブリン**[*]IgG）が移行します。この抗体は、生後3〜6か月までの乳児で高値を保ちます。そのため、この間は、ウイルス感染にかかりにくいといわれています。

（2）子どもの病気の大部分は感染症です。**生後6か月を過ぎると熱を出すことが増えます。**

（3）集団生活に入ると感染症に罹患する機会が飛躍的に増えます。多くの感染症はヒトからヒトに感染します。ただし、ヒトからヒトに感染しない感染症も一部、存在します。

（4）季節性によって感染症の発症は異なります。夏にはヘルパンギーナや手足口病、冬にはインフルエンザやロタウイルス感染などが起こりやすくなります。

✽ **用語解説**
免疫グロブリン
免疫のなかで大きな役割を担っているのが免疫グロブリン（Immunoglobulin、略称Ig）で、血液中や組織液中に存在している。免疫グロブリンには、IgG、IgA、IgM、IgD、IgEの5種類があり、それぞれの分子量、その働く場所・時期にも違いがある。

3．感染経路

感染症の主な感染経路には、**飛沫感染、飛沫核感染、経口感染、接触感染**があります。

1 飛沫感染

咳と一緒に飛び散る細かな唾液に乗って病原体が運ばれ、それを他人が吸入して感染が成立する感染様式です。主な疾患は、インフルエンザ、溶連菌感染症などです。

2 飛沫核感染（空気感染）

病原体が、空気中を漂うかたちで運ばれ、それを他人が吸入して感染が成立する感染様式です。病原体は飛沫感染の病原体に比べて小さいため、空気中を浮遊して感染を起こします。主な疾患は、結核、麻しん、水痘などです。

3 経口感染

感染した子どもの嘔吐物や下痢に含まれるウイルスが、患児の手や玩具を経由して他の子どもの口に侵入したり、汚染された水などを飲んだりすることにより感染する様式です。主な疾患は、ロタウイルス、ノロウイルス、ポリオなどです。

4 接触感染

皮膚や粘膜に存在する病原体や汚染された器具に付いた病原体が、他人の皮膚、粘膜に付着して感染する様式です。主な疾患として、ブドウ球菌による伝染性膿痂しん（とびひ）、性感染症（梅毒、AIDSなど）、医療現場での輸血や針刺し事故による感染（肝炎、AIDSなど）です。

4．学校感染症

集団生活において感染症が発生した場合、子どもたちに大きな影響を及ぼすことになります。そのため、国は「**学校保健安全法**」を制定しています。「学校保健安全法」では、校長は感染症の拡大予防のために出席停止等の措置を講じることが規定されています（「学校保健安全法」

☑ **法令チェック**
「学校保健安全法」 第19条
校長は、感染症にかかつており、かかつている疑いがあり、又はかかるおそれのある児童生徒等があるときは、政令で定めるところにより、出席を停止させることができる。

第19条）。これを受けて、「学校保健安全法施行規則」第18条で、学校において予防すべき感染症の種類を第1種から第3種に分類し規定しており、それぞれの出席停止の基準が規定されています（図表15-1）。さらに2014（平成24）年11月に厚生労働省より**「保育所における感染症対策ガイドライン（2012年改訂版）」**が示され、集団生活における感染症の発生を防ぐ具体的な方法がまとめられています。

1 第1種感染症

重篤な感染症で、国内の流行は通常みられない感染症です。いずれの疾患も「完全に治癒するまで」出席停止と規定されています。

2 第2種感染症

飛沫感染の感染症です。感染力が強いため、集団生活で流行する可能が高い感染症です。出席停止期間は、感染症ごとに個別に定められています。

3 第3種感染症

飛沫感染以外の感染症で、第2種感染症より感染力は弱いですが、集団生活で流行する可能性が高い感染症です。出席停止期間は、いずれも「病状により学校医その他の医師において感染のおそれがないと認められるまで」と規定されています。

5．主な感染症

1 麻しん

①疾患と症状

麻しんウイルスの感染により起こる病気で「**はしか**」とよばれています。**潜伏期間**は10日前後です。

麻しんはカタル期と発しん期に分けられます。カタル期は発熱とともに咳、鼻汁、目やにがみられ3～5日続きます。その後、やや熱が下がり発しん期へと移行し、再度、高熱がみられます。これを二峰性発熱（にほう）といいます。カタル期のあとにほぼ1週間の発しん期があります。カタル期と発しん期の境目あたりの1～2日間に口腔内頬粘膜に細かな白色の発しん（コプリック斑）がみられます。皮膚の発しんは、小さな**紅斑**が顔、首あたりから出現し、徐々に身体、手足へと広がります。その頃には、

➕補足

潜伏期間
体内でウイルスが徐々に増殖し、発症するまでの期間のこと。

紅斑
毛細血管の拡張などを原因とし、皮膚表面が発赤する状態のこと。圧迫すると消えるのが特徴。

91

第 3 章　子どもの疾病と保育

図表 15-1 学校、幼稚園、保育所で予防すべき感染症の解説：抜粋表

感染症名		登校（園）基準	潜伏期間	主な感染経路※				
				空気	飛沫	接触	経口	その他
第1種	ポリオ	治癒するまで	7～21日				●	
	ジフテリア		2～7日		●			
	重症急性呼吸器症候群（SARS）		2～10日		●			
	鳥インフルエンザ		2～60日		●			
第2種	インフルエンザ	発症後5日経過、かつ、解熱後2日（幼児は3日）を経過するまで	1～4日		●			
	百日咳	特有の咳が消失するまで、または5日間の適正な抗菌剤による治療が終了するまで	7～10日		●			
	麻しん（はしか）	解熱後3日経過するまで	8～12日	●		●		
	流行性耳下腺炎（おたふくかぜ）	耳下腺、顎下腺または舌下腺の腫脹が発現した後5日を経過し、かつ全身状態が良好になるまで	16～18日		●			
	風しん（3日ばしか）	発しんが消失するまで	16～18日		●			母子感染
	水痘（みずぼうそう）	すべての発しんが痂皮化するまで	14～16日	●				
	咽頭結膜熱（プール熱）	主要症状が消失した後2日を経過するまで	2～14日		●	●		
	結核	感染のおそれがないと認められるまで	2年以内	●				
	髄膜炎菌性髄膜炎		4日以内		●			
第3種	コレラ	感染のおそれがないと認められるまで	1～3日				●	
	細菌性赤痢		1～3日				●	
	腸管出血性大腸菌		10時間～8日				●	
	腸チフス、パラチフス		7～14日				●	
	流行性角結膜炎（はやり目）		2～14日		●	●		
	急性出血性結膜炎		1～3日		●	●		
第3種その他の感染症	溶連菌感染症	適正な抗菌剤による治療開始後24時間以降	2～5日		●			
	A型肝炎	肝機能が正常化した後	15～50日				●	
	B型肝炎	急性肝炎の極期でない限り	45～160日					血液、体液を介した感染、母子感染
	手足口病	全身状態が安定していれば	3～6日		●	●	●	
	ヘルパンギーナ		3～6日		●	●	●	
	無菌性髄膜炎		3～6日		●	●	●	
	伝染性紅斑（りんご病）		4～14日		●			
	ロタウイルス感染症	下痢、嘔吐が消失した後	1～3日				●	
	ノロウイルス感染症		12～48時間				●	
	サルモネラ感染症		12～36時間				●	
	カンピロバクター感染症		1～7日				●	
	マイコプラズマ感染症	症状が安定した後	2～3週		●			
	インフルエンザ菌b型感染症		不明		●			
	肺炎球菌感染症		1～3日		●			
	RSウイルス感染症		4～6日		●			
	EBウイルス感染症		30～50日					唾液を介した感染
	サイトメガロウイルス感染症		不明					唾液を介した感染・母児感染
	単純ヘルペス感染症	歯肉口内炎のみであればマスクをして可	2日～2週間			●		
	日本脳炎	症状が安定した後	2～15日					カ（蚊）を介した感染
	突発性発疹		9～10日			●		接触者の唾液を介した感染
	アタマジラミ	制限はない	孵化まで10～14日			●		
	伝染性軟属腫（水いぼ）		2～7週			●		
	伝染性膿痂疹（とびひ）		2～10日			●		
	蟯虫症（ぎょうちゅう）		1～2か月かそれ以上				●	
	ヒトパピローマウイルス		3か月～数年			●		性感染

注：日本小児科学会作成の表に基づき、感染経路は主なもののみを示している。
出典：日本小児科学会予防接種・感染症対策委員会「学校、幼稚園、保育所において予防すべき感染症の解説（2017年4月改訂版）」2017年を一部改変

レッスン 15　子どもの疾病と保育 2

個々の発しんはやや盛り上がり、隣同士の発しんが融合して、色は濃くなります。発しんが全身に広がる頃には熱が下がることが多いようです。

発しんはその後、赤色から黒ずんだ茶色に色素沈着し、この頃にはほとんど熱が下がります。麻しんの経過中に重症な肺炎や脳炎を合併して発病することがあるので注意が必要です。

②出席停止期間

解熱した後3日を経過するまで。

2　水痘

①疾患と症状

水痘はウイルスの感染によって起こる病気で「水ぼうそう」とよばれています。潜伏期間は2～3週間です。

発熱はあったりなかったりし、症状の重症度に個人差があるのが特徴です。発しんは最初、身体や頭、顔などから出始め、しだいに全身に広がります。

初めは小さな紅斑で、そこが1日すると内部の透明な水疱になり、徐々に内部が濁り膿疱となります。そして、この水疱は破れたり乾いたりして、痂皮化（かさぶた）します。個々の発しんが「あるものは水疱、あるものはかさぶた」のように同調しないのが特徴です。頭皮や口の中、外陰部など有毛部や粘膜にも出現します。

②出席停止期間

すべての発しんが痂皮化するまで。

3　風しん

①疾患と症状

風しんウイルスによる感染症で「みっかばしか」などとよばれることがあります。潜伏期間は2～3週間です。感染力は麻しんより弱く、小児期に感染を免れ、大人になって罹患することがあります。

発熱とともに顔から体幹に紅色の細かい**丘しん***が広がります。麻しんと異なり、発しんは融合することは少なく、色素沈着もともないません。リンパ節の腫脹は、発しん出現の数日前から現れ、頭部、後頭部、耳の後ろに認めやすく、触れると痛いのが特徴です。

合併症として、急性期に**脳炎***、治療後2～3週間後に、特発性血小板減少性紫斑病があります。妊娠初期に妊婦が感染すると、**低出生体重児***、小頭症、心奇形、白内障、難聴などの先天異常の子ども（先天性風しん症候群）が生まれる可能性があります。

✚ **用語解説**

丘しん
直径1cm以下の皮膚の隆起のことをいう。

脳炎
脳に炎症があることをいう。

◆ **補足**

特発性血小板減少性紫斑病
子どもの代表的な出血性疾患の一つ。

✚ **用語解説**

低出生体重児
出生体重が2,500g未満の子ども。

93

第 3 章　子どもの疾病と保育

②出席停止期間

発しんが消失するまで。

4　流行性耳下腺炎

①疾患と症状

ムンプスウイルスを病原体として飛沫感染し、唾液腺が腫れる病気です。日本では「**おたふくかぜ**」とよばれています。潜伏期間は2～3週間です。

発熱、両側あるいは片側の耳下腺の腫脹と痛みで始まります。2～3日以内に両側の腫脹がみられ、顎下腺にも広がることがあります。唾液腺の腫れは3～5日で引くことが多く、7～10日で治ります。ただし、症状は軽症から重症までさまざまです。

合併症として、まれに髄膜炎、膵炎、精巣炎、難聴を起こすことがあります。また、流行性耳下腺炎では、感染はしているものの、まったく症状のみられないケースも30～40％くらいあります。これを**不顕性感染**といいます。それでも抗体がつくられ、二度と罹患することはありません。

②出席停止期間

耳下腺、顎下腺、舌下腺の腫脹が発現した後5日を経過し、かつ全身状態が良好になるまで。

5　インフルエンザ

①疾患と症状

インフルエンザウイルスを病原体とする気道感染症で、流行しやすく、時に重症化するので、一般のかぜとは分けて考えられています。インフルエンザウイルスには、A、B、Cの3型がありますが、ヒトに流行するのはA型とB型です。

A型、B型インフルエンザはいずれも1～2日間の短い潜伏期間の後に発熱（通常38℃以上）、頭痛、全身倦怠感、筋肉痛・関節痛などが突然出現します。咳、鼻汁などの症状がこれに続き、5日程度で軽快します。インフルエンザは、かぜに比べて全身症状が強いのが特徴です。

合併症にも注意が必要です。子どもでは、熱性けいれんや気管支ぜんそくを誘発したり、中耳炎を合併したりします。特に怖いのは、幼児を中心とした急激に悪化する急性脳症です。急性脳症を発症した場合は、専門医療機関での集中治療が必要です。

◆補足
髄膜炎
くも膜およびくも膜下腔に炎症が起きたもの。

レッスン15　子どもの疾病と保育2

②出席停止期間

　発症した後5日を経過し、かつ、解熱した後2日（幼児にあっては3日）を経過するまで。

6　咽頭結膜熱

①疾患と症状

　アデノウイルスによる感染症で、プールでの感染も多くみられることから**プール熱**ともよばれています。潜伏期間は5～7日です。

　発熱で発症し、頭痛、食欲不振、全身倦怠感とともに、咽頭炎による咽頭痛、結膜炎にともなう結膜充血、眼痛、流涙（涙が出続ける状態）、眼脂（目やに）を訴え、3～5日間程度持続します。眼の症状は一般的に片方から始まり、その後他方にも出現します。

②出席停止期間

　主要症状が消退した後2日を経過するまで。

7　手足口病

①疾患と症状

　ウイルス感染で起こる手のひら、足の裏、口の中に小さな水ぶくれができる病気です。臀部（お尻）や膝にできることもあります。乳幼児の間で流行します。熱はない、または、あっても微熱程度で済みます。手足の水ぶくれは通常痛くありませんが、口の中が痛くて食べられなくなることがあります。原因ウイルスは複数あるので、何度でもかかります。まれに髄膜炎を併発して、熱が続いたり、吐いたりすることがあります。

②登園の目安

　急性期が過ぎて、熱がなく、元気がよく、口の痛みがなく普通に食べているようなら、発しんがまだ残っていても、保育所や幼稚園、認定こども園、学校に行って構いません。発しんが消失して症状が軽快しても、数週間は便にウイルスが排泄し続けますので、排便後の手洗いをしっかり行う必要があります。

8　ヘルパンギーナ

①疾患と症状

　ヘルパンギーナは、発熱と口腔粘膜に現れる水疱性の発しんを特徴とした急性のウイルス性咽頭炎であり、乳幼児を中心に夏季に流行します。いわゆる夏かぜの代表的な疾患です。2～4日の潜伏期を経過し、突然の発熱に続いて咽頭痛（のどの痛み）が出現します。回復後もウイルス

第3章　子どもの疾病と保育

は、呼吸器から1〜2週間、糞便から2〜4週間にわたって排泄されるので、おむつ等の排泄物の取り扱いに注意が必要です。

②登園の目安

発熱（解熱後1日以上経過）がなく、ふだんの食事ができるようなら、保育所や幼稚園、認定こども園、学校に行って構いません。

9　溶連菌感染症

①疾患と症状

咽頭炎や伝染性膿痂しん（とびひ）を起こす保育の現場でよくみられる代表的な細菌感染症です。感染後、リウマチ熱、急性糸球体腎炎などを合併することもあるので、注意が必要です。

溶連菌感染症は、一般的にA群溶連菌を指します。飛沫感染、接触感染で汚染された食事を介して広がることもあります。上気道感染では、突然の発熱、咽頭痛を発症し、しばしば嘔吐をともないます。また、体や手足に小さくて紅い発しんが出たり、舌にイチゴのようなツブツブができたりします（イチゴ舌）。細菌性合併症、リウマチ熱の合併、他の子どもへの感染のリスクがあるので、積極的に抗菌薬で治療されます。

②登園の目安

抗菌薬内服後24〜48時間経過していることが目安になります。ただし、内服の治療は継続する必要があります。

10　感染性胃腸炎（流行性嘔吐下痢症）

①疾患と症状

感染性胃腸炎（流行性嘔吐下痢症）は、ウイルスなどが原因となって発症する胃腸炎のことです。感染性胃腸炎は、ウイルス性胃腸炎の総称です。ロタウイルス、ノロウイルス、アデノウイルスによる胃腸炎は、乳幼児によくみられます。

感染性胃腸炎の症状は、病原体により異なり、また個人差もありますが、下痢、嘔吐、悪心、腹痛、発熱などをきたします。ロタウイルスを原因とする場合は、便が白色になることもあります。また水のような下痢、血便となる場合も多いです。症状が重い場合は脱水症状を起こすこともあります。

②登園の目安

嘔吐・下痢等の症状が治まり、普通の食事ができるようなら、保育園や学校に行って構いません。症状が消失したあともウイルスの排泄は2〜3週間ほど続くので、便とおむつの取り扱いには注意が必要です。ま

◆ 補足

リウマチ熱
関節炎、心炎、特徴的な皮しん、舞踏病を認める疾患。

参照

急性糸球体腎炎
→レッスン17

た、ノロウイルスは、嘔吐物にもウイルスが含まれるので、嘔吐物の適
切な処理が重要になります。

演 習 課 題

①ブドウ球菌による伝染性膿痂しん（とびひ）、性感染症（梅毒、AIDS
　など）について、どのような病気か、どのように予防するか調べてみ
　ましょう。
②感染症の流行する時期について調べてみましょう。

レッスン16

子どもの疾病と保育3

本レッスンでは、子どもの急性疾患について学びます。子どもは、症状が現れるのが早く、悪化するのも早い特徴をもっています。保育中に体調不良を訴える子どもも多いでしょう。子どもの急性疾患について学ぶことは、病気の早期発見に有効です。

1．熱中症

1 疾患と症状

　熱中症とは暑い環境で生じる健康障害の総称で、重症度によってⅠ～Ⅲ度に分類されます。

①Ⅰ度（熱失神、熱けいれん）

　軽症で、めまい、失神（一過性の意識消失）、筋肉痛、筋肉の硬直（こむら返り）などがみられます。大量の汗をともなうこともありますが、意識障害はありません。

②Ⅱ度（熱疲労）

　脱水と電解質障害があり、頭痛、嘔吐、倦怠感、虚脱感などの症状が現れます。集中力や判断力の低下を認めます。

③Ⅲ度（熱射病）

　体温の上昇のため、中枢機能に異常をきたした状態です。意識障害（応答が鈍い、言動がおかしい、意識がない）がみられたり、ショック状態になる場合もあります。

2 対応

　熱中症が疑われる子どもを発見したら、次のポイントに注意しながら重症度に応じて対応しましょう。

①Ⅰ度の場合

1）風通しのよい涼しい場所へ移動させる。その際、自力での移動は体調の悪化を招くことがあるので、だっこやおんぶ等で移動する。

2）衣服を緩めたり脱がせるなどして、身体からの熱の放散を助ける。

3）積極的に冷却する。タオルやうちわであおいで身体を冷やす。氷や冷たい水が手に入る場合は、頸部や腋窩（脇の下）、鼠径部（両足

の付け根）などを冷やし、体温を下げる。

4）意識がはっきりしていれば水分を飲ませる。多量の汗によるナトリウム不足が考えられるので、塩分を含む水分摂取が望ましい。

5）水分および塩分の補給をしながら、安静にし、回復を待つ。

②Ⅱ～Ⅲ度の場合

1）熱中症の子どもを発見したら、風通しのよい涼しい場所へ移動させる。

2）積極的に冷却する。体温を下げるために、衣服を脱がせる。露出した部分に直接、水をかけ、タオルやうちわであおぐ。露出した部分を濡らしたタオル（軽くしぼる程度にとどめる）で覆うことも有効である。氷や冷たい水が手に入る場合は、頸部や腋下、鼠径部などを冷やし、体温を下げる。

3）医療機関への受診が必要なため、119番に連絡し、救急隊の出動を要請する。救急隊が来るまで冷却を続ける。

◆補足

水分・塩分の補給

経口補水液やスポーツドリンクを飲ませる。なお、気化熱を利用して体温を下げるため、冷たい水である必要はない。Ⅱ度以上の場合は、意識がはっきりしていないこともあるので、無理に水分摂取をさせない。

2．熱性けいれん

1 疾患と症状

熱性けいれんは、発熱にともなってけいれん発作がみられる病気で、生後3か月から5歳の乳幼児に多くみられます。熱性けいれんには、単純型熱性けいれんと複雑型熱性けいれんの2つのタイプがあります（図表16-1）。

熱性けいれんの症状を以下に示します。

①けいれん

自分の意思とは関係なく、発作的に筋肉の収縮が起こります。熱性け

図表 16-1 熱性けいれんのタイプ

	単純型熱性けいれん	複雑型熱性けいれん
てんかんの家族歴	なし	あり
分娩時外傷などの脳障害	なし	あり
発症年齢	6か月から満6歳	6か月以下、6歳以上
発作の持続時間	15分以内	15分以上（重複）
けいれんの左右差	なし、左右対称	あり、左右非対称
1回の発熱のけいれん回数	1回	2回以上
発作後の意識障害、片麻痺	なし	あり
神経症状、発達障害	なし	あり

出典：右田真編『ナースのミカタ小児看護──知っておきたい53の疾患』医学書院、2013年、118頁をもとに作成

第3章　子どもの疾病と保育

参照
強直発作
→レッスン14

いれんでは、強直発作が多くみられます。なかには四肢（手足）がぐったりして脱力することもあります。

②発熱

体温が急に上昇するときに起きることが多いです。ときには、けいれん時は平熱で、その後に体温の上昇がみられることがあります。

③意識障害

けいれん中は呼びかけに応えないことが多いですが、けいれん後もしばらく寝てしまうことがあります。

2　対応

ほとんどのけいれん発作は5分以内に治まります。慌てず冷静に対応することが重要です。

①ベッドや床など安全な場所に寝かせる。嘔吐する場合もあるので側臥位（横を向いて寝ている状態）がよい。

②いつからけいれんしているのか、どれくらい持続しているのか観察する（時刻を確認する）。

③けいれん発作の症状を観察する（目の方向、位置、四肢の動きや力の入り方、症状の左右差、呼びかけへの反応など）。

④けいれん発作が5分以上続いている場合には、薬剤の投与を考慮する（病院へ受診する）。

3　再発時の対応

発症が生後15か月以下、初回発作が複雑型熱性けいれん、てんかんの家族歴、熱性けいれんの家族歴がある子どもでは、次の発熱時にけいれんが起こる可能性が高くなります。再発の可能性が高い場合は、予防的に**ジアゼパム座薬**[*]を使用することがあります。

用語解説
ジアゼパム座薬
商品名は「ダイアップ®座薬」。抗けいれん剤。

3．食物アレルギー

1　疾患と症状

食物アレルギーとは、「原因食物を摂取した後に免疫学的機序を介して生体にとって不利益な症状（皮膚、粘膜、消化器、呼吸器、アナフィラキシー反応など）が起こる現象をいう」と定義されています[†1]。

症状としては、皮膚の搔痒感（かゆみ）、じんましんが最も多く、咽頭浮腫（のどの腫れ）やぜんそく様症状（呼吸の苦しさ）、結膜充血（目

出典
†1　日本小児アレルギー学会『食物アレルギー診療ガイドライン』2016年

100

図表16-2 年齢別の主な原因食物

年齢群	0歳	1歳	2、3歳	4～6歳	7～19歳	20歳以上
症例数	1,009	600	489	376	329	151
第1位	鶏卵 56.5%	鶏卵 43.7%	魚卵 29.0%	鶏卵 33.0%	鶏卵 15.8%	小麦 36.4%
第2位	牛乳 25.6%	牛乳 21.3%	牛乳 25.6%	牛乳 22.9%	牛乳 12.8%	甲殻類 13.9%
第3位	小麦 13.1%	小麦 7.8%	小麦 10.0%	ピーナッツ 11.4%	甲殻類 12.2%	魚類 11.3%
第4位		魚卵 7.3%	魚卵 7.6%	小麦 7.7%	ピーナッツ 11.9%	果物類 7.9%
第5位		ピーナッツ 4.5%	ピーナッツ 7.0%	果物類 5.6%	小麦 10.6%	ソバ 6.0%

出典：「食物アレルギーの診療の手引き2014」検討委員会『食物アレルギーの診療の手引き2014』2014年をもとに作成

が赤くなる）、鼻閉（鼻がつまる）などの粘膜症状が次に多いです。原因食物としては、乳幼児から幼児期では鶏卵、牛乳、青年期ではエビ・カニなどの甲殻類が多くなり、大人では甲殻類に加え、小麦、果物、魚介類が多くなります（図表16-2）。

　食物アレルギーで注意しなければならないのが、**アナフィラキシー**です。アナフィラキシーとは、じんましんと呼吸困難の両方が現れるなど、複数の臓器に症状を認める状態をいいます。アナフィラキシーは、「**アナフィラキシーショック***」に至り、生命を脅かす危険な状態になります。

2　対応

　アレルギーを引き起こす原因（アレルゲン）を知ることが対策のスタートです。アレルゲンがはっきりしたら、医師の指導のもと、「**保育所におけるアレルギー疾患生活管理指導表**」を用いて原因と確定した食物の除去を行います（図表16-3）。

　アナフィラキシーが現れたときに使用し、医師の治療を受けるまでの間、症状の進行を一時的に緩和し、ショックを防ぐための補助治療剤（アドレナリン自己注射薬）、それが**エピペン®**です。アナフィラキシーショックに対しては、エピペン®が唯一の症状改善薬です。図表16-4のような症状がみられたときは、まず、救急車をよびましょう。図表16-4の症状が1つでも現れたら、できるだけ早期にエピペン®を注射することが効果的です。

　保育所（園）、幼稚園、認定こども園、学校などでの社会的対応としては、アナフィラキシーの子どもの有無にかかわらず、アナフィラキ

✳用語解説

アナフィラキシーショック

血圧が低下し意識障害などのショック症状を引き起こし、生命を脅かす危険な状態。

◆補足

「保育所におけるアレルギー疾患生活管理指導表」

2011（平成23）年に厚生労働省が作成した保育所におけるアレルギー対応ガイドライン。

図表 16-3　保育所におけるアレルギー疾患生活管理指導表

名前＿＿＿＿＿＿　男・女　平成　年　月　日生（　歳　か月）　＿＿＿＿＿組　提出日　平成　年　月　日

この生活管理指導表は保育所の生活において特別な配慮や管理が必要となった場合に限って作成するものです。

【緊急時連絡先】
★保護者
電話：
★連絡医療機関
医療機関名：
電話：

気管支ぜんそく（あり・なし）

病型・治療

A. 重症度分類（治療内容を考慮した）
1. 間欠型
2. 軽症持続型
3. 中等症持続型
4. 重症持続型

B. 長期管理薬
1. ステロイド吸入薬
　剤形：
　投与量（日）：
2. ロイコトリエン受容体拮抗薬
3. DSCG吸入薬
4. ベータ刺激薬
　内服
　貼付薬
5. その他（　）

C. 急性発作治療薬
1. ベータ刺激薬吸入
2. ベータ刺激薬内服
3. その他

D. 急性発作時の対応
（自由記載）

保育所での生活上の留意点

A. 寝具に関する留意点
1. とくになし（通常管理のみ）
2. 防ダニシーツ等の使用
3. 保護者と相談

B. 食物に関する留意点
1. とくになし
2. 食物アレルギー管理指導表参照

C. 動物との接触
1. 配慮不要
2. 保護者と相談し決定
3. 動物への反応が強いため不可
　動物名（　）

D. 外遊び、運動に対する配慮
1. とくになし
2. 保護者と相談し決定

記載日　　年　月　日
医師名
医療機関名

アトピー性皮膚炎（あり・なし）

病型・治療

A. 重症度のめやす（厚生労働科学研究班）
1. 軽症：面積に関わらず、軽度の皮疹のみみられる。
2. 中等症：強い炎症を伴う皮疹が体表面積の10%未満にみられる。
3. 重症：強い炎症を伴う皮疹が体表面積の10%以上、30%未満にみられる。
4. 最重症：強い炎症を伴う皮疹が体表面積の30%以上にみられる。
※軽度の皮疹：軽度の紅斑、乾燥、落屑主体の病変
※強い炎症を伴う皮疹：紅斑、丘疹、びらん、浸潤、苔癬化などを伴う病変

B-1. 常用する外用薬
1. ステロイド軟膏
2. タクロリムス軟膏（「プロトピック®」）
3. 保湿剤
4. その他（　）

B-2. 常用する内服薬
1. 抗ヒスタミン薬
2. その他（　）

C. 食物アレルギーの合併
1. あり
2. なし

保育所での生活上の留意点

A. プール・水遊び及び長時間の紫外線下での活動
1. 管理不要
2. 保護者と相談し決定

B. 動物との接触
1. 配慮不要
2. 保護者と相談し決定
3. 動物へのアレルギーが強いため不可
　動物名（　）

C. 発汗後
1. 配慮不要
2. 保護者と相談し決定
3. 夏季シャワー浴
（施設で可能な場合）

D. その他の配慮・管理事項
（自由記載）

記載日　　年　月　日
医師名
医療機関名

アレルギー性結膜炎（あり・なし）

病型・治療

A. 病型
1. 通年性アレルギー性結膜炎
2. 季節性アレルギー性結膜炎（花粉症）
3. 春季カタル
4. アトピー性角結膜炎
5. その他（　）

B. 治療
1. 抗アレルギー点眼薬
2. ステロイド点眼薬
3. 免疫抑制点眼薬
4. その他（　）

保育所での生活上の留意点

A. プール指導
1. 管理不要
2. 保護者と相談し決定
3. プールへの入水不可

B. 屋外活動
1. 管理不要
2. 保護者と相談し決定

C. その他の配慮・管理事項（自由記載）

記載日　　年　月　日
医師名
医療機関名

レッスン16　子どもの疾病と保育3

名前　　　　　　　　男・女　平成　　年　　月　　日生（　歳　か月）　　　　組　　提出日 平成　　年　　月　　日

食物アレルギー・アナフィラキシー（あり・なし）

病型・治療

A. 食物アレルギー病型（食物アレルギーありの場合のみ記載）
1. 即時型
2. 新生児・乳児消化管アレルギー
3. その他（新生児消化器症状・口腔アレルギー症候群・食物依存性運動誘発アナフィラキシー・その他：　　　　）

B. アナフィラキシー病型（アナフィラキシーの既往ありの場合のみ記載）
1. 食物（原因：　　　　）
2. その他（医薬品・食物依存性運動誘発アナフィラキシー・ラテックスアレルギー・　　　　）

C. 原因食物・除去根拠　該当する食品の番号に○をし、かつ《　》内に除去根拠を記載

[除去根拠]　該当するもの全てを《　》内に番号を記載
① 明らかな症状の既往
② 食物負荷試験陽性
③ IgE抗体等検査結果陽性
④ 未摂取

1. 鶏卵　　　　　　《　》
2. 牛乳・乳製品　　《　》
3. 小麦　　　　　　《　》
4. ソバ　　　　　　《　》
5. ピーナッツ　　　《　》
6. 大豆　　　　　　《　》
7. ゴマ　　　　　　《　》
8. ナッツ類*　　　《　》（すべて・クルミ・アーモンド・　）
9. 甲殻類*　　　　《　》（すべて・エビ・カニ・　）
10. 軟体類・貝類*　《　》（すべて・イカ・タコ・ホタテ・アサリ・　）
11. 魚卵*　　　　　《　》（すべて・イクラ・タラコ・　）
12. 魚類*　　　　　《　》（すべて・サバ・サケ・　）
13. 肉類*　　　　　《　》（鶏肉・牛肉・豚肉・　）
14. 果物類*　　　　《　》（キウイ・バナナ・　）
15. その他　（　　　　　　）
　[*類は（　）の中の該当する項目に○をするか具体的に記載すること]

D. 緊急時に備えた処方薬
1. 内服薬（抗ヒスタミン薬、ステロイド薬）
2. アドレナリン自己注射薬「エピペン®0.15mg」
3. その他（　）

保育所での生活上の留意点

A. 給食・離乳食
1. 管理不要
2. 保護者と相談し決定

B. アレルギー用調整粉乳
1. 不要
2. 必要　下記該当ミルクに○、又は（　）内に記入
ミルフィー・ニューMA-1・MA-mi・ペプディエット・エレメンタルフォーミュラ・その他（　）

C. 食物・食材を扱う活動
1. 管理不要
2. 保護者と相談し決定

D. 除去食品で摂取不可能なものがある場合には、より厳しい除去が必要となるもののみに○
病型・治療のC欄で除去の際に摂取不可能なものには○

1. 鶏卵：　卵殻カルシウム
2. 牛乳・乳製品：乳糖
3. 小麦：　醤油・酢・麦茶
4. 大豆：　大豆油・醤油・味噌
5. ゴマ：　ゴマ油
6. 魚類：　かつおだし・いりこだし
7. 肉類：　エキス

E. その他の配慮・管理事項

アレルギー性鼻炎（あり・なし）

病型・治療

A. 病型
1. 通年性アレルギー性鼻炎
2. 季節性アレルギー性鼻炎（花粉症）
主な症状の時期：春、夏、秋、冬

B. 治療
1. 抗ヒスタミン薬・抗アレルギー薬（内服）
2. 鼻噴霧用ステロイド薬
3. その他（　）

保育所での生活上の留意点

A. 屋外活動
1. 管理不要
2. 保護者と相談し決定

B. その他の配慮・管理事項
（自由記載）

★保護者
電話：

★連絡医療機関
医療機関名：
電話：

【緊急時連絡先】

記載日　　年　月　日
医師名
医療機関名

記載日　　年　月　日
医師名
医療機関名

この生活管理指導表は、地域独自の取り組みや現場からの意見を踏まえ、今後改善していくことを考えております。

出典：日本学校保健会をもとに作成

第 3 章　子どもの疾病と保育

図表 16-4 エピペン®を使用すべき症状

消化器の症状	・繰り返し吐き続ける ・持続する強い（がまんできない）おなかの痛み
呼吸器の症状	・のどや胸が締め付けられる ・声がかすれる ・犬が吠えるような咳 ・持続する強い咳込み ・ゼーゼーする呼吸 ・息がしにくい
全身の症状	・唇や爪が青白い ・脈を触れにくい・不規則 ・尿や便を漏らす ・意識がもうろうとしている ・ぐったりしている

シーに関する基礎知識、対処方法などを習熟しておく必要があります。また、緊急時の教職員の役割分担（誰が観察するのか、連絡方法、他の子どもの対応、救急車の誘導など）を決めておく必要があります。

4．かぜ症候群

1 疾患と症状

　かぜ症候群は、上気道（鼻、咽頭、喉頭）の急性炎症のみでなく、下気道（気管、気管支、肺）にまで広がって急性炎症をきたす疾患を総称していわれます。かぜ症候群は、あらゆる年齢で発症し、健康な人でも大半の人が罹患するごく普通の疾患です。

　かぜ症状群の原因微生物は、80～90％がウイルスといわれています。主な原因ウイルスとしては、ライノウイルス、コロナウイルス、コクサッキーウイルスA群、RSウイルス、インフルエンザウイルス、アデノウイルスなどがあげられます。ウイルス以外では、溶連菌、百日咳菌などの細菌や肺炎マイコプラズマ、肺炎クラミドフィラなどの非定型病原体があげられます。

　かぜ症候群は、空気中に浮遊しているウイルスなどの病原体が、気道内に入って気道粘膜に付着し、侵入と増殖することから始まるとされています。発症するかどうかは、環境の要因や感染した人の要因によって決定されます。

　自覚症状として発熱、頭痛、全身倦怠感、鼻症状（鼻水、鼻づまり）、咽頭痛、下気道症状（せき、たん）があげられます。

2 対応

　ウイルス性のかぜ症候群であれば、安静、水分・栄養補給により、自然に治癒します。抗菌薬も一般的には不要なことが多く、解熱剤も適宜に使用する程度でよいと思われます。ただ、原因がウイルス以外の場合は、それぞれに適した抗菌薬を服用することが重要です。また、乳幼児では重症になることもあるので、注意が必要です。

　かぜ症候群は、ふだんから予防することが重要です。特に、外出時にはマスクをし、外出後には手洗い、うがいを必ず行ってください。

演 習 課 題

①救急車を要請する際に、どのような情報が必要か、まわりの人と話し合ってみましょう。
②エピペン®の使用方法について調べてみましょう。

レッスン17

子どもの疾病と保育4

本レッスンでは、子どもの慢性疾患について学びます。保育の現場での慢性疾患のある子どもの対応は、子どもの生命保持と健やかな発育・発達を確保していくうえできわめて重要です。子どもの慢性疾患について学ぶことは、主治医や保護者と連絡調整するうえで共通理解を得るために重要です。

1．気管支ぜんそく

1 疾患と症状

　気管支ぜんそくは、アレルギー反応によって気管支が収縮したり気管支の粘膜が腫れ、たんなどの分泌物が増えて気管支が狭くなり、呼吸困難が起こる病気です。呼吸困難が進むと歩行や会話、食事、睡眠が難しくなり、横になれず座って過ごすことを好むようになります。

　気管支ぜんそくの症状を以下に示します。

①咳

　乾いた「コンコン」という咳が出ます。悪化してくると、咳が激しくなってきます。

②喘鳴

　「ゼーゼー」「ヒューヒュー」という呼吸の音がするようになります。これは狭くなった気管支の中を空気が通るために生じる音です。

③呼吸困難

　気管支が狭窄し十分な酸素が肺に供給されないので、呼吸が苦しくなります。そのため、呼吸数が増えたり、寝ている状態では苦しいので座った状態をとり、肩で息をするようになったりします。さらに苦しくなると咳き込みがひどくなったり、唇の色が紫色になったりします（チアノーゼ）。

　乳幼児は、自分から呼吸困難を訴えることができず、咳や喘鳴だけでなく、機嫌が悪くなったり、咳で吐いたり、激しく泣き叫んだりすることもあります。

2 対応

　「保育所におけるアレルギー疾患生活管理指導表」を活用した管理を

参照
「保育所におけるアレルギー疾患生活管理指導表」
→レッスン16

106

レッスン17　子どもの疾病と保育4

図表 17-1 強いぜんそく発作のサイン

・唇や爪の色が白っぽい、もしくは青～紫色
・息を吸うときに小鼻が開く
・息を吸うときに、胸がベコベコ凹む
・脈がとても速い
・話すのが苦しい
・歩けない
・横になれない、眠れない
・ボーッとしている（意識がはっきりしない）
・過度に興奮する、暴れる

出典：南部光彦「Ⅵ. 慢性疾患をもつ児童・生徒の学校生活管理　気管支喘息をもつ児童・生徒の学校生活管理」『小児科診療』(11)、2016年、1619頁をもとに作成

行います。原因となる物質（アレルゲン）を除去した生活環境を整えることも、症状を軽くするために重要です。アレルゲンとしては、ダニ、カビ、動物、花粉、冷暖房、運動などがあげられます。

　強いぜんそく発作のサインを認める場合（図表17-1）は、ただちに病院に行く必要があり、場合によって救急車を要請することもあります。

2．てんかん

1　疾患と症状

　てんかんは、いろいろな原因で大脳の脳神経細胞が過剰に興奮し、繰り返し起こる発作（てんかん発作）が特徴です。

　てんかん発作は熱性けいれんと異なり、発熱がないときに起きることが多く、過剰興奮した脳の部位によってさまざまな発作がみられます。

　てんかん発作は以下のような症状を認めます。

①緊張性～間代性の左右対称性の全身けいれんを認める大発作型。

②数秒から数十秒間の突然の意識喪失で動作が止まる小発作型（欠神発作）。

③意識の喪失とともに口をもぐもぐさせたり、つかんだり、歩き回る動作をする精神運動発作。

④生後6か月頃の乳児に起こりやすい、数秒間の四肢（手足）と首の屈曲発作が特徴的な点頭てんかん。

⑤テレビやテレビゲームのときに、点滅する光で誘発される光過敏性てんかん。

参照
熱性けいれん
→レッスン16

107

2 対応

大部分のてんかんは、薬を飲むことで発作を抑えることができます。また、毎日の生活を規則正しく、早寝・早起きの生活リズムを守っていると発作は起こりにくいとされています。集団生活では、春の担任交代やクラス替えの時期、運動会前や学習発表会など、緊張や疲れが出る時期には注意が必要です。

発作を起こしたときには慌てることなく適切に対処します。てんかん発作の症状はさまざまですので、保護者と主治医との連携を密にとり、対応を確認しておきましょう。

3. 先天性心疾患

1 疾患と症状

先天性心疾患の多くは、1）心臓の隔壁に穴があき、血液が本来の流れでない通路を通るタイプ、2）弁や太い血管が閉じているタイプ、3）血管が細くなっているために十分な血液が流れないタイプ、4）あるべき血管または心臓の一部が欠損しているタイプなど、多岐にわたります。

症状としては、乳児では、チアノーゼ（顔色や全身の色が悪く、特に唇や指先が紫色になる状態）、多呼吸（呼吸の回数が多い）、頻脈（脈の数が多い）、ミルクの飲みが悪い、泣き声が弱い、発育に遅れがある、かぜをひきやすいなどがみられます。幼児では、運動時にチアノーゼ、動悸、息切れ、胸痛などがみられます。

①心室中隔欠損

先天性心疾患の25％を占めます。胎児期には開いていて、出生後には閉じるべき心室の隔壁が開いたままの状態です。血液が左心室から右心室に流れ込んでしまうため、肺や心臓に負担がかかります。

②心房中隔欠損

先天性心疾患の5～10％を占めます。心房の隔壁が開いており、血液は左心房から右心房へと流れ込みます。その結果、血液量が増えてしまい、肺や心臓に負担がかかります。

③動脈管開存症

先天性心疾患の10～15％を占めます。大動脈と肺動脈をつなぐ管を動脈管といいます。動脈管は、赤ちゃんが母親のおなかにいるときの重要な血液の通り道になっています。正常であれば、生まれたあとは生後2日目くらいまでに自然に閉鎖します。

◆補足
心臓の図

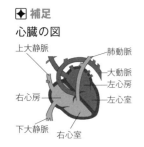

レッスン17　子どもの疾病と保育4

　しかし、この動脈管が閉じずにいると大動脈に流れている動脈血が動脈管を介して肺動脈に流れ込みます。その結果、肺への血液量が増えて肺や心臓に負担がかかるようになります。

④ファロー四徴症

　ファロー四徴症は先天性心疾患の10％を占めます。チアノーゼを起こす先天性心疾患のなかでは最も頻度が高い疾患です。心室中隔欠損、肺動脈狭窄、右室肥大、大動脈騎乗の4つの特徴を認めるため四徴症と呼ばれます。出生直後は肺動脈狭窄が軽度であることが多く、無症状なことがほとんどです。しかし、成長にともない肺動脈狭窄が進行し、生後1～6か月でチアノーゼを認めるようになります。1歳頃になると疲れやすくなったり、運動時の呼吸困難、発育の遅れを認めるようになります。また、泣くなどの興奮によって肺動脈狭窄が悪化し、肺血流量が極端に減ってしまい、呼吸が止まってしまうことがあります。ひどいときは失神、けいれんを起こすことがあります。これを無酸素発作といいます。特徴としては、蹲踞が認められます。

2　対応

　安全で充実した日常生活を送るために、運動が制限されることがあります。日本学校保健会の学校生活管理指導表を参考にして、一人ひとりの症状に合わせた日常生活の留意点を保護者と主治医と相談し連絡を密にとる必要があります。

4．腎疾患

1　疾患と症状

　尿をつくり、体内の不要物を排泄する働きをしている腎臓に異常が起こると、尿の量、回数、尿中の物質に変化がみられます。尿にたんぱく（たんぱく尿）や血液（血尿）がみられる疾患には、さまざまなタイプがあります。

①腎炎

　急性糸球体腎炎は、A群溶連菌感染後2～3週間経って、血尿、浮腫（むくみ）、高血圧、たんぱく尿や尿量の減少を認める疾患です。急速に発症し、多くが1～3か月の経過で完治します。

　尿検査で血尿とたんぱく尿が6か月以上持続し、症状が徐々に進行する糸球体腎炎を**慢性糸球体腎炎**といいます。慢性糸球体腎炎の原因で多

◆補足

蹲踞
うずくまること。子どもはうずくまって、少しでも肺に血液が流れるような格好をとる。

参照

A群溶連菌
→レッスン15

109

いのが**IgA腎症**です。

②ネフローゼ症候群

　尿中にたんぱくが大量に漏れてしまい、その結果、血液中のたんぱくが減ってしまう病気です。**ネフローゼ症候群**は、2〜6歳頃に発症することが多い特徴があります。症状としては、全身に浮腫を認めます。腸にも浮腫を認めるため、腸の動きや消化吸収が悪くなります。このため食欲低下や腹痛、下痢などの消化器症状がでます。また、肺に胸水が溜まり、呼吸困難を起こすこともあります。

③尿路感染症

　腎臓から尿道までの尿の通り道に生じた感染症を**尿路感染症**といいます。ほとんどが細菌感染です。感染が尿路のどのあたりに起こっているかによって、症状が変わってきます。腎盂腎炎では、発熱、食欲低下や不機嫌がみられます。膀胱炎では、尿の濁り、頻尿（尿回数の増加）、排尿痛がみられます。

2 対応

　腎疾患は、自覚症状が乏しいこと、学童期の子どもに多いこと、日常生活の指導と管理が大切である特徴があります。心疾患と同様に、日本学校保健会の学校生活管理指導表を参考にして、一人ひとりの症状に合わせた日常生活の留意点を保護者と主治医と相談し連絡を密にとる必要があります。

演 習 課 題

①病気を抱えながら生活する子どもの体験について、どんな体験があるのか、まわりの人と話し合ってみましょう。

②病気を抱えながら生活する子どもの保護者の体験について、まわりの人と話し合ってみましょう。

レッスン18

子どもの疾病の予防と適切な対応1

本レッスンでは、個別的な配慮を必要とする子どもへの対応について学びます。集団生活には、さまざまな配慮を必要とする子どもたちが存在します。病気や障害を正しく理解して、対象となる子どもの扱いが特別なものにならないように配慮する必要があります。

1．アトピー性皮膚炎

1　アトピー性皮膚炎とは

アトピー性皮膚炎は、「痒みがあり増悪（悪くなったり）・寛解（よくなる）を繰り返す湿疹を主病変とする疾患であり、患者の多くはアトピー素因をもつ」と定義されています。

アトピー素因とは、以下の2つの素因をあわせもつ体質のことをいいます。

①アトピー性皮膚炎・気管支ぜんそく・アレルギー性鼻炎の**家族歴**[*]、**既往歴**[*]がある。

②IgE抗体を産生しやすい。

子どものアトピー性皮膚炎の多くは学童期までによくなることが多いですが、近年、思春期になっても治らず、成人型に移行する症例も増えています。

2　アトピー性皮膚炎の症状

アトピー性皮膚炎は、年齢により特徴的な症状があります。

①乳児期

生後2～6か月頃から、口のまわり・頬・顎（あご）・頸部（首）・頭部に湿潤性皮しん（じゅくじゅくした発しん）が出現し、しだいに身体・四肢へと広がっていきます。

②幼児期から学童期

四肢の肘・膝などの屈曲部（曲がるところ）の湿潤性皮しんが非常に明らかになります。慢性化すると、掻き壊しを繰り返して、ごわごわと皮膚が厚く硬くなってしまった状態（苔癬化（たいせん））に徐々に進行します。身体・四肢の皮膚は乾燥が進みます。その他、耳切れ、手背（しゅはい）（手の甲）・足背（そくはい）（足

✳ 用語解説

家族歴
親族や同居者の病気・健康状態のこと。

既往歴
これまでにかかった病気のこと。

111

第3章　子どもの疾病と保育

の甲）・膝頭に治りにくい湿しんを繰り返します。

③思春期以降

　苔癬化はさらに進みます。特に上半身にその症状が多く現れます。手足の外側にごつごつ（痒しん）ができることがあります。顔の赤みがとれなくなったり、ぶつぶつ（丘しん）に混じってじくじく（びらん）ができることもあります。炎症を繰り返すために、首などにはさざなみ状の色素沈着が起こります。

　合併症として以下の2つがあげられます。

1）眼の合併症（白内障・網膜剥離）

　重度のアトピー性皮膚炎（特に顔面）の10～30％に認められます。眼への外的刺激（かきむしるなど）が原因とされています。

2）感染症

　アトピー性皮膚炎の皮膚は容易に病原体が侵入しやすく、皮膚のウイルス感染症や細菌感染症が起こりやすいです。

■3　アトピー性皮膚炎の対応

　アトピー性皮膚炎が疑われる場合には、保護者にかかりつけ医等の指示を受けるように助言します。誤食にともなう急性の発しんの場合は、救急車を要請する必要があります。

2．障害児

　「児童福祉法」において「障害児」とは、身体に障害のある児童または知的障害のある児童と定められています。一般的に運動障害のある子どもは**肢体不自由児**に分類されます。重度の知的障害と重度の肢体不自由をあわせもっている子どもを**重症心身障害児**とよびます。

■1　肢体不自由児とは

　一般に、運動機能の障害のために日常生活に支障をきたしている子どもをいいます。具体的には、起立、歩行、階段の昇降、いすへの腰掛け、物の持ち運び、机上の物の取り扱い、書写、食事、衣服の着脱、身だしなみを整える、排泄など、日常生活や学習上の運動・動作の全部または一部に困難があります。原因としては脳性麻痺が最も多く、その他に筋ジストロフィーなどがあります。

　脳性麻痺は、脳の損傷が原因で生じる姿勢と運動機能の障害です。脳

☑ **法令チェック**
「児童福祉法」第4条第2項
障害児とは、身体に障害のある児童、知的障害のある児童、精神に障害のある児童（発達障害者支援法第2条第2項に規定する発達障害児を含む。）又は治療方法が確立していない疾病その他の特殊の疾病であつて障害者の日常生活及び社会生活を総合的に支援するための法律第4条第1項の政令で定めるものによる障害の程度が同項の厚生労働大臣が定める程度である児童をいう。

性麻痺の原因としては、出生時の仮死、低出生体重児、脳炎や髄膜炎などがあります。治療は、早期からのリハビリテーションや療育が大切です。

2 肢体不自由児への対応

運動や動作の困難は、姿勢保持の工夫と運動・動作の補助的手段の活用によって軽減されることが少なくありません。具体的には、座位姿勢の安定のためのいす、作業能力向上のための机、移動のためのつえ・歩行器・車いす、廊下や階段に取り付けた手すりなどのほか、よく用いられる物としては、持ちやすいように握りを太くしたりベルトを取り付けたりしたスプーンや鉛筆、食器やノートを机上に固定する器具、着脱しやすいようにデザインされたボタンやファスナーを用いて扱いやすくした衣服、手すりを取り付けた便器などがあります。

また、運動や動作の困難があるので、移動のときには、転倒などによるけがを防ぐ必要があります。そのために、施設・設備の安全管理に十分留意が必要です。

肢体不自由児の運動・動作の困難の程度は、一人ひとり異なっているので、日常生活の留意点を保護者と主治医と相談し、連絡を密にとる必要があります。

3 知的障害とは

知的障害とは、知的機能と適応機能の両方の遅れや困難さによって、特徴づけられる障害です。知的機能は知能検査によって測られます。IQ値によって、軽度・中等度・重度と分類されることもあります。適応機能とは、日常生活でその人に期待される要求に対していかに効率よく適切に対処し、自立しているのかを表す機能のことです。たとえば食事の準備・対人関係・お金の管理などを含むもので、社会生活を営むために重要な要素となるものです。

4 知的障害児への対応

知的障害児の知的発達は、ゆっくり、少しずつではありますが確実な進歩を認めます。知的な発達のみならず、食事、排泄、衣服の着脱、歯磨きなどの基本的な日常生活習慣を身につけることは、自立を目指すうえでも重要です。

健康面では、自ら自覚症状を的確に伝えることが一般に難しいので、健康観察などを日常的に行い、異常の早期発見に留意する必要がありま

第3章　子どもの疾病と保育

す。

3．医療的ケアを必要とする子どもへの対応

1 医療的ケアとは

　医療技術の進歩、在宅医療の進展を背景として、NICU（新生児の集中治療室）等に長期間入院した後、引き続き人工呼吸器や胃ろう等を使用し、たんの吸引や経管栄養などの**医療的ケア**が必要な障害児が増加しています。

　「医療的ケア」という言葉は医療現場、教育現場でよく使われるようになっていますが、はっきりと定義されたものがないのが現状です。慣習的に、経管栄養、吸引などの**日常生活に必要な医療的な生活援助行為**全体を指して理解していることが多いようです。

　学校現場では、「盲・聾・養護学校におけるたんの吸引等の医学的・法律学的整理に関する取りまとめ」の報告書[1]により、たんの**吸引***、**経管栄養***および**導尿***について医学的・法律学的整理が行われ実施されるようになっています。

　2015（平成27）年度障害者支援状況等調査研究事業「在宅医療ケアが必要な子どもに関する調査」によると、調査対象となった医療的ケアを行っている子ども（0〜5歳）のうち約2割の子どもが保育所・幼稚園等を利用しているという結果が出ています。保育関係保育所等における保育は、保護者が就労している場合など保育を必要とする子どもに対して一般的に提供されるものであり、医療的ケアについてもそのニーズを受け止め、これを踏まえた対応を図っていくことが重要です。

2 医療的ケアを必要とする子どもへの対応

　保育所で医療的ケアを必要とする子どもを受け入れる場合には、主治医や嘱託医、看護師等と十分に協議するとともに、協力医療機関とも密接な連携を確立する必要があります。また、市町村からの支援を受けるなどの体制を整えることが重要です。保育所における医療的ケアの限界と困難度等について、保護者の十分な理解を得るようにすることも大切です。

▶**出典**
†1　文部科学省「『盲・聾・養護学校におけるたんの吸引等の医学的・法律学的整理に関する取りまとめ』の報告書」2004年

✳**用語解説**
吸引
吸引装置に接続した医療用の管を用いて、気管内や気道内にある分泌物を機械的に除去する行為。

経管栄養
消化器官内に管を挿入し、流動食や栄養を直接注入する方法のこと。

導尿
尿道口から医療用の管を挿入し、膀胱にたまった尿を排出させる行為。

レッスン 18　子どもの疾病の予防と適切な対応 1

4．乳幼児突然死症候群（SIDS）

1　乳幼児突然死症候群（SIDS）とは

　乳幼児突然死症候群（SIDS：Sudden Infant Death Syndrome）は、「それまでの健康状態および既往歴からその死亡が予測できず、しかも死亡状況調査および解剖検査によってもその原因が同定されない、原則として1歳未満の児に突然の死をもたらした症候群」と定義されています。主として睡眠中に発症し、日本での発症頻度はおおよそ出生6,000～7,000人に1人と推定され、生後2か月から6か月に多く、まれには1歳以上で発症することがあります。

　SIDSは、何の予兆や既往歴もないまま乳幼児が死に至る原因のわからない病気で、窒息などの事故とは異なります。厚生労働省によると2016（平成28）年には109名の赤ちゃんがSIDSで亡くなっており、乳児期の死亡原因としては第3位となっています[†2]。

2　乳幼児突然死症候群（SIDS）への対応

　SIDSの予防方法は確立していませんが、以下の3つのポイントを守ることにより、SIDSの発症率が低くなるというデータがあります（厚生労働省）。

（1）1歳になるまでは、寝かせるときはあおむけに寝かせましょう。

　SIDSは、うつぶせ、あおむけのどちらでも発症しますが、寝かせるときにうつぶせに寝かせたときのほうがSIDSの発生率が高いということが研究者の調査からわかっています。医学上の理由でうつぶせ寝を勧められている場合以外は、赤ちゃんの顔が見えるあおむけに寝かせましょう。この取り組みは、睡眠中の窒息事故を防ぐうえでも有効です。

　特に保育の現場では、うつぶせ寝にして子どもを放置することは避けなくてはなりません。うつぶせにする際には、子どものそばを離れないようにし、離れる場合には、あおむけにするか、他の保育者が見守るようにします。

（2）できるだけ母乳で育てましょう。

　母乳育児が赤ちゃんにとっていろいろな点でよいことはよく知られています。母乳で育てられている赤ちゃんのほうがSIDSの発生率が低いということが研究者の調査からわかっています。できるだけ母乳育児にトライしましょう。

▶ **出典**
†2　厚生労働省「平成28年人口動態統計（確定数）の概況」2017年

115

（3）たばこをやめましょう。

　たばこはSIDS発生の大きな危険因子です。妊娠中の喫煙はおなかの赤ちゃんの体重が増えにくくなりますし、呼吸中枢にも明らかによくない影響を及ぼします。妊婦自身の喫煙はもちろんのこと、妊婦や赤ちゃんのそばでの喫煙はやめましょう。これは、身近な人の理解も大切ですので、日頃から喫煙者に協力を求めましょう。

演 習 課 題

①アトピー性皮膚炎の子どもの日常生活上の注意点を調べてみましょう。
②保育所に在園する医療的ケアが必要な子どもの具体例について、調べてみましょう。
③たばこはSIDS発生の大きな危険因子です。たばこを吸っている保護者にどのように説明すれば、たばこをやめてもらえるでしょうか。まわりの人と話し合ってみましょう。

レッスン 19

子どもの疾病の予防と適切な対応2

本レッスンでは、感染症の対応と予防接種を学びます。感染症を予防するための方法、感染症にかかった際の対応を学ぶことは、病気を悪化させないためにも有効です。

1. 手洗い

1 正しい手洗いの方法

　最も重要な感染対策は手洗いです。適切な手洗いの手順にしたがっていねいに手洗いすることが感染対策の基本であり、そのためには、すべての職員が正しい手洗いの方法を身につける必要があります（図表19-1）。

図表 19-1　正しい手洗いの方法

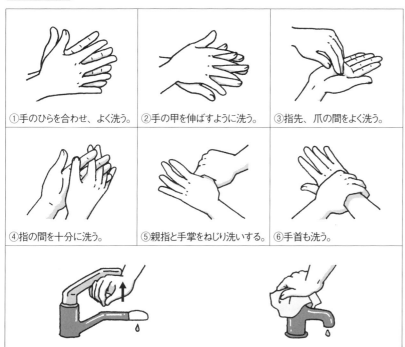

①手のひらを合わせ、よく洗う。　②手の甲を伸ばすように洗う。　③指先、爪の間をよく洗う。
④指の間を十分に洗う。　⑤親指と手掌をねじり洗いする。　⑥手首も洗う。
⑦水道の栓を止めるときは、手首か肘で止める。できないときは、ペーパータオルを使用して止める。

出典：厚生労働省「保育所における感染症対策ガイドライン（2012年改訂版）」2012年をもとに作成

2　手洗いの注意点

　タオルの共用は絶対にしないようにします。手洗い時にはペーパータオルを使用することが理想的ですが、常用は無理な場合でも、ノロウイルスやロタウイルス等による感染性胃腸炎（流行性嘔吐下痢症）が保育所内で流行している期間中は感染対策の一環としてのペーパータオルの使用が推奨されます。

　石けんは保管時に不潔になりやすい固形石けんよりも１回ずつ個別に使用できる液体石けんが推奨されます。

２．予防接種

1　予防接種とは

　予防接種とは、「疾病に対して免疫の効果を得させるため、疾病の予防に有効であることが確認されている**ワクチン**を、人体に注射し、又は接種すること」をいいます（「予防接種法」第２条）。予防接種は感染症の集団の流行を防ぐだけでなく、個人が感染症に罹患することを防ぐという重要な役割を担っています。予防接種は「予防接種法」に基づき行われています。

2　ワクチンとは

　ワクチンとは感染症の予防接種に使用する薬液のことです。ワクチンは、病原体の毒性を弱めたり、無毒化したもので、ワクチンを接種すると、実際には病気にかからなくてもその病気への免疫ができ、病原体が体内に侵入しても発症を予防したり、症状を軽度ですませたりすることができます。

　世の中に感染症はたくさんありますが、ワクチンが開発されているものと、開発されていないものがあります。ワクチンで防げる病気（Vaccine Preventable Diseases、略称VPD）には、結核、はしかや風しん、百日咳、破傷風、ジフテリア、インフルエンザ、肺炎球菌感染症、ヒブ感染症、B型肝炎、日本脳炎などがあります。

　ワクチンの接種方法としては、口から飲ませる方法（経口接種）と注射による接種があります。ワクチンの種類によって、接種方法は決まっています。

　ワクチンは、含まれる病原体等の状態により、**不活化ワクチン、生ワクチン、トキソイド**の３種類に分けられます。

①不活化ワクチン

　病原性を消失させたり、毒素を無毒化したものです。体の中で病原体が増えることはなく、発熱などの副反応が少ないワクチンです。

②生ワクチン

　病原性を弱めたウイルスや細菌を接種し、それらが体のなかで増えることによって免疫力をつけます。自然感染に近い状態で免疫がつけられます。

③トキソイド

　強い毒素を産生する細菌の毒素だけを取り出して無毒化し、ワクチンにしたものです。細菌に感染したときに、毒素による発病を防ぐことができます。

３　定期接種と任意接種とは

　定期接種のワクチンは、国や自治体が乳幼児に接種を強く勧めているワクチンです。定められた期間内に接種する定期接種は、公費（無料）で実施されます。一方、任意接種ワクチンは、接種するかどうかが接種を受ける側に任されているワクチンです。しかし、医学的に重要度が低いワクチンというわけではありません。たとえば、ロタウイルス胃腸炎は、激しい下痢や嘔吐による脱水で点滴や入院が必要なケースもあるなど、重症化すると大変な病気です。任意接種のワクチンに健康保険は適用されませんので、接種費用は基本的に自己負担となりますが、自治体によっては接種費用の助成が受けられるところもあります（図表19-2）。

３．健康教育

　感染症を防ぐためには、子どもが自分の体や健康に関心をもち、身体機能を高めていくことが大切です。特に、手洗いやうがい、歯磨き、衣服の調整、バランスのとれた食事、睡眠と休息を十分にとる等の生活習慣が身につくよう、毎日の生活を通してていねいに繰り返し伝え、子ども自らが気づいて行えるよう援助します。そのためには、子どもの年齢や発達過程に応じた健康教育の計画的な実施が重要となります。

　しかし、低年齢児における自己管理は非常に難しいので、保護者に働きかけ、子どもや家族全員の健康に注意し、家庭での感染予防、病気の早期発見などができるよう具体的な情報を提供するとともに、保護者の共通理解を求め、連携をしながら進めていきます。

第3章　子どもの疾病と保育

図表 19-2 日本の定期／任意予防接種スケジュール

種類	ワクチン		1か月	2か月	3か月	4か月	5か月	6か月	7か月	8か月	9か月	12か月	15か月	18か月	2歳	3歳	4歳	5歳	6歳	7歳	8歳	9歳	10歳～
定期接種	不 Hib インフルエンザB型			①	②	③						④											
	不 肺炎球菌（PCV13）			①	②	③						④											
	不 四種混合（DPT-IPV）				①	②			③				④										
	生 BCG							①															
	生 麻しん（はしか）、風しん（MR）											①						②					
	生 水痘（水ぼうそう）											①	②										
	不 日本脳炎															①②	③						④ 9～12歳（2期）
	不 二種混合（DT）																						① 11歳（2期）
	不 ヒトパピローマウイルス（HPV）注1																						①②③ 13～14歳
	不 B型肝炎（HBV）			①	②				③														
任意接種	生 ロタウイルス注2	1価		①	②																		
		5価		①	②	③																	
	生 流行性耳下腺炎（ムンプス、おたふくかぜ）											①						②					
	不 インフルエンザ						毎年 ①、②（10月、11月など）																13歳より ①

①、②：接種の回数
■：望ましい接種時期（日本小児科学会が推奨する接種時期）
生：生ワクチン　不：不活化ワクチン
注1：2013年6月の厚生科学審議会予防接種・ワクチン分科会副反応検討部会での検討により、定期接種として接種可能だが、現在積極的な勧奨は行われていない。
注2：接種するワクチンによって、接種回数・期間が異なる。

1 ▶ 手洗いの自立

　1歳を過ぎると大人の真似をして手をすり合わせることができるようになりますが、汚れをきちんと落とすことはできません。1歳半を過ぎると手が汚れていることがわかり、石けんを使って手をこすり合わせて洗えるようになります。

2 ▶ うがいの自立

　うがいはコップから水を飲める1歳後半から少しずつできるように

なります。水を口に含むと飲んでしまったり、反対に口から流れ出ることがありますが、2歳頃からは、口を「ぶくぶく」とゆすぐ短いうがいもできるようになります。4歳頃からは、「ぶくぶく」のうがいも「がらがら」という喉のうがいもできるようになります。5歳頃には、習慣としての外出後のうがい、手洗いも身についてきます。

3 歯磨きの自立

乳歯は生後6か月頃より生え始めます。1歳を過ぎると、歯ブラシを持たせると大人の真似をして歯ブラシを動かすようになります。子どもが磨いた後に、仕上げ磨きをします。歯磨きが習慣として定着するように関わる必要があります。

演 習 課 題

①手洗いは、いつどんなときに行うと効果的でしょうか。調べてみましょう。
②予防接種の重要性を保護者に理解してもらえる説明を具体的に考えてみましょう。

参考文献･･･
レッスン13～19
市江和子編　『小児看護学』　オーム社　2014年
厚生労働省　「平成28年人口動態統計（確定数）の概況」　2017年
佐地勉・竹内義博・原寿郎編　『ナースの小児科学』　中外医学社　2015年
澤田淳編　『最新小児保健』　日本小児医事出版社　2010年
診断と治療社編　『小児科診療』第79巻11号　診断と治療社　2016年
筒井真優美編　『小児看護学──子どもと家族の示す行動への判断とケア』　日総研出版　2010年
中野綾美編　『小児の発達と看護（ナーシング・グラフィカ小児看護学①）』　メディカ出版　2015年
中村友彦編　『小児の疾患と看護（ナーシング・グラフィカ小児看護学③）』　メディカ出版　2015年
任和子・大西弘高編　『臨床看護総論（ナーシング・グラフィカ基礎看護学⑤）』　メディカ出版　2014年
松尾宜武・濱中喜代編　『健康障害をもつ小児の看護（新体系看護学全書小児看護学)』　メヂカルフレンド社　2013年
右田真編　『ナースのミカタ小児看護──知っておきたい53の疾患』　医学書院　2013年

第 3 章　子どもの疾病と保育

おすすめの 1 冊

右田真編　『ナースのミカタ小児看護——知っておきたい53の疾患』　医学書院　2013年
看護師を目指す看護学生さん向けの本であるにもかかわらず、「気軽にゴロッと寝転びな
がら読める」本。子どもの疾患について病態、検査、診断、治療を中心に紹介している。

コラム

障害（障がい）の表記について

　みなさんは「しょうがい」と書くとき、「障害」「障がい」のどちらの表記を使用していますか。

　近年、「障害」という表記を改めるべきだとする意見が頻繁にあがっています。「害」は「そこなうこと。悪くすること」であり、「公害」「害悪」「害虫」という熟語に含まれることからも、「障害者」は他者を「害」する存在であるとみなすような表記である、ということが主な批判点としてあげられています。

　「障害」という表記が使用されるようになったのは、遅くとも江戸時代末期とされています。内閣府では2010（平成22）年に行われた調査に基づき、「法令等における『障害』の表記については、当面、現状の『障害』を用いる」としています。

　一方、ひらがな表記にする自治体も増えています。大阪府は、2008（平成20）年から「障がいのある方の思いを大切にし、府民の障がい者理解を深めていくため、マイナスのイメージが強い『害』の漢字をできるだけ用いないで、ひらがなで表記する」と定めています。現在のところ「正しい表記」は決められていないのが現状です。

　あなたは、「障害」と書きますか？　「障がい」と書きますか？

　ぜひ、これを機会に「しょうがい」に関する自分の意見を改めて見直してみてください。

第4章

子どもの
精神保健

本章では、子どもの心の健康とその課題や具体的な心身症の特徴とその対応
方法、発達障害とその支援、子ども虐待について学びます。
心の問題を抱える子どもは行動や症状として現れることが多いため、日頃から
子どもや保護者を観察し、早期発見に努めることが大切です。

レッスン20	子どもの心身の健康
レッスン21	子どもの生活習慣や生活上の問題
レッスン22	子どもの発達障害
レッスン23	発達障害の子どもの支援
レッスン24	子ども虐待

レッスン **20**

子どもの心身の健康

子どもに心の問題や課題のある場合は、問題行動や身体症状に現れます。このようなときには問題行動や身体症状にばかり注目するのではなく、まずはその原因となる問題を明らかにすることが重要です。本レッスンでは、子どもの心の健康とその課題について学びます。

1. 精神発達理論

1 エリクソンの発達理論[†1]

子どもの心身の健康を考えるにあたり、**エリクソン**[*]の発達理論を用いて心理社会発達の過程を理解しましょう。

エリクソンは、人が誕生して死に至るまでの生涯を**ライフサイクル**ととらえ8つの段階に分け、それぞれに取り組む発達課題と心理社会的危機を提示しています（図表20-1）。発達課題とは、それぞれの発達段階において、実現することが望ましいもの（目標）であり、それらを達成することにより、次の課題を達成しやすくなるといわれています。逆に、それらの課題が達成できない場合には、次の課題の達成が困難になると考えられています。それぞれの発達段階には、発達課題と心理社会的危機があり、対の概念としています。

2 エリクソンの小児期の発達理論[†1]

小児期は、乳児期から思春期までの5つの段階を経て、自我を発達させていくといわれています。小児期の発達段階における具体的な発達課

図表 20-1 エリクソンの発達理論

発達段階	発達課題と心理社会的危機
乳児期	基本的信頼　対　基本的不信
幼児期前期	自律性　対　恥・疑惑
幼児期後期	積極性　対　罪悪感
学童期	勤勉感　対　劣等感
青年期	同一性　対　役割の混乱
成人初期	親密性　対　孤立
成人期	生殖性　対　停滞
老年期	統合性　対　絶望

■人物

エリクソン
（Erikson, E. H.）
1902〜1994年
ドイツ出身の精神分析学者。

▶出典

†1　安藤朗子「エリクソンのライフサイクル理論（子どものこころの発達を考える）」『チャイルドヘルス』9（3）、2006年、156-159頁

題や危機などの発達過程について説明します。

①乳児期

　重要他者である母親もしくはそれに代わる人との相互作用を通じて**基本的信頼感**を獲得します。親子間に愛着がわくことで、子どもは保護者への信頼感を生み、自分に価値がある存在であると**自己肯定感**をもつことができます。保護者は喜ぶ子どもによって自らも幸福感や充足感を得ることができます。

基本的信頼……自分の欲求がかなえられ自分が価値あるものだという自信、自分の存在や自分を取り巻く世界に対する信頼感をもつ。

基本的不信……不信感をもち、その後の発達に悪影響を及ぼす。

②幼児期前期（1〜3歳）

　運動機能の発達とともに、意図的に身体的コントロールができるという体験（食事、更衣、排泄）を積み重ねていくことによって自律感を獲得します。しつけなどの外からの力を受け入れ、自分の衝動を統制する内的な枠組みをつくっていくことが必要です。

自律性……環境に対する積極的な身体的探索ができ、うまくできることによる自信を確立する。

恥・疑惑……他人に支配されたり人前で恥じたとき、自分の能力を試したくないという無力感や自己嫌疑をもつ。

③幼児期後期（3〜6歳）

　自分を取り巻く家族以外の社会に関心が広がり、全身運動や言語の発達、遊びの発達によってより多くの世界に働きかけていく積極性を獲得します。自分と他者の自我と自我とのぶつかり合いを通して、欲求をコントロールしていくことを覚えます。

積極性……目標を遂げようとする自主性、目的を達成した満足感や達成感をもつ。

罪悪感……自分でできると思ったことができなかったり、悪いことだと思うことで生じる罪の感情をもつ。

④学童期

　小学校に入学し集団生活が始まります。学びたい、知りたいという好奇心や欲求をもち、物事を注意深く探求します。集団遊びやしつけによって、広範囲な人々との同一視や規範を取り入れることから自己中心性が減少し、他人の期待する役割を理解し自分自身の行動に対する期待を発達させることができます。

勤勉感……さまざまな経験と仲間との比較を通して自分の能力が優れているという喜びや達成感をもつ。

劣等感……技術獲得ができなかったり、人より劣っていると感じることで自身の価値がなくなると感じる。

⑤**思春期・青年期（12〜22歳）**

　身体的成熟（第二次性徴）があり、自分の身体の変化と社会的な葛藤とによる混乱の時期です。葛藤や悩みを、友人と交流しながら受け入れていきます。そして、自我同一性の確立を目指して試行錯誤し、いろんな顔をした自分を統合して「これが自分」というものを明確にしていきます。

同一性（アイデンティティの確立）……第二次性徴により自我機能のバランスが崩壊するなかで安心感を得られる集団所属を求める。

役割の混乱……集団への帰属意識をもつことができず、仲間と一緒のときの不安や孤独の感情をもつ。

2．子どもの心と体の問題

　子どもは、心も体も発展途上にあり、大人と比べて心と体の関連性が密接で、心理的な問題が身体症状や問題行動として現れやすい傾向にあります。たとえば、緊張や不安から腹痛や頭痛を訴えたり、気管支ぜんそくなどの疾病が出現する場合もあります。これには、子どもは言語表現が未熟であることが関連しています。

　特に子どもは環境に大きく依存して生活しているため、環境要因を評価することが大切です。環境要因のなかでも特に家庭環境は大きく影響します。不適切な養育環境は虐待につながる可能性がありますので、周囲の大人による子どもと保護者への支援が必要になります。

　子どもの心の問題の原因として考えられるのは、対人関係や学業成績など前項で説明した「発達課題」に関するものや、災害や事故などの「非日常的な経験」から起こるものが考えられます。このような問題に対して、「元気そうにしているから」「状況を理解できていないだろう」と軽く認識されやすい傾向があります。しかし、子どもはこのような問題を十分に自覚できず、元気にふるまってしまい、周囲の大人が子どもの異変に気づかず対応が遅れることがあります。また子どもが問題を自覚していても、どのように相手に伝えたらよいのかわからず、結果、身体症状や問題行動として表出します。周囲の大人は、その子どもが発する小さなサインを見逃さないこと、そしてその訴えの後ろにある原因を、早く見つけ出すことが大切です。

レッスン20　子どもの心身の健康

子どもの心と体の問題を考えるうえで重要となる「**レジリエンス**」について説明します。レジリエンスとは、「ストレスや逆境に直面したとき、それに対して克服していく能力のことで、復元力、自己治癒力、立ち直り力[2]」と訳されます。レジリエンスの概念をはじめて用いたのは、マイケル・ラターであり、「人には本来不運な出来事に直面した際に、精神医学的疾患に対する防御機能が備わっており」、この防御機能をレジリエンスとよびました[3]。そして、グロットバーグは、レジリエンスの要素をI HAVE（外部のサポート）、I AM（内的な強さ）、I CAN（対人関係と問題解決方法）に分離して、「レジリエンスは不運な出来事を体験して打ち勝つことで強化され、どの年齢においても促進される[4]」と言い、人間の基本となる生きる力を強めることができると報告しました。

子どもがストレスに直面したときに、我慢したり気持ちを抑えるのではなく、レジリエンスを導いて、子ども自身が適切なストレス対処法を習得したり、子どもがストレスを対処できない場合は、信頼できる人に援助を求めることが大切です。そのためには、周囲の大人は環境を整える必要があります。特に乳幼児期の子どものストレス反応には、保護者との関係性が非常に大きいため、保護者のストレスを緩和する方法も考える必要があります。また、ストレスへの対処能力は個人差があるため、周囲の大人が個々の子どもに合わせた対処法を考えるべきです。

3．心身症

1　心身症とは

心身症とは、「身体疾患中でその発症や経過に心理社会的因子が密接に関与し、器質的ないし機能的障害が認められる病態で、ただし、神経症やうつ病など、他の精神障害に伴う身体症状は除外する」と言われており、さらに、子どもの心身症については、「身体症状を示す病態のうち、その発症や経過に心理社会的因子が関与するすべてのもの」をいい、「それには発達・行動上の問題や精神症状を伴うこともある」と定義しています[5]。体の症状や病気でありながら、その発症や経過に心理社会的因子が強く関係しています。子どもの心身症の主なものは、起立性調節障害や、過敏性腸症候群、反復性腹痛、周期性嘔吐といった身体症状や、チック症や抜毛症、夜驚症、摂食障害といった行動上の問題があげられます。

▶**出典**

[2]　平野真理「レジリエンスは身につけられるか――個人差に応じた心のサポートのために」3-10、東京大学出版会、2015年、598-611頁

[3]　Rutter,M.(1985)：Resilience in the face of adversity. Protective factors and resistance to psychiatric disorder. British Journal of Psychiatry. pp147

[4]　Grotberg,E. H. (1995)：A guide to promoting resilience in children:strengthening the human spirit. Early Childhood Development: Practice and Reflections 8. Bernard van Leer Foundation.

[5]　日本心身医学会教育研修委員会「心身医学の新しい診療指針」『心身医学』31（7）、1991年、537-573頁

129

第4章　子どもの精神保健

　子どもの年齢による心身症の特徴と主な疾患を次にあげます。

　乳幼児期の心身症は、愛着関係やしつけに関連するものが多く、育児方法などに関して保護者に援助することによって改善することが多いです。学童期以降の心身症は、学校環境など家庭外に原因があることが多いため、学校と連携して対応する必要があります。

---

①乳児期：吐乳、下痢、便秘などの消化器症状、発育障害や激しい夜泣き。

②幼児期：頻尿、二次性夜尿、吃音、神経性習癖、夜驚症、便秘、下痢、周期性嘔吐症、遺糞症、場面緘黙、爪かみ指しゃぶり。

③学童期：チック、歩行障害、抜毛症、心因性発熱、気管支ぜんそく。

④思春期：起立性調節障害、過敏性腸症候群、過換気症候群、神経性食欲不振症候群。

　次に心身症の要因をあげます。

　心身症の要因は、多くの要因が複雑に絡み合っていることが多いです。また、家庭における不適切な養育環境が心身症の発症要因になることが多いです。近年は、少子高齢社会・核家族化で乳幼児と接する機会が減り、子どもに接するのはわが子が初めてという状況です。親の育児知識が少なく、祖父母からのアドバイスやサポートがなかったり、仕事と育児の両立の困難から、子育て不安のある保護者が多くいます。そのような保護者がいることを十分理解したうえで、子どもと保護者に対応することが大切です。

---

①個人的要因：発育歴、身体的問題、素因、性格、精神発達の程度、過去のストレス体験、ストレス耐性

②環境要因：

　1）家族（長期の別居や入院による両親、特に母親の長期不在、弟妹の出生や共働きのために両親、特に母親の愛情が少なくなったと感じるとき、両親の不和や離婚による家庭の崩壊、親の死や災害への遭遇）

　2）学校や友人との関係

　3）地域特性、慣習、知人や遊び仲間の数

　4）社会の動向や風潮

レッスン 20　子どもの心身の健康

2 心身症への対応

　心身症への対応は、まずは、子どもの症状や行動をていねいに観察しましょう。子どもは、精神的なストレスを感じても言葉で訴えることができず、身体症状で表出されます。子どもを理解するためには、生育歴や生活環境、身長・体重などの身体状況、遊び、排泄、睡眠、食欲、活気を把握しましょう。診察や検査で異常が認められない場合もありますが、子どもの訴えに耳を傾け、子どもの気持ちを受け止め共感しましょう。必要であれば、ゆっくり休ませてあげたり、手を当てたりなでるなど接触して、困りごとや悩みを聞きましょう。低年齢児でストレスの自覚がない場合は、発症前後で生活に変化がなかったか、周囲の大人から情報を得ることも重要です。それでも状況が変化しない場合は、早めに小児科医や心理の専門家に相談しましょう。家族や生育環境が原因の場合も多くあるので、保護者との関係性について情報収集することが大切になります。子ども本人へのアプローチだけでなく、子どもの家族や保育所・幼稚園、認定こども園、医療などが連携することが大切です。

演 習 課 題

①エリクソンの発達理論をもとに、幼児期の子どもの関わり方についてまとめましょう。

②乳児期、幼児期それぞれの子どもの心の問題に影響すると考えられる要因をまとめましょう。

③幼児期の子どもの心身症に対して、保育者として子どもと保護者それぞれの対応についてまとめましょう。

131

レッスン**21**

子どもの生活習慣や生活上の問題

本レッスンでは、具体的な子どもの心身症の特徴や対応方法について紹介します。子どもの症状を早期に発見し、適切な対応をすることが大切です。そのために日頃から、子どもの様子を観察することや保護者から情報を収集して、異常の早期発見に努めましょう。また保護者の観察や聞き取りも重要になります。

▶ **出典**

†1　日本夜尿症学会「夜尿症診療のガイドライン」http://www.jsen.jp/guideline/

†2　米国精神医学会編、日本精神神経学会日本語版用語監修『DSM-5 精神疾患の分類と診断の手引』医学書院、2014年

✳ **用語解説**

抗利尿ホルモン
尿を濃くして夜間の尿量を少なくするホルモン。3～4歳を過ぎると大部分の子どもは夜間尿量を朝まで自分の膀胱に貯めることができる。

▶ **出典**

†3　帆足英一「夜尿症の生活指導（特集 小児慢性疾患の生活指導：最新の知見から）」『小児科臨床』65（4）、2012年、931-939頁

1．生活習慣の問題

1 ▶ 夜尿症[†1]

①原因・要因

「5歳を過ぎて週に2回以上の頻度で、少なくとも3ヵ月以上連続して夜間睡眠中の尿失禁を認めるもの[†2]」と定義されています。膀胱容量と夜間尿量のアンバランスによって、深い睡眠、膀胱容量の縮小、**抗利尿ホルモン**[*]の分泌不足に問題があります。膀胱容量が夜間尿量を上回れば、夜尿は認められないし、また膀胱容量が小さくても夜間尿量がそれ以下であれば夜尿はみられません。男子のほうが女子より多いです。

②対応[†3]

まずは起こさず、中途覚醒を強制しないことです。夜間無理に起こしてトイレに連れていくことは、睡眠覚醒リズムを乱し、夜間に産生される抗利尿ホルモンの分泌を妨げることにつながるので、途中で起こすことはやめましょう。水分摂取リズムの調整として、日中はたっぷり水分を与え、夕食後の水分摂取は控え夕食の味付けは薄くしましょう。冷え症状は夜尿を悪化させやすいので、手足が冷たい、しもやけができやすいといった冷え症状をともなう場合には、就眠前にゆっくり入浴させ体や寝具を温めて寝ましょう。周囲の大人は「起こさず・あせらず・しからず」の3原則の対応が基本になります。周囲の大人は個人差があることを認識し、他の子どもや年齢と比較しないことが大切です。学童期でも続いている場合は薬物治療が必要なので、小児科や小児泌尿器科の受診を勧めましょう。不適切なトイレトレーニングやきょうだいの誕生など、心理的要因が大きい場合は、保護者に対する指導やカウンセリングなどの心理療法も必要になります。

レッスン 21　子どもの生活習慣や生活上の問題

2　遺糞症[†4]

①原因・要因

　無意識に排便、または排便してはいけない場所で排便することです。腸内に便が停留し硬くなるため痛みをともない、さらに我慢するという悪循環を形成します。そのため硬い便の周囲にある柔らかな便がしばしば漏れてしまいます。本人に便意がなく、下着が汚れて悪臭を放ち、友だちから避けられたり、家族から非難や叱責を受けてしまいます。

②対応

　規則的な食習慣を中心に、生活リズムを整えることです。便秘を解消するため下剤を定期的に使用し、排便の快感を感じさせることや、排便できたときは大いにほめて本人に成功体験をさせ、次の排便習慣につなげましょう。

3　便秘症[†5]

①原因・要因

　便が滞った、または出にくい状態で、それにより何らかの治療を要する場合を**便秘症**とよびます。経過により「一過性便秘症」と「慢性便秘症」に分類されます。症状は、機嫌が悪い、腹痛、嘔吐、排便時出血、おなかが張るなどがあります。年齢が上がると差恥心のため自分から言わず、腹痛から発見されることもあります。原因は、不適切なトイレトレーニングや脱水、食習慣の乱れ、運動不足があります。何らかの原因によって便が大腸内に滞留すると、水分が吸収され、便の硬さが増して排便が困難になり、排便時に肛門の痛みを経験した子どもは、排便を我慢するので、さらに悪循環が生じやすくなります。また遺糞症を合併した場合には治療が難しくなります。

②対応

　トイレトレーニングの失敗から排便を我慢することがあるので、失敗しても決して怒らず、成功したときにはたくさんほめることが大切です。できるだけ時間に余裕がある登校登園前に、トイレに行く習慣を確立させましょう。食事指導として、水分をしっかりとることや、食物繊維の多いものをとり、腸管の蠕動運動を活発化させましょう。朝・昼・夕の食事時間を決めることも大切です。適度な運動も勧めましょう。このような生活指導で改善が認められない場合は、薬物療法の適応になります。主に使用されている経口治療薬に、酸化マグネシウムがあります。経腸治療薬にはグリセリン浣腸薬があります。便秘症をもつ子どもの多くは、過去のたび重なる排便時の肛門痛や、浣腸などの肛門を触れられること

▶**出典**

†4　山崎知克「遺尿症・遺糞症（子どもの心のケア——温かく育むために）」『小児科臨床』57（増刊号）、2004年、1485-1492頁

▶**出典**

†5　友政剛「便秘症（特集 小児の消化器疾患：症候から最新の治療まで）、知っておくべき消化器疾患の最新治療」『小児科診療』76（2）、2013年、277-284頁

第 4 章　子どもの精神保健

に著しい恐怖感をもっています。そのような子どもに無理矢理、浣腸を
したり排便を促すようにせかすと、ますます排便を嫌がるようになる可
能性があります。保護者には、便秘症の原因を一緒に考え、治療には時
間がかかることを理解してもらったうえで、無理のないように進めるよ
うにしましょう。

4　偏食症[6]

①原因・要因

　一定の食物を嫌がって食べない、ある特定の食物ばかり食べる、その
ために健康に悪影響が及ぶことをいいます。偏食には、遊びながら食事
する、食事の途中で遊び始める「遊び食い」やよく食べるときとほとん
ど食べないときがある「むら食い」があります。原因は、咀嚼（そしゃく）しにくい
など口腔機能の発達と合っていない、家庭での食事内容の偏り、不適切
な間食の与え方、以前食べたときの腹痛・嘔吐・下痢などの不快な経験
があげられます。また、食物アレルギーが原因で偏食になっている可能
性があります。

②対応

　対応は、偏食なのか、食物アレルギーが原因で食べることができない
のか、見極めが重要になります。切り方、味付けなど調理法を変えたり、
盛り付け方や器を変えるなどの工夫が大切です。自分で栽培をしたり、
調理すると食材に興味がわき、食べることができるようになることもあ
ります。周囲の大人が好き嫌いなくおいしそうに食べてみせることも大
切です。食べることを強制するのではなく、子どもが食べてみようと思
う気持ちが育つように取り組みましょう。この子はこれが嫌いだからと
決めつけずにさまざまな味の体験ができるように多くの食材を使い、発
達段階に応じた調理の配慮をしましょう。

　遊び食いに対しては、保護者や友だちと語り合いながら楽しい雰囲気
をつくり、コミュニケーションと団欒（だんらん）の場にすることが大切です。

　むら食いに対しては、元気に過ごしていれば問題ないですが、体重の
増加不良にならないように、発育の推移を確認する必要があります。

5　夜泣き・夜驚症[7]

　突然の悲鳴や発汗、激しく泣いて起き上がり、部屋のなかを歩き回っ
たりします。10分程度で落ち着きそのまままた寝ます。入眠後1〜2
時間から早朝にかけて数回起き、6か月〜1年程度で軽減消失します。
起こそうと思ってもなかなか起きず、またそのときの症状を覚えていま

▶出典
†6　林薫「最近の幼児
の食事（特集 子どもと食
2014）、子どもと食事」『小
児科臨床』67（12）、2014年、
2431-2436頁

▶出典
†7　西村甲「Ⅲ各論　夜
泣き・神経過敏・チック」『小
児科診療』73（3）、2010年、
438-442頁

せん。3〜6歳頃に多く、ほとんどは自然に治ります。

2. 習癖・情緒・行動上の問題

1 吃音[†8]

①原因・要因

　言葉のはじめを繰り返したり、音の引き伸ばしやつっかかりなど滑らかに話せない状態をいいます。2〜3歳頃に多く、女子より男子が多いです。原因は特定されていませんが、遺伝的要因、環境的要因、中枢神経系の要因、認知発達、言語発達、情動などがあげられます。幼児に多い理由は、左右言語野の機能の未分化、伝えたい気持ちに話し言葉が追いつかないなどがあります。多くは一時的で言葉の発達とともに目立たなくなることが多いです。しかし、自分の吃音を必要以上に意識し、話すことに対する緊張感や不安感、羞恥心が増すと条件反射として吃音が定着し、成人後も続く場合もあります。

②対応

　まずはストレスを減らすための環境を整えること、そして話し方の修正はせずに、話をよく聞いてあげることが大切です。話し方だけでなく、自信をもって行動できるよう支援してあげることで徐々に改善していきます。また、子どもの話を途中でさえぎったり、禁止を多くする、頻繁に質問することも避けましょう。吃音は、症状が改善したりまた出現したりするので、焦らず長期的な見守りが必要になります。

2 チック症[†9]

①原因・要因

　意図的ではなく、突発的でパタン化した筋肉の運動です。幼児期後期から学童期にみられ、女子より男子のほうが多いです。瞬きや顔をしかめる、肩をすくめる、目をぱちぱちする運動性チックと、咳払いや声が出てしまう音声チックがあります。一過性の運動性チックの大部分は短期間で消失しますが、注意をすることでさらにストレスになり悪化してしまうこともあります。刺激に誘発されやすく、せずにいられないという感覚にともなって発症することもあります。緊張度が変化した場合や興奮した場合に増加し、集中しているときには減少する傾向にあります。睡眠中にはほとんど出現しません。

▶出典
†8　宮本昌子「吃音（特集 研修医のための神経学的診察テクニック）、よくある主訴と診療の実際」『小児科診療』75（5）、2012年、865-871頁

▶出典
†9　†7と同じ

第4章　子どもの精神保健

②対応

　緊張するなど心理的な要因である場合があるので、子どもが安心できるような関わりや、子どもへの要求水準を下げて受容的に関わると、2〜3か月で自然消失することが多いです。

3　指しゃぶりや爪かみ[10, 11]

①原因・要因

　指しゃぶりは、1歳半から5歳頃に現れ、多くは自然消失しますが、長時間、長期間に高頻度で繰り返される場合には**不正咬合**[*]を引き起こす原因になります。指を吸うことで気分を和らげる効果があるといわれています。発達の大きな変化やきょうだいの誕生、入園などの生活の変化が大きく影響して出現します。「甘えたいけど甘えられない」「したいけどうまくできない」など心の葛藤があるとその症状が強まります。

②対応

　3歳までに自然消失すれば歯並びにも無関係であることを理解し、様子をみてみましょう。無理に制止するとかえって不安が高まるので、子どもの生活リズムを整えたり、たくさんスキンシップをとるなど、子どもの気持ちに寄り添いましょう。また、子どもが「がんばった」「うまくいった」という成功体験ができるよう支援することが大切です。

　爪かみは、3〜5歳頃から認められ、歯列に影響を及ぼすことはありません。爪かみの悪影響として、爪の先端が乱れる、深爪があげられますが、出血するほどひどくかむのでなければ経過をみましょう。成長とともに軽減することが一般的ですが、続くようであっても爪かみを止めさせるのではなく、背景にある子どもの状況や特性に注意して対応しましょう。

4　場面緘黙[12, 13]

①原因・要因

　言葉を習得し、家庭では普通に話すことができるが、園や学校など社会的な場面で話すことができない状態をいいます。保育所や幼稚園、認定こども園などの集団生活に入って明らかになることが多いため、保育者に指摘されるまで気づかない保護者が多いです。言葉だけでなく、極度の緊張のため行動が停止し、集団に参加できなかったり、排泄や食事が困難になったりします。先生や友人から誘導されてはじめて移動できることもあり、自発性が極端に制限されている場合もあります。特徴としては、①集団場面や対人関係で強い不安感や緊張感や圧迫感を感じて

▶ **出典**

†10　佐藤嘉晃「【しつけを科学する】指しゃぶり・つめ噛み」『チャイルドヘルス』16 (3)、2013年、166-169頁

†11　宮島祐「【乳幼児健診Q&A】心の発達・行動　指しゃぶりはやめさせたほうがよいですか。爪を噛むのをやめさせたいのですが」『小児科診療』75 (11)、2012年、1983-1986頁

✱ **用語解説**

不正咬合
歯並びやかみ合わせが正しい機能や形態をもっていない状態。

▶ **出典**

†12　藤沢敏幸「【子どもの心のケア　問題を持つ子の治療と両親への助言】子どもの心への対応　場面緘黙」『小児科診療』54増刊号、2001年、1345-1351頁

†13　藤田継道「保育園・幼稚園・学校で話せない場面緘黙児の理解と支援（特集 心を閉ざす子）」『児童心理』68 (10)、2014年、874-880頁

レッスン21　子どもの生活習慣や生活上の問題

いる、②幼児期・児童期を通じて集団で遊んだり、生活する経験が乏しい、③集団場面で失敗を笑われたり、恥ずかしい思いをするなど心理的外傷体験をもっていることが多い、④両親が無口や非社交的であるなど地域や社会との交流が少ないことなどがあげられます。3〜6歳に多く、男子より女子が多いです。言葉や社会性の発達に課題のある自閉スペクトラム症などの発達障害の子どもに多いといわれていますが、まだ詳細については解明されていません。

②対応

　特定の先生や友だち、特定の場所や活動内容によって安心して取り組めることがあります。まずは、話す相手や場面、活動内容によって、不安や緊張の程度、コミュニケーションに違いがあるか観察しましょう。そして、子どもが安心して参加できるような環境をつくりましょう。周囲の大人は、子どもに話をさせようと無理強いをしがちですが、それがさらにストレスになり改善しにくくなります。話すことを強制せず、子どもの気持ちを大切に焦らず待つ姿勢が大切になります。入園や入学など新しい環境や新しいことを始めようとしたときに起きやすいので、保育所や幼稚園、認定こども園での集団生活をはじめて経験する子どもには、保護者との連携や協力が必要になります。

3．その他の症状

1　気管支ぜんそく[14, 15]

①原因・要因

　咳、喘鳴（ぜんめい）（ゼーゼー、ヒューヒュー）、呼吸困難を繰り返し、多呼吸、陥没呼吸、チアノーゼなどをともなうことがあります。ぜんそく発作は気道感染やアレルゲン、気象の変化、急激な運動などで引き起こされますが、心理社会的因子（心因）も誘因や増悪因子となります。アトピー性皮膚炎、アレルギー性鼻炎、じんましんなどのアレルギー疾患の既往歴、家族歴を有する者の割合が高いです。ぜんそくは0〜3歳までに約70％が発症し、思春期までに軽症化して寛解に至ることが多いと報告されています。

②対応

　吸入ステロイド薬、抗ロイコトリエン薬などの長期管理薬を継続し、発作時には気管支拡張薬を追加します。室内外汚染物質やアレルゲンの除去などの環境改善や、スポーツなどの身体的鍛錬といった生活指導を

▶出典
[14]　厚生労働省「保育所におけるアレルギー対応ガイドライン」2011年 http://www.mhlw.go.jp/bunya/kodomo/pdf/hoiku03.pdf

[15]　飯倉洋治・杉本日出雄・斎藤博久編『小児喘息治療実践マニュアル』フジメディカル出版、2003年

第4章　子どもの精神保健

しましょう。

2　周期性嘔吐（自家中毒、アセトン血性嘔吐症）[†16, 17]

①原因・要因

　幼稚園から小学校の子どもに認められ、男子より女子に多く、思春期までに自然に改善することが多いです。激しい嘔吐発作が数時間から数日持続して自然に軽快します。発作時は、脱水のため点滴が必要となることが多いですが、発作のない時期は無症状です。いったん発作が始まると、通常の制吐薬では効かず、子どもにとって苦痛が大きいです。片頭痛に関連した病気と考えられ、家族に片頭痛の人が多く、成人後に片頭痛への移行が約30％に認められます。

②対応

　感染症、心理的ストレス（行事など）、食物（チーズやチョコレート）などが原因としてあげられますが、身体面と心理面との両者が関与しているため、規則正しい食事や睡眠、疲れをためない生活を心がけましょう。

3　アトピー性皮膚炎[†18, 19]

①原因・要因

　かゆみのある湿しんを主症状とし、良くなったり悪くなったりを繰り返します。多くは気管支ぜんそく、アレルギー性鼻炎・結膜炎などのアトピー素因をもち、他にダニ・ハウスダストなどの環境要因や食物アレルゲン・発汗・細菌・真菌などの外的要因が加わって発症・悪化するといわれています。小児におけるアトピー性皮膚炎と心身医学的問題の特徴は、①成人と異なり乾燥性湿しんとの鑑別が難しい、②乳児期では食物アレルギーとの関係が大きい、③幼児期では子どもと保護者との関係が皮膚炎の症状に大きく影響する、④小児期にはいじめや不登校など学校での問題が影響します。そのため、年齢に応じた対応が必要になります。

②対応

　皮膚を清潔にすることやかきすぎて皮膚トラブルを起こさないために爪を短く切ること、ダニやハウスダストなどの環境因子の暴露をできるだけ少なくすること、薬（保湿薬、非ステロイド系抗炎症薬、ステロイド薬）を使用することです。

▶出典

†16　石崎優子「【心身医学と消化器症状】小児消化器疾患の心身医学」『心身医学』50（10）、2010年、955-959頁

†17　疋田敏之「【小児の頭痛-診かた・考えかたの実践】小児における片頭痛のバリエーション　周期性嘔吐症、腹部片頭痛」『小児科診療』76（8）、2013年、1249-1252頁

▶出典

†18　†14と同じ

†19　羽白誠「心身症診断・治療ガイドライン2006・Summary　アトピー性皮膚炎」『心身医学』48（1）、2008年、53-57頁

レッスン21　子どもの生活習慣や生活上の問題

演 習 課 題

①幼児期の子どもの保護者から夜尿症であるかもしれないと相談を受け
　た場合の保育者の対応についてまとめましょう。
②幼児期の子どもの偏食について、保育者として子どもと保護者それぞ
　れの対応についてまとめましょう。
③気管支ぜんそくのある子どもに対して、保育所での非発作時の対応と
　発作時の対応についてまとめましょう。

139

レッスン22

子どもの発達障害

本レッスンでは、最近、多くの保育現場で問題としてあげられている「気になる子ども」の現状や「発達障害」の定義や特徴について学びます。発達障害の子どもや保護者は、周囲の人を困らせているのではなく、「困っている」子どもや保護者です。その理解をしたうえで、支援方法について学びます。

1. 気になる子どもとは

保育現場において、気になる子どもとは、どのような子どもでしょうか？　図表22-1には、保育所や幼稚園、認定こども園における気になる子どもの特徴を示しました。家庭ではあまり問題にならなくても、集団生活では他の子どもたちとの違いが明らかになります。そのため、保護者が子どもの特徴に気づかなくても、保育者が気づくケースが多くあります。この「気になる子ども」のなかには、この後で説明をする「発達障害」の可能性のある子どもたちも含まれています。幼児期は、食事、排泄、衣服の着脱など基本的な生活習慣を身につけ、成長・発達が著しい時期で、集団のなかで多くを体験するため、対人関係やコミュニケーションをとることで、発達障害の発見につながることになります。子育てや保育に著しい困難をきたす場合は、専門家に相談しましょう。

次に、文部科学省が2012（平成24）年に出した、「通常の学級に在籍する発達障害の可能性のある特別な教育的支援を必要とする児童生徒に関する調査結果について」（図表22-2、22-3）では、通常学級において、知的発達に遅れはないものの発達障害が疑われる子どもは、約6.5％であると報告されています。男女別の集計では、男子は9.3％、女子は3.6％と男子のほうが多いです（図表22-4）。また、そのうち小学校の第1学

◆補足

「通常の学級に在籍する発達障害の可能性のある特別な教育的支援を必要とする児童生徒に関する調査結果について」
文部科学省が今後の施策のあり方や教育のあり方の検討の基礎資料とするために実施した調査。

図表 22-1　気になる子どもの特徴

- ・多動（落ち着きがない）。
- ・友だちと協調できない。
- ・会話や意思疎通がうまくいかない。
- ・保護者や保育者の指示に従えない。
- ・こだわりが強い。
- ・初めての環境に慣れにくい、場面の切り替えが難しい。
- ・かんしゃくを起こすなど。

レッスン22　子どもの発達障害

図表 22-2 質問項目に対して担任教員が回答した内容から、知的発達に遅れはないものの学習面又は行動面で著しい困難を示すとされた児童生徒の割合

	推定値（95%信頼区間）
学習面又は行動面で著しい困難を示す	6.5%（6.2%〜6.8%）
学習面で著しい困難を示す	4.5%（4.2%〜4.7%）
行動面で著しい困難を示す	3.6%（3.4%〜3.9%）
学習面と行動面ともに著しい困難を示す	1.6%（1.5%〜1.7%）

注：「学習面で著しい困難を示す」とは、「聞く」「話す」「読む」「書く」「計算する」「推論する」の一つあるいは複数で著しい困難を示す場合を指し、一方、「行動面で著しい困難を示す」とは、「不注意」、「多動性－衝動性」、あるいは「対人関係やこだわり等」について一つか複数で問題を著しく示す場合を指す。
出典：文部科学省初等中等教育局特別支援教育課「通常の学級に在籍する発達障害の可能性のある特別な教育的支援を必要とする児童生徒に関する調査結果について」2012年、3頁をもとに作成

図表 22-3 質問項目に対して担任教員が回答した内容から、知的発達に遅れはないものの学習面、各行動面で著しい困難を示すとされた児童生徒の学校種、学年別集計

＜小学校＞

	推定値 (95%信頼区間)			
	学習面又は行動面で著しい困難を示す	A	B	C
小学校	7.7%（7.3%〜8.1%）	5.7%（5.3%〜6.0%）	3.5%（3.2%〜3.7%）	1.3%（1.1%〜1.4%）
第1学年	9.8%（8.7%〜10.9%）	7.3%（6.5%〜8.3%）	4.5%（3.9%〜5.3%）	1.5%（1.1%〜1.9%）
第2学年	8.2%（7.3%〜9.2%）	6.3%（5.6%〜7.1%）	3.8%（3.2%〜4.5%）	1.5%（1.1%〜2.0%）
第3学年	7.5%（6.6%〜8.4%）	5.5%（4.8%〜6.3%）	3.3%（2.8%〜3.9%）	1.0%（0.7%〜1.3%）
第4学年	7.8%（6.9%〜8.8%）	5.8%（5.0%〜6.6%）	3.5%（2.9%〜4.2%）	1.2%（0.9%〜1.7%）
第5学年	6.7%（5.9%〜7.7%）	4.9%（4.2%〜5.7%）	3.1%（2.6%〜3.7%）	1.1%（0.9%〜1.5%）
第6学年	6.3%（5.6%〜7.2%）	4.4%（3.8%〜5.1%）	2.7%（2.2%〜3.3%）	1.3%（1.0%〜1.7%）

注：A）学習面で著しい困難を示す、B）「不注意」又は「多動性－衝動性」の問題を著しく示す、C）「対人関係やこだわり等」の問題を著しく示す。
出典：図表22-2と同じ、6頁をもとに作成

年は9.8％と高い割合を示しました。この結果からも、小学校、特に第1学年においては学級の約10％が発達障害の疑いがあることがわかり、早期からの発達障害への支援が必要です。

第4章　子どもの精神保健

図表22-4 質問項目に対して担任教員が回答した内容から、知的発達に遅れはないものの学習面、各行動面で著しい困難を示すとされた児童生徒の男女別集計

	推定値 （95%信頼区間）			
	学習面又は行動面で 著しい困難を示す	A	B	C
男子	9.3% （8.9%～9.8%）	5.9% （5.6%～6.3%）	5.2% （4.8%～5.5%）	1.8% （1.7%～2.1%）
女子	3.6% （3.3%～3.8%）	2.9% （2.7%～3.2%）	1.0% （0.9%～1.1%）	0.4% （0.3%～0.5%）

注：A）学習面で著しい困難を示す、B）「不注意」又は「多動性－衝動性」の問題を著しく示す、C）「対人関係やこだわり等」の問題を著しく示す。
出典：図表22-2と同じ、5頁をもとに作成

2．発達障害

　「発達障害」とは、「自閉症、アスペルガー症候群その他の広汎性発達障害、学習障害、注意欠陥多動性障害その他これに類する脳機能の障害であってその症状が通常低年齢において発現するものとして政令で定めるもの」と定義されています（「**発達障害者支援法**[*]」第2条第1項）。

1　自閉スペクトラム症

①特徴[†1、2]

　自閉スペクトラム症[*]（Autism Spectrum Disorder：ASD）は、3歳くらいまでに診断され、子どもの約1%にみられ、男子のほうが多いです。DSM-5の自閉症スペクトラム障害の診断基準は、以下の通りです。

> ①対人的コミュニケーションおよび相互関係における持続的障害：視線が合わない、指差しをしない、ごっこ遊びをしない、一人遊びを好む、他の子どもに興味を示さない、言葉の遅れがある、自分の気持ちをうまく表現できない、一方的にしゃべる、など
> ②限局された反復する様式の行動、興味、活動：予定が変わると混乱する、自分のルールにこだわる、など
> ③感覚の異常
> 　視覚：数字の羅列にひきつけられる、光るものやキラキラしたものが好き

✳ 用語解説

「発達障害者支援法」
2004（平成16）年に施行、発達障害者を総合的に支援することを目指す法律であり、できるだけ早期に発達支援を行うことが特に重要であることや、発達支援を国や自治体、国民の責務であると定めている。

自閉スペクトラム症
自閉症と共通の特性をもつ。スペクトラムは連続体という意味。

▶ 出典

†1　原仁『最新子どもの発達障害事典DSM-5対応』合同出版、2014年

†2　森則夫『臨床家のためのDSM-5虎の巻』日本評論社、2014年、37-42頁

聴覚：機械音・騒音が苦痛

味覚：極端な偏食、特定の食感

痛覚：注射処置などへの極端な過敏、けがをしても気がつか
　　　ない

触覚：人に触られることが嫌い　など

　ほかにも、協調運動の障害（歩行や姿勢のぎこちなさ、不器用さ）、偏食、睡眠障害、知的障害、てんかん、チック障害、学習困難、物事を全体でとらえにくく細部にこだわる、聞くより見るほうが得意などの特徴があります。

②対応方法

1）見通しの立つ環境をつくりましょう

　行動のパタン化を好み、予定の変更は苦手です。そのため、場面の意味や予定がわかるように教えてあげると安心して行動することができます。また、目で見て理解することが得意なために、見通しをもたすよう、一日の日課や予定の変更を関連する物や絵・写真カードで提示しましょう。自閉傾向が強いほど、具体的なものを使いましょう。

2）言葉かけは端的にしましょう

　情報が多いと混乱しやすく、抽象的であいまいなことを理解するより、具体的なことを理解するほうが得意です。指示は具体的な言葉を使い、一つずつ順番に行いましょう。また、肯定的な表現を使用しましょう（○○してはダメ→△△します）。写真、絵カードなどを利用するのもよいでしょう。

3）たくさんほめましょう

　発達障害の子どもたちは、怒られる経験が多いため**自尊感情**[*]は低いです。自尊感情を育てるためにも、成功したときにはたくさんほめましょう。また、好奇心や知識欲が旺盛で、好きなことには熱中して取り組める、独自の分野に豊かな知識がある子どもたちです。得意なことをほめてのばすことも大切です。ほめられることは興味の幅を広げる手助けになります。ほめられることで自信がつき次の行動への原動力につながります。さらに、スモールステップで、目標や課題の達成しやすいものから「できた」という達成感を感じさせて、取り組む意欲を高めることも大切です。

4）独特な感覚に配慮しましょう

　刺激に対しては、慣れるのを期待するのではなく、刺激をやわらげる方法を考えましょう。音過敏に対しては、耳栓を使うことも有効です。

✳ 用語解説

自尊感情
自分は大切な存在で、自分は自分のままでよいという感情。

5）感情コントロールへの配慮をしましょう

　感情をコントロールすることが苦手です。パニックを起こしたときには、落ち着くのを待ちましょう。パニックがおさまったら、話を聞きましょう。本人の得手・不得手なことやリラクゼーションできる方法を理解しておくことが重要です。また、保育者はパニックが起きてもあせらないことが大切です。

▌2▐　注意欠陥多動性障害

①特徴

　注意欠陥多動性障害（Attention deficit hyperactivity disorder：ADHD）は、「年齢あるいは発達に不釣り合いな注意力、及び／又は衝動性、多動性を特徴とする行動の障害で、社会的な活動や学業の機能に支障をきたすものである。また、7歳以前に現れ、その状態が継続し、中枢神経系に何らかの要因による機能不全があると推定される（文部科学省）」と定義されています。多くの子どもたちはさまざまな経験のなかから、自分自身をコントロールすることを学び、場面に合った行動ができるようになります。幼少期は元気で活発な子どもという印象で診断されにくいことが多いですが、年齢が上がるにつれて、年齢相応の落ち着きがみられなくなり診断に至るケースが多いです。具体的には、不注意（簡単に気が散る、忘れ物をする、集中できない、物をなくす）、多動性（落ち着きがない、じっとできない、しゃべりすぎ、手足がいつも動いている）、衝動性（考える前に行動する、質問が終わる前に答える）の症状があります。集団生活が始まる3〜4歳頃に明らかになり、約3〜7％にみられ、男子に多いです。周囲から怒られることが多く、友だちに嫌われたりいじめられるため、自尊感情は低く、すぐにあきらめてしまったり、さらに落ち着きをなくすなどの問題行動を起こし悪循環になります。

②対応方法

　気が散りやすいためできるだけ刺激の少ない（物や色味の少ない）環境を整えます。集中力が途切れやすいため、指示を出すときは、短く簡潔に、具体的にします。ひとつの指示がクリアできたら次の指示を出します。たとえば、「赤色の鉛筆を1本、持ってきてください。次に、赤色の鉛筆で大きな円を書きましょう」という指示の出し方をしましょう。また、課題ができたときにはすぐにほめましょう。**「がんばり表**[*]」を作成することで行動の動機づけになり、視覚的にも成功していく自分の自信につなげることができます。一方、子どもが気を引くために起こす問

✲ 用語解説

がんばり表

課題をするためのモチベーションを維持させるために、日付と課題を書いた表で、実際に課題を実行できた日は花丸をつけたりシールを貼ったりする。これが励みになって続けられるようになる。

題行動には注目しないという悪い行動を強化させないことも大切です。保護者に対しては、ペアレントトレーニングによる指導を行い、家庭でも実践してもらうことが有効です。また、薬物療法によって、気持ちを落ち着かせることも有効な場合があります。専門医へ相談してみましょう。

3　アスペルガー症候群

　ASDのなかで、知的発達の遅れはともなわず、言語や認知の発達に遅れがない症状をいいます。しかし、表情などから相手の意図や感情を読み取ることが難しく、人との関わりやコミュニケーションの質に大きな課題があります。言葉の遅れがなく知的にも問題はありませんが、その場の空気を読めず不適切な行動や発言をしてしまうため、周囲の誤解を受けやすく対人関係でトラブルになることが多いです。

4　学習障害

　学習障害（Learning disorders：LD）とは、「基本的には全般的な知的発達に遅れはないが、聞く、話す、読む、書く、計算する又は推論する能力のうち特定のものの習得と使用に著しい困難を示す様々な状態を指すものである。学習障害は、その原因として、中枢神経系に何らかの機能障害があると推定されるが、視覚障害、聴覚障害、知的障害、情緒障害などの障害や、環境的な要因が直接の原因となるものではない（文部科学省）」と定義されています。算数が苦手なため本人の努力が足りない、など見逃されることが多いです。また、集中力や注意力が弱い、不器用さがみられる場合があります。

　対応は、子どもの能力に応じた課題を設定し、意欲を落とさないようにしましょう。子どもが興味をもてる内容にすることが重要です。

演 習 課 題

①発達障害について、それぞれの特徴をまとめましょう。
②自閉スペクトラム症の子どもへの対応について、まとめましょう。
③注意欠陥多動性障害の子どもへの対応について、まとめましょう。

レッスン23

発達障害の子どもの支援

本レッスンでは、前項で学んだ子どもの発達障害について、さらに理解を深めるために、具体的な支援について学びます。発達障害は早期発見、早期介入が大切です。そのためにも、乳幼児健康診査を受けることや、ペアレントトレーニングやソーシャルスキルトレーニングなどの適切な介入が必要になります。

▶**出典**

†1　森瞳子・古藤雄大・藤原彩子「自閉症スペクトラムの子どものための予防接種絵カードの有用性に関する検討（第1報）」『小児保健研究』74（2）、2015年、240～246頁

1．発達障害児への視覚支援[†1]

　発達障害児は耳から聞く情報より、目で見るほうが理解しやすい特徴があります。そのため、発達障害児へは、いろんな場面で視覚ツールを使用することが有効です。視覚ツールの作成においては、4つのことがポイントになります。

（1）情報量をできるだけ減らして単純な内容にする

　情報量を多くすると、視覚刺激が強すぎてどこに注目してよいか理解が困難になり、絵の内容とは異なる細かいところに注目します。そのため、できるだけ情報を減らし、シンプルな内容にすることが大切です。たとえば、背景は余計な飾りをなくしたり、表情は記号のようにシンプルにし、言葉はできるだけ短くします。

（2）素材や色、人物の表情などから、ツールの意図と異なる刺激が発生しないように工夫する

　同様に情報量が多いことにより、作り手が注目してほしいところとは異なるところに注目する可能性があります。

（3）場所や人、使用器具を具体的に表現する

　抽象的なところがわかりづらいため、たとえば、使用する道具や場所は、できるだけ実物に近づけるよう詳細に描きます。

（4）「始まり」や「終わり」が明確に伝わるように工夫する

　「始まり」「終わり」という概念が明瞭ではないため、たとえば、絵カードの最後に「おしまい」と言葉のみのカードを入れましょう。

　またこのような視覚ツールを使用する際には、子どもが理解できる範囲に情報量を調整しながら、正しく伝わっているかを確認しつつ説明を行うなどの工夫が必要です。提示する情報量やツール使用のタイミング

図表 23-1 予防接種絵カード（一部抜粋）

出典：森瞳子・古藤雄大・藤原彩子「自閉症スペクトラムの子どものための予防接種絵カードの有用性に関する検討（第1報）」『小児保健研究』74（2）、2015年、240-246頁および森瞳子・古藤雄大・藤原彩子「自閉症スペクトラムの子どものための予防接種絵カードの使用上の工夫に関する検討（第2報）」『小児保健研究』74（4）、2015年、549-555頁をもとに作成

は、子どもたちの個々の理解力や特性に応じた工夫が必要です（図表23-1）。

2. ペアレントトレーニング

ペアレントトレーニングは、発達障害児や子どもの養育で多くの悩みと困難さを抱えている保護者対象のプログラムで、1970年代からアメリカを中心に発展し、世界中で広く用いられています。近年はわが国でも、多くの自治体などでの取り組みが始まっています。発達障害の知識を得て、子どもへの適切な関わりを学び、実践します。毎回決まったテーマをグループで学びながら、家庭でも宿題として実施することで習得していきます。子どもの行動変容、すなわち好ましい行動を増やし、好ましくない行動を減らすための技術を保護者が習得することが目的です。

第 4 章　子どもの精神保健

　子どもの行動観察を大きく 3 つに分け、一貫した対応をします。①増やしたい行動には「ほめる」、②減らしたい行動には「無視」、③なくしたい行動には「制限」があります。

　発達障害児は、今までたくさん周囲の大人から叱られたため、自尊感情は低いです。そのため、できるだけ上手に子どもたちをほめることが大切です。その方法としては、**子どもと目を合わせて、子どものそばで、同じ目の高さで、微笑み、嬉しそうに、頭や肩に触れて、よい行動をし始めたとき、最中または直後、努力が持続できているときに、具体的に、**言葉で伝えます。子どもたちはほめられることで自信をもち、次の行動につなげることができます。

3．ソーシャルスキルトレーニング

　ソーシャルスキルとは、人間関係や集団行動を上手に営んでいくために必要な技術です。子どもが人と関わるなかで自分に自信をつけていくグループで行うプログラムで、ゲームや運動を通して、集団に上手に参加するスキルを身につけます。会話の仕方や相手の気持ちを知る方法など、子どもに具体的に提示し、実際の場面で実施できるような体験型の学習方法です。

　ソーシャルスキルの指導技法は、以下の通りです。
　①直接、言語や絵カードで教える「教示」
　②見て学ぶ「モデリング」
　③やってみる「リハーサル」
　④振り返る「フィードバック」
　⑤どんな時、どんな場、どんな人でもできるようにする「般化」

　一般的には、1〜2 時間の指導で、始まりの会（あいさつ、出席、近況報告など）、ウォーミングアップゲーム（簡単にみんなで楽しめるもの）、ソーシャルスキルの課題（テーマに沿った学ぶべき課題）、運動遊びや集団遊び（グループで楽しく遊べる活動、スキルを実践できる活動）、終わりの会（クールダウン、振り返り、あいさつ、宿題）といった流れになります。

4．乳幼児健康診査

発達障害児の問題行動や症状に対して、保育者はどのような対応をすればよいでしょうか？

発達障害は、**早期発見、早期介入**が重要とされています。早く子どもの課題を理解し、その支援方法を専門家と保護者が考え対応することで、子どもが快適な社会生活を送ることができると考えます。そのためにも、早めに専門家の指導を受けることが大切になります。

早期発見するために重要となるのが**乳幼児健康診査**になります。現在の乳幼児健康診査は、多くの市町村で「3～4か月児健康診査」「1歳6か月児健康診査」「3歳児健康診査」が実施されています。特に発達障害の早期発見につなげる「社会性の発達」「言葉の発達」を評価する**「1歳6か月児健康診査」**と**「3歳児健康診査」**は重要な健康診査になります。そこで、何らかの課題や問題がある場合には、発達検査や発達相談を受けたり、専門医への受診や療育機関へ紹介されます。

また、最近では就学前の「**5歳児健康診査**」の導入が推奨されています。3歳児健康診査で軽度発達障害児の問題点に気づくことには限界があり、5歳児健康診査では軽度発達障害の発見に有用であることが示されています。5歳児健康診査は通常、保育所・幼稚園・認定こども園の年中児が対象になるため、就学までの1～2年の間に、ていねいな指導や就学先の検討がされ、発達障害など支援が必要な子どもへは小学校への特別支援教育につなげることができます。しかし、実施されている市町村はまだ少ない状況です。

発達障害児の早期発見・支援のためには、乳幼児健康診査が重要な機能を果たしています。全国どこで健診を受けても同様の支援を受けることができるような健診システムおよび支援体制の整備が望まれます。そのためにも、保護者、保育所、医療、公的機関などの連携が必要になります。

5．医療機関との関わり

発達障害の診断は小児科や児童精神科で行われます。子どもの面接や小さい頃の様子を保護者から確認したり、保育所や幼稚園、認定こども園などの集団生活や家庭での情報を基に行います。薬物療法では、

ADHDでは神経伝達物質のバランスを整える薬が処方されたり、また睡眠や夜尿についても相談することができます。

演 習 課 題

①発達障害のある子どもへ、手洗いに関する視覚ツールを作成してみましょう。

②1歳6か月、3歳の乳幼児健康診査の検査項目についてまとめましょう。

③5歳児健康診査を実施している市町村と検査項目について調べてみましょう。

レッスン**24**

子ども虐待

本レッスンでは、子ども虐待の現状や特徴、子ども虐待の発見と介入方法、子ども虐待に関係する機関を学びます。保育所は、子どもへの養護的な関わりや教育的な指導が行われます。また地域の保護者に対する子育て支援の場でもあります。子育てを行っている保護者への相談援助などの支援をすることで、虐待の防止に寄与しています。

1．子ども虐待とは

　子ども虐待は、身体的虐待、性的虐待、心理的虐待、ネグレクトの4種類に分けられます。

1　身体的虐待

　子どもの身体に外傷が生じ、または生じる恐れがある暴行を加えることです。殴られる、蹴られる、タバコの火を押し付けられる、首を絞められる、乳幼児ゆさぶられ症候群などがあります。繰り返される事故や不自然な体の傷、腕・太ももの内側・おなかの柔らかい部分の傷、顔や頭の傷、境界線が明瞭な熱傷などがみられます。

○乳幼児ゆさぶられ症候群（Shaken Baby Syndrome）

　赤ちゃんをつかんで激しくゆさぶると、脳に衝撃が加わって頭蓋内出血と眼底出血を起こします。乳幼児は頭が重く首の筋肉が弱いので頭を自分の力で支えることができず、頭蓋骨と脳の間にずれが生じ血管が切れて脳出血を起こします。重い後遺症を残したり、死亡する場合もあります。赤ちゃんが泣きやまないことに保護者が腹を立て追い詰められることがきっかけで起こります。

症状……元気がなくなる、機嫌が悪くなる、うとうとする

重症例……けいれん、手足の麻痺、呼吸困難、意識障害、**昏睡***

2　性的虐待

　子どもにわいせつな行為をすること、子どもをしてわいせつな行為をさせることです。性交を強要される、体の一部を触られる、性交場面やポルノ、性器を見せられるなどがあります。

　性的虐待を受けた子どもには、性器に触れられることによる性感染症

⧆ **用語解説**

昏睡
意識が完全に消失して、外部から刺激が加えられても反応がない状態のことをいう。

や妊娠、年齢不相応な性的言動、低年齢では性的な質問などのような特徴がみられます。

3　心理的虐待

　子どもに対する著しい暴言または著しく拒絶的な対応、子どもが同居する家庭における配偶者に対する暴力やその他の子どもに著しい心理的外傷を与える言動を目撃することです。言葉の暴力、無視される、恐怖を与えられる、きょうだいと差別されるなどがあります。

4　ネグレクト

　子どもの心身の正常な発達を妨げるような著しい減食または長時間の放置など、保護者としての監護を著しく怠ることです。子どもの健康や安全への配慮を怠る（家に閉じ込める、病気になっても受診させない、車の中に放置する）、食事・衣服・住居が極端に不適切で健康を損なうほどの無関心や怠慢があります。

　ネグレクトの子どもには、低身長や低体重、発達の遅れ、表情の乏しさ、園での過剰な食欲、不十分な生活習慣（汚い服装、虫歯、予防接種を受けていない）、長期の無断欠席などの特徴があります。

2．子ども虐待の現状

1　子ども虐待相談対応件数

　全国の児童相談所での子ども虐待に関する相談対応件数は、「児童虐待の防止等に関する法律（児童虐待防止法）」施行前の1999（平成11）年度に比べ、2016（平成28）年度は10.5倍に増加しました（図表24-1）。

　虐待の種類別では、2016年度は**心理的虐待**が最も多く身体的虐待を上回っています[1]。心理的虐待が増加した要因として、配偶者に対する暴力（DV）を目撃した子どもとして、警察からの通告が増加したからです。また、児童相談所全国共通ダイヤルの3桁化（189）の広報や、マスコミによる子ども虐待の事件報道等により、国民や関係機関の子ども虐待に対する意識が高まったことにともなう通告の増加といわれています。

2　虐待の特徴

　家庭内で起こることが多いため発見が難しいです。また、子どもが幼

▶**出典**

†1　厚生労働省「平成28年度児童相談所での児童虐待相談対応件数（速報値）」2016年

図表 24-1 子ども虐待相談の対応件数の推移

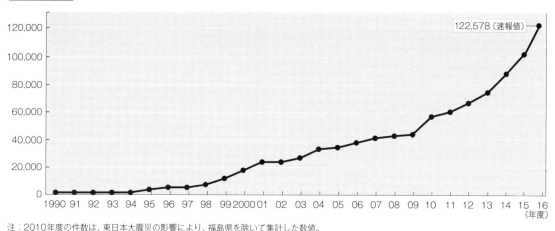

注：2010年度の件数は、東日本大震災の影響により、福島県を除いて集計した数値。
出典：厚生労働省「平成28年度児童相談所での児童虐待相談対応件数（速報値）」2016年、厚生労働省「平成27年度福祉行政報告例の概況」2016年をもとに作成

いほど虐待の被害は大きいです。出産直後から6か月未満児を抱える母親の精神的不安、**産後うつ病**[*]は、虐待発生の要因の一つとしてあげられます。そのため、早期発見、早期対策と、子育てを相談する機会を設けることが必要です。

①子どもの虐待を疑わせる保護者の言動

子どもの虐待を疑わせる保護者の言動を以下にあげました。保育所や幼稚園、認定こども園でこのような言動がみられた場合は、注意深く観察し、早期介入につなげましょう。

- 子どもの扱いが乱暴で冷たい。
- 不自然で内容が二転三転する説明。
- 母子健康手帳の未記入。
- 子どもの発達に関するあいまいな叙述。
- 予防接種や乳幼児健診の未受診。
- 医療関係者に対する挑発的態度や被害的態度。
- 医師の指示に従わない。
- 母親やきょうだいの不自然な傷。
- 子どもとの不自然な関係（密着している、ひどく怖がる、視線が合わない）。
- 保護者自身が子どものときに虐待されていた経験がある（虐待の連鎖）。
- 自己評価が低い。

用語解説

産後うつ病
産後1～2週間から数か月以内に発症し、頻度は10～20％。症状は、抑うつ気分、興味や喜びの消失、意欲の減退、易疲労感、食欲不振、睡眠障害、思考・集中力の低下、無価値観、強い自責感など。これらの症状が2週間以上持続し、生活に支障をきたす場合は診断にいたる。

第 4 章　子どもの精神保健

- 自身の高い攻撃性を抑制できない。
- 自分や周囲への要求水準が高い。
- 望まない結婚、妊娠、出産。
- 両親ともに未熟、若年出産。
- 夫婦の不仲。
- 経済的問題。
- 保護者の親族や友人関係が希薄で支援が得られない。
- 精神疾患（人格障害、うつ病、統合失調症、知的障害、アルコール・薬物依存症）。

② 0歳児虐待

　虐待による死亡事例は、0歳児が多くの割合を示しています。2014（平成26）年度に把握した0歳児の心中以外の虐待死事例は、27人で約6割を占めており、0日・0か月児事例は15人で半数以上を占めています。虐待を行った加害者はすべて実母で、実父が単独の加害者となる事例は非常に少ない傾向でした。虐待の類型は、「ネグレクト」が8人（53.3%）、「身体的虐待」が5人（33.3%）でした。実母の妊娠期の問題については、「望まない妊娠／計画していない妊娠」と「妊婦健康診査未受診」がそれぞれ14人（93.3%）でした。実父の状況は「いない」が3人（20.0%）、「不明」が5人（33.3%）でした[2]。

　0歳児は他の年齢の子どもに比べ、生後間もないことから、より多くの注意と支援が必要になります。0歳児虐待死はその未然防止が最も困難な対象です。生まれたその日から、すなわち妊娠〜周産期からの対応を開始する必要があります。そのため妊娠期、周産期からの母子保健における支援の充実、特に未受診妊婦と飛び込み出産への早期対応が重要になります。現在は、諸事情のために育てることのできない新生児を親が匿名で特別養子縁組をするための施設で、熊本県の慈恵病院にある「こうのとりのゆりかご」や、望まない妊娠により悩みを抱えている人のための相談窓口である「妊娠SOS電話相談」があります。

▶ **出典**
[2]　社会保障審議会児童部会児童虐待等要保護事例の検証に関する専門委員会「子ども虐待による死亡事例等の検証結果等について（第12次報告）」2016年9月、http://www.mhlw.go.jp/stf/seisakunitsuite/bunya/0000137028.html

3．子ども虐待の発見と介入

　虐待が疑われているとき、話ができる子どもの場合は、安心できる環境を工夫して、子どもから話を聞きます。子どもが話せない場合は、言動や表情、身体症状を観察し、保育者が上司と一緒に把握します。上司

レッスン24　子ども虐待

と情報共有して、担当者が一人で抱え込まないようにします。虐待を発見した場合は、児童相談所、都道府県の設置する福祉事務所、市町村への通告義務があります。また、医師や看護職、学校の教職員、保育施設の保育者、児童福祉施設の職員は、子どもの虐待の早期発見に努めなければいけません。

　児童相談所は速やかに子どもの安全確認を行います。子どもの状況観察や嘱託医による子どもの診察をし、低体重や外傷がある場合は一次的な保護の目的で病院に入院したり、児童相談所で一時保護したりします。保護者の承諾がなくても、児童相談所の権限で一時保護が可能です。子どもが家庭での生活が困難と判断された場合は、児童養護施設、障害児施設などの児童福祉施設に入所させたり、里親に委託したりします。在宅で生活が可能と判断された場合は、保護者が児童相談所からの定期的指導が必要になります。保護者を含めた家族全体への援助が必要なので、保育者や園だけで抱え込まず、児童相談所などの専門機関と連携しながら対応しましょう。

4．子ども虐待に関係する機関と法律

1 子ども虐待に関係する機関の役割

　子ども虐待に関係する機関には次のようなものがあり、これらの機関の関係者が定期的に集まり、虐待ケースの経過を確認したり、介入の効果を判断しながら支援計画を調整します。

　児童相談所……虐待対応の中心
　要保護児童対策地域協議会や児童虐待防止ネットワーク……市町村での支援継続のため、保健・福祉・医療・教育・警察・司法等多職種で構成
　保健センター……乳幼児健診や保健師の家庭訪問で母親の育児支援
　病院・診療所……身体的虐待、ネグレクト等の発見や重症例の入院治療
　保育所・幼稚園・認定こども園・学校……子ども虐待の発見の場

155

第4章　子どもの精神保健

☑ 法令チェック
「児童福祉法」第25条
要保護児童を発見した者は、これを市町村、都道府県の設置する福祉事務所若しくは児童相談所又は児童委員を介して市町村、都道府県の設置する福祉事務所若しくは児童相談所に通告しなければならない。ただし、罪を犯した満14歳以上の児童については、この限りでない。この場合においては、これを家庭裁判所に通告しなければならない。

☑ 法令チェック
「児童虐待の防止等に関する法律」第6条
児童虐待を受けたと思われる児童を発見した者は、速やかに、これを市町村、都道府県の設置する福祉事務所若しくは児童相談所又は児童委員を介して市町村、都道府県の設置する福祉事務所若しくは児童相談所に通告しなければならない。

✳ 用語解説
要保護児童対策地域協議会
虐待を受けた子どもに対する市町村の体制強化を固めるため、児童相談所と協力して、関係機関が連携を図り子ども虐待への対応を行うために設置された。

✳ 用語解説
母子健康手帳
子どもの成長や育児の記録、妊婦健診が公費で受けられる。

参照
乳児家庭全戸訪問事業
→レッスン29

♣ 補足
乳幼児健康診査
「母子保健法」に基づき市町村は乳幼児の健康診査を行う。
→レッスン29

2　児童虐待に関する法律

　1933（昭和8）年、「児童虐待防止法」が制定され、子どもに対する虐待行為が禁止されました。その後「児童福祉法」にその内容が取り入れられ、「児童虐待防止法」は廃止されました。

　2000（平成12）年当時、子ども虐待が社会問題になり「児童虐待の防止等に関する法律」が制定されました。その後2004（平成16）年には、虐待件数の増加により、市町村に**要保護児童対策地域協議会***が設置されました。

5．子ども虐待の予防

1　母子健康手帳の交付

　「母子保健法」に規定されている妊娠の届け出をした者に対して、**母子健康手帳***が交付されます。妊娠の届け出が非常に遅かったり、妊婦健診の受診回数が非常に少ない場合は注意しましょう。

2　乳児家庭全戸訪問事業（こんにちは赤ちゃん事業）

　生後4か月までの乳児のいるすべての家庭を訪問し、さまざまな不安や悩みを聞き、子育て支援に関する情報提供等を行うとともに、親子の心身の状況や養育環境等の把握や助言を行い、支援が必要な家庭に対しては適切なサービス提供につなげます。乳児のいる家庭と地域社会をつなぐ最初の機会とすることにより、乳児家庭の孤立化を防ぎ、乳児の健全な育成環境の確保を図るものです。産後うつ、DVなどの虐待のリスクのある家庭を把握しています。

3　乳幼児健康診査

　乳幼児健康診査は、母子保健事業のなかで虐待の早期発見や予防の重要な機会となっています。社会資源や行政サービスの利用を促進し、育児不安や養育困難を的確に把握し、早期からの支援につなげることができれば子ども虐待の軽減につながります。その受診率の推移は年々増加しています。特に乳幼児健診未受診者は何らかの育児困難な状況であり、虐待のハイリスク家庭と考えられるため、家庭訪問などの積極的なアプローチを行っています。

156

図表 24-2　オレンジリボンマーク

4　啓発活動

啓発活動には、オレンジリボン運動、電話相談、保護者の自助グループなどがあります。オレンジリボン運動とは、子ども虐待防止のシンボルとしてオレンジリボンマークを広めることで、子ども虐待問題に関心をもち、虐待防止に理解を深めてもらおうという活動です（図表24-2）。

5　保育者の役割

社会状況の変化による子育て環境を理解し、虐待や不適切な養育環境の子どもや保護者と接する機会をもっていることを念頭において関わりましょう。子ども虐待への対応は緊急を要する場合もあり、子どもの身の安全に最大限の注意を払う必要があります。日頃から保護者と子どもの問題点を見極め、必要な支援の内容を明確にしましょう。そのためにも保護者との信頼関係をつくり、ともに歩む姿勢でのぞみましょう。正しい指導や助言であっても、そのときの状況にあっていなければ、保護者との関係悪化につながることもあります。押し付けにならないよう受容的な態度で接し、育児困難な状況があれば共感的な態度も必要です。

演習課題

①子ども虐待相談対応件数が増加している要因について、まとめましょう。
②子ども虐待が疑われる子どもへの対応について、まとめましょう。
③子ども虐待が疑われる保護者への対応について、まとめましょう。

参考文献‥‥

レッスン20
　小林陽之助　『子どもの心身症ガイドブック』　中央法規出版　2004年
　清水凡生編　『小児心身医学ガイドブック』　北大路書房　2003年
レッスン22
　大阪府福祉部障がい福祉室　「ええやんちがっても──広汎性発達障がいの理解のために」
　　2013年　http://www.pref.osaka.lg.jp/keikakusuishin/kankou/eeyan-tigattemo.html

---

おすすめの１冊

永井利三郎　『発達障害の子どもの理解と関わり方入門──広汎性発達障害・ADHDの
幼児期から学童期の支援』　大阪大学出版会　2010年
幼児期から学童期の子育て支援にたずさわる保育者が、広汎性発達障害やADHDな
どの発達障害の子どもの特徴や支援プログラム、アセスメント・診断、評価など、具体的
な支援策までをくわしく学ぶことができる一冊。

コラム

子ども虐待による死亡事例等を防ぐためのリスクとして留意すべきポイント

　子ども虐待による死亡事例等を防ぐためのリスクとして留意すべきポイントを、保護者の側面および子どもの側面、生活環境等の側面、援助過程の側面ごとにまとめました。

保護者の側面

　○ 妊娠の届出がなされておらず、母子健康手帳が未発行である。
　○ 妊婦健康診査が未受診である、または受診回数が極端に少ない。
　○ 関係機関からの連絡を拒否している（途中から関係が変化した場合も含む）。
　○ 望まない妊娠／計画していない妊娠。
　○ 医師、助産師の立会いなく自宅等で出産した。
　○ 乳幼児健康診査や就学時の健康診断が未受診である、または予防接種が未接種である（途中から受診しなくなった場合も含む）。
　○ 精神疾患や強い抑うつ状態がある。
　○ 過去に自殺企図がある。
　○ 子どもの発達等に関する強い不安や悩みを抱えている。
　○ 子どもを保護してほしい等、保護者が自ら相談してくる。
　○ 虐待が疑われるにもかかわらず保護者が虐待を否定。
　○ 訪問等をしても子どもに会わせない。
　○ 多胎児を含む複数人の子どもがいる。

子どもの側面

　○ 子どもの身体、特に、顔や首、頭等に外傷が認められる。
　○ 一定期間の体重増加不良や低栄養状態が認められる。
　○ 子どもが保育所等に来なくなった。
　○ 施設等への入退所を繰り返している（家庭復帰後6か月以内の死亡事案が多い）。
　○ きょうだいに虐待があった。

第 4 章 子どもの精神保健

コラム

生活環境等の側面

○ 児童委員、近隣住民等から様子が気にかかる旨の情報提供がある。

○ 生活上に何らかの困難を抱えている。

○ 転居を繰り返している。

○ 孤立している。

援助過程の側面

○ 関係機関や関係部署が把握している情報を共有できず得られた情報を統合し虐待発生のリスクを認識できなかった。

○ 要保護児童対策地域協議会（子どもを守る地域ネットワーク）における検討の対象事例になっていなかった。

○ 家族全体をとらえたリスクアセスメントが不足しており、危機感が希薄であった。

○ スクリーニングの結果を必要な支援や迅速な対応に結びつけていなかった。

出典：社会保障審議会児童部会児童虐待等要保護事例の検証に関する専門委員会「子ども虐待による死亡事例等の検証結果等について（第 12 次報告）」2016 年 9 月、http://www.mhlw.go.jp/stf/seisakunitsuite/bunya/0000137028.html

第5章

環境および衛生管理
並びに安全管理

本章では、保育環境とその整備や衛生管理、保育現場における事故防止・安全対策について学びます。

子どもの健康と安全を守るためには、保育者が環境整備、衛生管理、安全対策がいかに大切であるかを理解し、事故防止に努めなければなりません。

レッスン25	保育環境整備と保健
レッスン26	保育現場における衛生管理
レッスン27	保育現場における事故防止および安全対策並びに危機管理

レッスン**25**

保育環境整備と保健

「環境」という言葉は、「保育所保育指針」においても繰り返し登場します。「環境」は、子どもたちや私たちと切り離すことができず、健康と安全と発達に大きく関連しているからです。本レッスンでは、子どもたちの健康と安全を守るための保育環境をどのように整えるのかを学びます。

▶ 出典

†1 新村出編『広辞苑（第6版）』岩波書店、2008年

▶ 出典

†2 厚生労働省「保育所保育指針（平成29年3月31日告示）」2017年、5頁

✳ 用語解説

熱中症
高温や多湿の環境で起こる障害の総称。塩分やミネラルの不足によるけいれん、脱水を起こし、重症例では死に至ることもある。
→レッスン16

脱水
子どもは脱水に陥りやすいので早めに脱水のサインに気づき、対処することが重要である。
→レッスン14

低体温症
身体の中枢の温度が低下した状態（直腸温で35.0℃以下）をいう。この状態が持続すると細胞の機能障害が起こり、死に至ることもある。

▶ 出典

†3 文部科学省「学校環境衛生基準」2009年

1．保育環境とは何か

環境とは「四囲の世界。周囲の事物。特に人間または生物をとりまき、それと相互作用を及ぼし合うものとしてみた外界。自然的環境と社会的環境とがある†1」です。「保育所保育指針」では、「保育の環境には、保育士等や子どもなどの人的環境、施設や遊具などの物的環境、更には自然や社会の事象などがある†2」と明記されています。

2．保育環境を整備する意義

日本には四季があり、地域によっても気温差があります。私たち大人は暑さを感じれば、上着を脱ぎ、のどが渇けば水を飲み、汗をかけば汗をぬぐい、着替えることができます。子どもたちはどうでしょうか？
高温すぎる環境は**熱中症***や**脱水***を、低温すぎる環境はしもやけ、**低体温症***を引き起こします。気温だけを取ってみても、子どもの発達に応じた室温管理と衣服での調整等の援助が必要になることがわかります。

3．望ましい保育施設内での保育環境

1 保育環境を構成する要素と基準

保育施設内での保育環境を構成する重要な要素と、それらの基準についてみていきましょう†3。
①**室温**……「10℃以上、30℃以下であることが望ましい」
②**湿度**……「30%以上、80%以下であることが望ましい」

③**換気**……「二酸化炭素は、1500ppm以下であることが望ましい」

④**気流**……「0.5m／秒以下であることが望ましい」

⑤**騒音**……「教室内の等価騒音レベルは、窓を閉じているときはLAeq 50dB（デシベル）以下、窓を開けているときはLAeq55dB以下であることが望ましい」

⑥**照度**……「教室およびそれに準じる場所の照度の下限値は、300lx（ルクス）とする」

　お昼寝中の照度はもちろんこの限りではありません。

２　保育所の構造に関する規定

　保育所の各設備は子どもの数に応じた面積を確保しなければなりません。保育所の各設備に必要な面積は次の通りです[4]。

乳児または満２歳に満たない幼児を入所させる保育所

・乳児室の面積は**1.65m² ／ １人以上**であること

・ほふく室の面積は3.3m²／１人以上であること

満２歳以上の幼児を入所させる保育所

・保育室または遊戯室の面積は**1.98m² ／ １人以上**であること

・屋外遊戯場の面積は3.3m²／１人以上であること

４．保育施設内での環境整備の実際

１　環境調整

①温度・室温

　温度計・湿度計を確認しながら、適切な温度・湿度になるよう、外気温との差が5℃以内となるよう調整しましょう。**ぜんそく***の子どもの場合には、気温差が気管への刺激となり、ぜんそく発作を誘発することがあり、低温での乾燥した環境は、インフルエンザ等の感染拡大にもつながります。

　子どもたちが実際に過ごしている、床、いすやテーブルの高さの温度に留意し、子どもたちの発汗状況を観察したり、手足に触れてみたり、実際に確認するようにしましょう。夏場は風通しのよい場所に日陰をつくる工夫ができるとよいでしょう。**打ち水***も効果があります。アスファ

補足

「保育所保育指針」における環境および衛生管理

厚生労働省「保育所保育指針」（2017年）において「施設の温度、湿度、換気、採光、音などの環境を常に適切な状態に保持する」（53頁）ことと規定されている。

「学校環境衛生基準」

文部科学省「学校環境衛生基準（2009年）」では、左記に提示した項目以外にも、揮発性有機化合物（シックハウス症候群の原因物質）やダニ、アレルゲン物質量など、さまざまな環境衛生に関する項目の基準が示されている。

出典

[4]　厚生労働省「児童福祉施設の設備及び運営に関する基準」（2014年4月30日一部改正、2016年4月1日施行）

用語解説

ぜんそく

慢性の気道の炎症や気道の過敏性亢進、可逆性の気道の閉塞を特徴とし、咳、喘鳴（ヒューヒューと呼気時に音が聞こえる）、呼吸困難などの症状が起こる。

→レッスン17

打ち水

ほこりを鎮めたり暑さをやわらげたりするため、道や庭先などに水をまくこと（広辞苑第6版）。

第 5 章　環境および衛生管理並びに安全管理

ルト等の照り返しにより、低い位置にいる子どもたちのほうが高温環境に置かれていることにも留意しましょう。加湿器やエアコンを使用する際にはフィルターや水タンクの掃除、水の交換を定期的に確実に行いましょう。

②換気

　換気を行う際には、子どもに直接空気の流れが当たらないように留意しましょう。空気の流れによる体温喪失を防ぐ必要があるためです。

　保育施設の気密性が高く自然換気が少ない場合や、部屋で過ごす人数が多い場合にはより頻回な換気が必要になるでしょう。

　鉄筋コンクリート造りであれば、1 時間に 1 回程度、木造であれば 2 時間に 1 回程度の換気を行うことが推奨されています（1 回の換気に必要な時間は窓の開口、風通し等によっても異なります）。

③音・光

　お昼寝時間には、子どもたちがゆったりと入眠できるようにカーテン等を用いてまぶしくなく、静かな環境を提供しましょう。お昼寝後のすっきりとした子どもたちの笑顔は格別です。保育者同士の話し合いの声や足音にも十分配慮しましょう。

2　清掃

①床掃除

　給食の食べこぼし、尿や便、吐物などで汚染されることが一番多いのは床です。一方で子どもたちは床をハイハイしたり、床に寝そべったり、床で過ごすことが多いです。特に床掃除が重要になってくるのはこのためです。毎日掃除機をかけ、雑巾で拭きましょう。

a）アレルゲン処理

　おやつや給食の食べこぼしは、食物アレルギーの子どもが触れる前に片づける必要があります。お友だちの手や口のまわりの汚れ、服に残ったアレルゲンにも注意が必要です。重度の食物アレルギーをもつ子どもは、アレルギーを起こす物質が手や皮膚に触れるだけでも**アナフィラキシーショック***を起こすことがあるからです。

b）汚物処理

　尿、便による汚染があれば、まず子どもたちを遠ざけ、手袋を着用し、手際よく汚染を拡大しないように拭き取ります。その後消毒薬を浸した雑巾で清拭しましょう。吐物やふだんと異なる便の色（たとえば白っぽい）、臭い（酸性臭）などがあればロタウイルス等の感染性腸炎が疑われます。これらの感染源は空気中にも浮遊するので必ずマスクを着用し、

✴ 用語解説

アナフィラキシーショック

アレルギー反応により、じんましんなどの皮膚症状、腹痛や嘔吐などの消化器症状、ゼーゼー、息苦しさなどの呼吸器症状が、複数同時にかつ急激に出現した状態をアナフィラキシーという。そのなかでも、血圧が低下し意識レベルの低下や脱力をきたすような場合を、特にアナフィラキシーショックとよび、直ちに対応しないと生命に関わる重篤な状態を意味する。また、アナフィラキシーには、アレルギー反応によらず運動や物理的な刺激などによって起こる場合があることも知られている（厚生労働省「食物アレルギー・アナフィラキシー」アクセス日 2017年 9 月 24 日）。

→レッスン 16

◆ 補足

消毒薬の濃度

消毒薬使用時には、適切な濃度を守ることにより消毒効果が最大になる。

スタンダードプリコーション

感染症の有無にかかわらず、未知の感染症も予防するために、血液、よだれ、鼻水、尿、便、傷のある皮膚、粘膜（口の中）などをすべて感染源とみなし、予防策を講じることをいう。

手袋だけでなく使い捨てエプロンを着用してから処理するなど、保育者自身が感染しないよう防御しつつ処理し、消毒薬を浸した雑巾で清拭します。換気もしっかりと行いましょう。感染が疑われる吐物、便汚染物はトイレに流すかゴミ袋で2重に厳封し、廃棄しましょう。衣類は水洗いし、塩素系漂白剤で消毒したあと、ほかの洗濯物と分けて洗濯しましょう。

　換気、掃除、片づけのあとには、手洗いうがいをしっかりと行いましょう。

②水回りの掃除

　手洗い場、トイレ、沐浴・シャワー室など水回りは特に汚れやすく、細菌類が繁殖しやすい場所となります。それぞれの場所ごとに掃除用具（ブラシ、スポンジ、ほうき、雑巾など）を使い分け、掃除部位ごとに（例：便器用、床用の雑巾）を分けます。乾燥させることが雑菌の繁殖を避けることにつながるので、雑巾は乾燥させ、日光による紫外線消毒を行いましょう。

③子どもたちが触れるもの

　机、いす、棚、ベビーベッドの柵、ドアノブ、おもちゃなど子どもたちが触れるものは清拭し、ぬいぐるみは定期的に洗うか、ほこりを払い、日光に当てましょう。

　机の脚、いすの背なども子どもが触れる場所です。発達年齢によっては何でも口に入れて確認する子どもたちがいます。しっかりと清拭しましょう。

④歯ブラシ

　歯ブラシはしっかりと洗って乾燥させましょう。

⑤タオル

　タオルの共用は避けましょう。特に流行性角結膜炎などでは、タオルを介して感染が拡大してしまいます。保育者の手洗い時にはペーパータオルの使用が望ましいです。湿気を含んだタオルは細菌の繁殖の場であることを認識しておきましょう。

⑥布団、カバー、シーツ類

　布団やベッドのマットは定期的に日光に当てましょう。カバーやシーツなどのリネン類は汚れたときだけでなく、定期的に交換し、洗濯しましょう。

　吐物や便で汚染した際には、消毒後にほかのものと分けて洗濯します。

⑦園庭や室外の遊び場

　砂場は小動物の糞尿による汚染を防ぐため、利用しないときにはカ

バーをかけておきましょう。園庭の手洗い足洗い場、プール等の水回りの清掃、動物を飼育している場合には飼育小屋の清掃を定期的に行いましょう。飼育小屋の清掃時にはマスクを着用し、動物によるアレルギーをもつ子どももいるので、ゴミ袋にはしっかりと封をしておきましょう。清掃終了後、手洗いうがいをしっかりと行いましょう。

3 安全確認

　子どもたちの身のまわりに危険がないか、常に確認することが重要ですが、定期的な点検を行うことも重要です。場所ごとの確認ポイントについてみていきましょう。また保護者の理解を得て、危険なものが持ち込まれないようにすることも必要です。

①保育室内

　保育室内では、次のような点について確認します。

・子どもの誤飲につながるものがないか。

・鋭利なものがないか。

　ペンや歯ブラシ、お箸などを持ち歩き転倒した際には、大きなけがにつながります。工作等で使用するハサミは部屋内で使うことを約束し、使用後にはすぐに片づけることを徹底しましょう。

・ものはしっかりと片づけられ、落下してくるようなものはないか。

　棚の上に置かれた絵本であっても、床にいる子どもの上に落下すれば凶器となり得ます。

・床が濡れていないか。

　滑って転んでしまいます。保育者が抱っこしたまま転んでしまうことも想定されますので、掃除後の水分もしっかりと拭き取りましょう。

・子どもが指を突っ込むと抜けなくなるような隙間はないか。

・扉などの建具に故障はないか。

②廊下や階段

　廊下や階段では、次のような点について確認します。

・階段や廊下は滑りやすくないか。

　滑り止めの活用も考慮します。

・おもちゃ等が置き去りになっていないか。

　緊急時には避難通路になります。不要なものは片づけておきましょう。

③扉

　扉については、次のような点を確認します。

・子どもの指つめ防止策は講じられているか。

・子どもが自由な出入りを防止するロックは壊れていないか。

◆補足

誤飲防止ルーラー
子どもが飲み込むことができる大きさは、誤飲防止ルーラーでチェックすることができる。チェックするものを縦、横、斜めにして39mm×51mmの楕円形の誤飲防止ルーラーの穴を通過するようであれば、飲み込んだり、窒息したりする危険性がある。ペンや体温計の誤飲も発生している。

④園庭

　園庭では、次のような点について確認します。

・鋭利な小石、ガラス片などは落ちていないか。

・大型遊具のボルトやロープにゆるみはないか。

・木製遊具の木目がささくれていないか。

・金属製の遊具はさびや腐食などがないか。

・ペンキの塗り替えは必要でないか。

⑤門や塀

　門や塀については、次のような点を確認します。

・門の開閉はスムーズか。

・電子ロックや玄関モニターは正常に機能しているか。

・塀に破損はないか。

　園児が1人で外に出てしまうことは大事故へとつながります。不審者を園内に入れないためにも門や塀に破損がないか、十分に機能しているかどうか、定期的に点検しましょう。

⑥人的環境

　人的環境については、次のような点を確認します。

・子ども同士の激しいケンカが起こっていないか。

　人も環境の構成要素です。ケンカが大けがにつながることがあります。ケンカは人との関わりを学ぶ重要な出来事ですが、大ケガはないようにしたいものです。保育者の声や表情も子どもたちの保育環境の一部です。

5. 保育施設外の環境整備

　子どもたちは散歩に出かけます。何より子どもたちは自宅、地域で暮らしています。地域の生活環境、地域の公園等の子どもたちの遊び場、交通事故多発箇所の把握と周知、家族・地域・社会のなかで子どもの安全がしっかりと守られ、発達が保障されているかどうかなど保育所や幼稚園、認定こども園の外にも目を向けていきましょう。

　家庭環境はどうでしょう。保護者との信頼関係は十分に構築されていますか。保護者の疲労はどうでしょう。保護者は育児を楽しめているでしょうか。

　経済的に困窮していませんか。保護者は祖父母や地域から必要なサポートを受けることができていますか。いざというときSOSを出せそうですか。

保育環境とは、人、動物、生物、物、自然、社会、時間、空間、すなわち人的環境、物的環境、自然・社会環境などその子どもが生きる世界すべてのことを指しています。みなさんが関わる対象は子どもと家族ですが、子どもの保健にかかる保育環境整備の対象は、このような拡がりをもっているのです。

演 習 課 題

①みなさんが過ごしている場所（教室、廊下、階段、トイレ、運動場、アスファルト舗装がなされている場所等）の温度、湿度を計測してみましょう。大人が過ごしている高さと、子どもが過ごしている高さ、床や地面付近の値を比べてみましょう。

②①で調べたみなさんが過ごしている場所に、子どもにとって危険な個所や物があるか考え列挙し、それぞれの改善策や安全対策について話し合いましょう。

③みなさんが起床してから就寝するまでに行っていることを列挙してみましょう。子どもの発達段階を設定し、その子どもが一日を過ごすために必要な物、援助と援助の具体策を書いてみましょう。

レッスン**26**
保育現場における衛生管理

子どもたちの発達を保障するためには、まず子どもたちが健康であることが必要です。生活の場である施設内を衛生的に整え、子どもたちを感染源から守り、感染症発生時に感染拡大を防止するための方法を一緒に学んでいきましょう。

1. 疾病予防のための管理

1　毎日の衛生管理

　毎日定期的に清掃を行い、ほこりや汚れを除去することで衛生的な環境を維持します。日常的な清掃時の消毒薬使用の必要性は否定されてきています。消毒薬は万能ではなく、人体への毒性や環境への負荷がかかることだけでなく、耐性菌が生じる原因となるからです。感染症発症時には適切な消毒薬を使用します。さらに食事前、おやつ前、トイレ後、散歩や外遊びから部屋に戻るときなどの手洗いを徹底しましょう。

2　感染と感染症発症の違い

　子どもたちの感染症を防ぐことが、子どもたちの健康維持にとって重要です。感染症（たとえば溶連菌感染症）から慢性的な疾患（腎炎）につながることがあります。感染とは病原体が体内に侵入し、増殖することです。病原体が体内に侵入しても**免疫***による抵抗力が十分に発揮され、病原体の増殖が起こらなければ感染症を発症しません。したがって、毎日の清掃や必要時適切な消毒を行うなどの衛生管理の徹底、手洗いうがいによる病原体の体内への侵入防止、十分な栄養と休息を取ることによる免疫力維持が重要なのです。

3　手洗いとうがいの励行

　上を向いてしっかりとうがいできるようになるのは5歳頃ですが、個人差があります。子どもたちの発達段階に応じて、手洗いとうがいの励行を習慣づけていきましょう。保育者や保護者も同様です。みんなが個々の感染予防を行うことが集団の感染予防にもつながります。自分で手洗いができない発達段階の子どもには、一緒に手を洗ったり、清拭したり

☑補足
衛生
健康の保全・増進をはかり、疾病の予防・治療に努めることをいう（広辞苑第6版）。

参照
環境整備
→レッスン25

参照
感染症
→レッスン15

✳用語解説
免疫
生体が疾病、特に感染症に対して抵抗力を獲得する現象（広辞苑第6版）。
→レッスン8

☑補足
正しい手洗いの方法と手洗いが必要なとき
UNICEFの「10/15世界手洗いの日プロジェクト」HP（http://handwashing.jp）や石けんを発売している会社独自の手洗い歌などが参考になる。

第5章　環境および衛生管理並びに安全管理

します。うがいができなければ、口に水を含んで出すだけでもよいです。それも無理ならお茶や白湯を飲ませてあげましょう。これは、のどの乾燥を防ぐことにより、のどの粘膜の防護機能がしっかりと働くようにすることと、胃の中にある胃酸（強い酸性の消化液）が病原菌の活動を抑制してくれることを期待するためです。正しい手洗いを、必要なときにしっかりと行うことが重要です。

4 感染症を発症した子どもの早期発見と隔離・早期治療

保育の場は、保菌者と子どもたちが濃厚接触する機会が多い場です。子どもたちの健康状態の変化にはいち早く気づき、発熱等発症が確認されれば、他の子どもから離し、保護者に受診と早期治療を促します。

5 感染源の適切な除去

感染性腸炎を発症した子どもの排泄物や吐物などには病原体が含まれており、感染源となり得ます。吐物、下痢便だけでなく、咳、くしゃみ等も同様です。これらに含まれる病原体は小さくて見えませんが、空気中に浮遊しています。手袋、マスク、使い捨てのビニールエプロンなどを用いて保育者自身を防護し、適切に感染源を除去する必要があります。子どもの鼻水を拭いたティッシュなどに、子どもたちが触れることのないよう、これらの汚染物はすぐに廃棄し、手洗いをしっかりと行います。また室温の変化等に留意しながら換気を十分に行うようにしましょう。

6 食中毒予防

保育所施設内で調理される給食が病原微生物や有害な化学物質に汚染されることのないように、調理室の衛生管理、冷凍・冷蔵庫の作動（温度）確認、食材の適切な管理、調理を行う職員の健康管理が重要です。

万が一、食中毒が疑われれば、子どもたちや職員に同様の症状が起こっていないか早急に確認し、必要時には家庭での食事内容についての聞き取りを行います。発症した子どもや職員を受診させ、検便検査による原因物質の特定等の対処をします。保護者へ説明を行い、保健所へ報告します。

子どもたちの調理体験の際には、衛生面（手洗い、マスク・エプロン・帽子の着用、食材に触れる際の手袋着用など）、安全面（調理ハサミや包丁の安全な扱いなど）の管理を徹底しましょう。

特に調乳や冷凍母乳を取り扱う際、食事介助の際には清潔な取り扱いを徹底しましょう。

◆補足

汚物除去後の注意点

手袋を着用し、汚物を処理した際も、手袋を外したあと、必ずしっかりと手洗いを行う。これは肉眼では見えない手袋の破損や手袋除去時の汚物付着に対処するためである。

レッスン 26　保育現場における衛生管理

■7■ 保育者自身と保護者の健康管理

　子どもたちと触れ合う保育者自身の健康管理に十分留意し、特に感染が疑われる場合には速やかに報告し、自らが感染源とならないことが重要です。また保護者の健康状態に関心を向け、保護者を気遣うとともに、子どもたちの健康管理につなげていきましょう。

2．学校、幼稚園、保育所で予防すべき感染症への対応

■1■ 学校、幼稚園、保育所で予防すべき感染症

　「感染症の予防及び感染症の患者に対する医療に関する法律」（感染症法）（厚生労働省 2014年改正）、「学校保健安全法」（文部科学省 2015年改正）に基づき、学校において予防すべき対象となる感染症が指定されています。「感染症法」は、国民の**生命と健康**に「極めて重大な」影響を与えるおそれがある一種病原体等、同じく「重大な」影響を与えるおそれがある二種病原体等、影響を与えるおそれがある三種病原体等、国民の**健康**に影響を与えるおそれがある四種病原体等と分類し、さらに感染症を一類から五類に分類し、届け出、法律に基づく入院勧告、就業規制等を定めています。

　学校、幼稚園、保育所で予防すべきであると指定されている感染症は、第一種から第三種に分類され、それぞれの感染症発症時の対応が定められています。第一種は「感染症法」第6条に規定する一類（エボラ出血熱、ラッサ熱など）および二類感染症（SARS：重症急性呼吸器症候群、ポリオ、ジフテリア、鳥インフルエンザ：H5N1）で、これらは治癒するまで隔離され、登園停止となります。第二種は飛沫感染するもので、児童生徒等の罹患が多く、学校における流行を広げる可能性が高く、疾患によって出席停止の基準が異なります。第三種は、学校教育活動を通じ、学校において流行を広げる可能性のある感染症で、医師が感染のおそれがないと認めるまでの出席停止となり、第三種その他に分類されている感染症は、条件によっては出席停止の措置が必要と考えられる感染症や、通常は出席停止の措置は必要ないと考えられる感染症です。感染してから発症するまでの潜伏期間と主な感染経路にも留意が必要です。

■2■ 予防接種による感染症予防

　それぞれの子どもたちの予防接種状況を把握し、早めの接種を保護者に促していきましょう。また保育者自身もインフルエンザ等の予防接種

参照

学校、幼稚園、保育所で予防すべき感染症の解説
→レッスン15

171

第5章　環境および衛生管理並びに安全管理

参照
日本の定期/任意予防
接種スケジュール
→レッスン19

◆補足
早期児の発達の見方
早期児は、出産予定日から
数える修正月齢で発達をみ
ていくことがある。

修正月齢
出産予定日を生後0日（基
準）として数える月齢のこ
と。たとえば2か月早く生
まれてきた早産児は、生後
2か月＝修正月齢0か月、
となる。

保護者の心理状態
保護者の心理状態は子ども
にも影響する。極度の保護
者の育児疲れ、不適切な養
育、虐待等に気づいたら、
保健師、児童相談所と連携
し、親子ともに支援してい
く。

を受けることが推奨されます。予防接種は感染症予防に有効ですが、す
べての感染症を完全に予防できるわけではありません。標準予防策の実
施と毎日の環境整備を継続しましょう。

3．子どもの健康管理

1　入所時健康診断

　保育所への入所時に健康診断を行います。これは家庭保育から集団保
育へ移行する際の重要な記録となり、入所後の健康管理に活用されます。
母子健康手帳や保護者との面談からも情報を得ます。現在の子どもの健
康状態だけでなく、妊娠中、出産時、出生後に異常がなかったかどうか、
出生体重、在胎期間、その後の発育、予防接種の記録、既往歴、家族構
成、家族の健康状態、心理状態も把握していきます。アレルギーやアト
ピー性皮膚炎なども今後の保育にかかる重要な情報となります。病気や
障害をもつ子どもの入所前には、保護者、保育所の看護師、嘱託医、子
どものかかりつけ医等と連携し、子どもの健康状態や障害を理解するよ
う努めます。入所後も職種を超えて適宜情報を交換し、連携し、子ども
の健康と発達を支えていきましょう。

2　定期健康診断

　定期健康診断は、子どもの発育の継続的な評価、疾病や障害の早期発
見・早期治療を目的に行われます。健康診断時には一人ひとりの子ども
の発育・発達状態と健康状態、保護者からの質問等を嘱託医に伝えます。
診断結果や医師の助言等を記録し、家族に伝え、日々の健康管理と保育
に役立てます。

　0歳5〜6か月までは、身体的発育、栄養状態、精神運動発達、疾病
の早期発見を、1歳6か月以降では、これらに加えて行動発達、言葉の
発達、精神発達、育児上の問題点の発見の視点が加わります。早産児(37
週未満で生まれた子ども)、病気や障害がある子ども、十分な経験をさ
せてもらっていない被虐待児などでは、発達が遅れていることがありま
す。できるのか、できないのかではなく、その子なりの発達を評価し、
発達を促していく必要があります。

3　病気や障害がある子どもの健康管理

　保護者や主治医と緊密な連携を取り、その子どもの病状の変化や保育

レッスン 26　保育現場における衛生管理

上の制限等について、共通理解をもつことが重要です。また保育所にお
ける医療的ケアの限界、感染症発生時の対応等、保護者と十分に話し合
い、理解を得ることが重要です。緊急時の連絡体制を整えておきましょ
う。

　アナフィラキシー発症時に使用する注射薬（**エピペン®**＊）やけいれ
ん止めの座薬等は命に関わる薬ですので、緊急時に使用できるようにぜ
ひとも預ってほしい薬になります。一方で、ほかの子どもたちが触れな
いよう管理を徹底する必要があり、重複与薬、人違い、与薬量の間違い、
与薬忘れ等のミスによる事故を防ぐ取り組みが重要になってきます。定
期的に内服する薬は、内服回数を減らし、家庭で朝・夕の内服に変更で
きる場合があります。主治医や嘱託医に確認してみましょう。

✳ 用語解説

エピペン®
強いアナフィラキシーが起
こったときに患者が応急処
置をするための自己注射薬
である。アドレナリンの薬
液と注射針が内蔵されてい
る。医師から処方された患
者に適した用量のエピペン
を、緊急時に患者もしくは
救助者が注射する。

┌─┬─┬─┬─┐
│演│習│課│題│
└─┴─┴─┴─┘

①母子健康手帳（できればみなさん自身の）を確認し、妊娠経過、出産
　時の状況、各定期健診の記録、予防接種等の記録項目を確認しましょ
　う。また、みなさんが受けた予防接種の種類や回数と、現在の日本の
　予防接種スケジュール（2016〔平成28〕年10月1日改正）とを比べ
　てみましょう。
②子育てに関する本やブログを閲覧したりすることを通して、みなさん
　が保育する子どもたちの保護者や祖父母の気持ちを学びましょう。立
　場が異なると見え方が違ってくるのではないでしょうか？　学生間
　で情報を共有できると、さらに学びが深まります。
③手洗いが必要な場面と、正しい手洗いの方法を調べ、練習し、実践で
　きるようにしましょう。子どもたちへの教育方法も考えられるとなお
　いいでしょう。

173

レッスン**27**

保育現場における事故防止および安全対策並びに危機管理

保育者は危険予測・回避能力ともに未だ発達途上にある子どもたちを預かりますので、常に事故防止に努めなければなりません。一方で、発達を保障することも重要です。子どもたちがのびのびと、かつ安全に過ごせる保育について一緒に考えてみましょう。

◆補足
「保育所保育指針」における安全対策

厚生労働省「保育所保育指針」(2017年)では「保育中の事故防止のために、子どもの心身の状態等を踏まえつつ、施設内外の安全点検に努め、安全対策のために全職員の共通理解や体制づくりを図るとともに、家庭や地域の関係機関の協力の下に安全指導を行うこと」「保育中の事故の発生に備え、施設内外の危険箇所の点検や訓練を実施するとともに、外部からの不審者等の侵入防止のための措置や訓練など不測の事態に備えて必要な対応を行うこと。また、子どもの精神保健面における対応に留意すること」と明記されている。

参照
子どもの死因
→レッスン3

乳幼児突然死症候群（SIDS）
→レッスン18

⊞ 用語解説
不慮の事故
予期せざる外的要因が短時間作用し、人体に障害を与えたり、正常な生理機能の維持に悪影響を及ぼすものをいう（厚生労働省子どもの事故研究班1992年）。

1．子どもに起こりやすい事故

1 子どもの不慮の事故

　子どもの死因によると、0歳では**乳幼児突然死症候群**が、1〜14歳では**不慮の事故***が、子どもの死因第3位までに入っています。不慮の事故の主な原因である、窒息、転倒転落、溺水、交通事故防止に努めることが子どもの命を守ることに直結することがわかります（図表27-1）。

図表 27-1 子どもの不慮の事故死

年齢階級	第1位	第2位	第3位	総数
0歳	窒息（62人）	溺水（4人）	交通事故（3人）	73人
1〜4歳	交通事故（28人）	溺水（26人）	窒息（20人）	85人
5〜9歳	交通事故（34人）	溺水（18人）	窒息（6人）	68人

出典：厚生労働省「平成28年人口動態統計（確定数）の概況」2017年をもとに作成

2 子どもの事故が起こりやすい要因

　子どもの事故が起こりやすい要因には、子ども側と大人側それぞれに要因があります。次のような子ども側の要因と大人側の要因を理解し、事故防止に努めることが重要です。

○事故が起こりやすい子ども側の要因
・身体のバランスの悪さ（頭部の重量が身体全体に占める割合の大きさ）
・身体機能の未熟さ（子どもの視野は大人よりも狭い）
・運動能力の未熟さ
・判断力の未熟さと経験が少ないこと
・危険認知発達の未熟さ

レッスン27　保育現場における事故防止および安全対策並びに危機管理

・衝動的な行動（ボールを追いかけて飛び出してしまうなど）

○事故が起こりやすい大人側の要因

・安全に対する不注意：「ちょっと目を離したすきに……。」

・安全に対する認識の甘さ：「自転車ではヘルメットは必要ない。」

・知識の不足：「おとなしいのでおかしいなと思っていたけど……。」

・子どもの行動を予測できない：「まだ寝返りはしていなかったのに……。」

・子どもの衝動的な動きに対応できない：「アッと思ったときにはもう……。」

3 子どもの発達段階と起こりやすい事故

　乳幼児の事故は、その内容と発達とが密接に関連しています（図表27-2）。さらに3歳頃までは発達の個人差が著しい時期です。さっきまでできなかったことが急にできるようになり、同時に危険度が増します。

　それぞれの子どもの発達段階、個性に応じて、安全な環境を整え、安全に配慮した保育を実施すること、その際の安全への目配りと気配りが求められます。発達段階別の事故防止ポイントをみていきましょう。

①寝返りができるようになるまで

　顔や手足は上手に動かせるようになりますが、寝返りがまだできないため姿勢を自分で変えることができません。柔らかすぎる布団、うつ伏せ寝、吐いたもの等によって窒息が起こります。3か月頃になると手足をばたつかせて頭や足のほうへ移動できるようになります。寝返りができなくてもベッドやソファーからの転落が起こり得ます。5～6か月頃になると小さなものでも自分でつかめるようになり、なんでも口に入れるので誤飲*への注意が必要となってきます。特に目が離せない時期です。

②寝返りができる頃

　身近にあるものを触り口に入れるようになります。首を持ち上げたり、寝返りをしたりしながら移動することができるので、ベッドやソファーからの転落の危険性が高まります。一方で移動能力が未熟なため、ものにぶつかったり、思うように動けなかったりすると泣いて助けを求めます。ひも、ビニール袋、ぬいぐるみなどでの窒息が起こっています。引

⊕ 補足

子どもの視野
6歳児の視野は、水平方向約90度（大人は150度）、垂直方向約70度（大人は120度）とかなり狭い。

日本の新生児死亡率
日本の新生児死亡率は1,000人出産当たり0.9人（0.09%）で、アイスランド、ルクセンブルクと並び世界2位の低さであった（WHO「世界保健統計2016年版」）。一方で、わが国の不慮の事故による死亡率は、出生1,000対0.09（2013年）であり、スウェーデン0.01（2010年）の9倍、イタリア0.03（2010年）・デンマーク0.03（2010年）の3倍であった（財団法人母子衛生研究会、『日本子ども資料年鑑』中央出版、2016年）。

✳ 用語解説
誤飲
異物を誤って飲み込むこと。

175

第5章 環境および衛生管理並びに安全管理

図表 27-2 子どもの発達と事故例

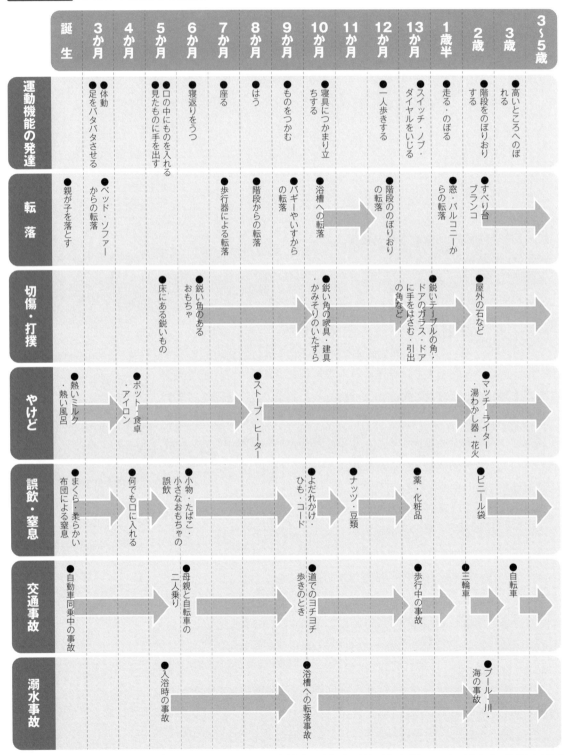

出典：国立保健医療科学院ホームページ (https://www.niph.go.jp/soshiki/shogai/jikoboshi/public/pdf/mono-checklist-all.pdf) をもとに作成

き続き窒息予防が重要です。

③寝返り～歩くまで

　自分で興味があるものに向かって移動することができるようになります。階段やいすからの転落、暖房器具でのやけどなどが起こってきます。手が自由に使えるようになり、扉や箱を開けたりするようになるので、指つめや危険な物の管理に注意します。高いところによじ登れたとしても降りることができない時期です。浴槽での溺水にも注意が必要です。

④歩ける頃になったら

　立って歩けるようになりますが、頭が大きく、重心が高いため、バランスをうまくとることができず、容易に転倒します。手先を自由に動かし、何でも自分でやりたがるので、物を持ちながら歩行することも増えます。転倒時に危険となるもの（たとえば歯ブラシ・スプーンなど）を持ちながら歩行することがないように注意が必要です。

⑤外遊びが盛んになったら

　運動能力が高まり、行動がダイナミックになります。鬼ごっこで正面衝突したり、高いところから飛び降りたり、万が一けがをしたときの衝撃も大きくなります。飛び出しによる交通事故、ベランダからの転落、プールや海での溺水等も起こってきます。保護者への注意喚起も重要です。また、小学校入学後、大人の見守りの目がぐっと減ってしまいます。それまでに自分で自分の安全を守れるように、保育所等と家庭で連携して、しっかりと安全教育を行っていきましょう。

　これらはほんの一例にすぎません。図表27-2や章末コラムで提示する情報を参照し、子どもたちの想像力豊かな活動のなかで起こり得る事故とその防止策について学び、考え、保育所実習や保育実践などでの事故防止に生かしていきましょう。

4　保育施設における死亡事故事例

　「教育・保育施設等における事故報告集計」によると、報告があった認定こども園・幼稚園・保育所等での死亡事故は、2016（平成28）年合計13名、このうち睡眠中の事故死が10名（76.9％）、うつぶせ寝の状態で発見された事故死は4名でした。2015（平成27）年度合計14名、このうち睡眠中の事故が10名（71.4％）うつぶせ寝の状態で発見された事故死は6名でした。2004（平成16）年4月から2016（平成26）年12月末までに保育所で発生した死亡事故報告件数は187件で、その具体例は、以下の通りです。

◆補足

保育所での負傷・疾病
日本スポーツ振興センター「学校の管理下の災害（平成28年版）」（2016年）によると、保育所等での負傷・疾病は40,102件、幼稚園では19,270件、幼保連携型認定こども園では5,332件であった。

- 廊下に置いてあった本棚のなかで熱中症により死亡
- 園庭で育てていた**プチトマト**を食べ窒息死
- 河川敷、プールで園外活動中溺死
- 帰宅中に川の増水により溺死
- 園舎屋根からの落雪により園外活動中死亡
- 午睡中等の死亡（乳幼児突然死症候群またはその疑い、病死、原因不明）

　上記の事例のようにプチトマトであれば、球形で、子どもの気管の内腔を完全に塞いでしまったことが想定されます。ブドウでも同じことが起こり得ます。子どもの食べる機能の発達に応じて、切り分けて与えることが必要だったのかもしれません。丸飲み食べではなく、しっかりとかんで食べること、ふざけながら食べないように指導することは、食事のマナーだけでなく、安全対策でもあることがわかります。食べている間、大人がそばにいることも重要です。さらに異年齢児が一緒に過ごす保育所では、年長児が年少児に勝手に食べ物を与えないように伝えておくことも必要です。

①気道異物の除去方法

　気道を完全に塞いでいる状態が続けば、息ができず、意識障害、心停止、死へと至ってしまいます。**背部叩打法**[*]に加えて乳児では**胸部突き上げ法**[*]、幼児～大人は**腹部突き上げ法**[*]を行います。息の通り道が確保できず、顔色が悪くなるようであれば、ためらうことなく救急車を要請します（図表27-3）。必要時には異物を除去できていなくてもただちに**心肺蘇生法**を開始します。

図表27-3　背部叩打法と胸部突き上げ法と腹部突き上げ法

胸部突き上げ法　　　背部叩打法　　　腹部突き上げ法

✱ 用語解説

背部叩打法
まず口腔内を確認し、異物があれば取り出す。口腔内に異物がなく、気道を塞いでいれば、背部叩打法を行う。背部叩打法は患者の背部から、手のひらの基部で、左右の肩甲骨の中間あたりを力強く何度もたたく。乳児であれば図表27-3の中央のように援助者の片腕に乳児をうつぶせに乗せ、手のひらで乳児のあごを支えつつ、頭を体より低く保ち、もう一方の手のひらの基部で、背中の真ん中を繰り返し強く叩く。このとき気道の位置、窒息を起こしている物の形状、それを叩くことによる振動で落とし、落としきれなくとも空気が通過できる空間をつくって、この大切な命を救うのだというイメージをしっかりともって行う。おもちのように粘着性があるものであれば、掃除機による吸引で救助されたというニュースもある。

胸部突き上げ法
図表27-3の左側のように援助者の片腕の上に乳児の背中を乗せ、手のひらで乳児の後頭部を支え、頭部が低くなるようにあおむけにする。もう一方の手の指2本で胸の真ん中を胸部圧迫（心臓マッサージ）と同じ要領で数回連続して強く圧迫する。

腹部突き上げ法
背後から抱きかかえるようにして救助者の両手を図表27-3の右側のように組み、おへそのすぐ上、みぞおちより十分下方をすばやく手前、上側に圧迫するように突き上げる。

レッスン27　保育現場における事故防止および安全対策並びに危機管理

腹部突き上げ法は内臓を痛める可能性があるため、乳児や妊婦には行いません。

②事故を防ぐためのポイント

事故・事故死が身近な場所や出来事のなかで起こっています。さらに事故が起こらない時間帯はないことを心得ましょう。昼寝の時間帯であっても、うつぶせによる窒息が起こっています。窒息の原因は柔らかい布団でのうつぶせ寝、ぬいぐるみ、吐物や誤飲などです。窒息予防を考えると、布団周囲の環境整備、子どもの体調把握、食事形態への十分な配慮や誤飲予防等が必要なことがわかります。より安全な環境を整え、常に子どもたちに関心と観察の目を向けておくことが必要なことはいうまでもありません。一方で、「事故防止のために子どもの活動を狭めたり、消極的な保育に陥ることのないように[†1]」することが求められています。保育者と保護者全員が「安全」の重要性を認識し、常に安全への配慮を怠らず、協力し合うことが重要です。

▶出典

[†1]　厚生労働省「保育施設における死亡事例について」2009年

2．事故防止および安全対策

1　事故のリスクと事故の責任

保育所内で起こった事故は、たとえ軽微な事故であっても管理上の責任が発生します。子ども側の要因、保育者の要因、施設や設備等環境要因から考え、十分な事故防止策を講じる必要があります。たとえば子どもの身体機能が未熟であっても、安全な環境を整え、十分に保育者の見守りとサポートが行われていれば事故を防ぐことができます。一方で、子ども同士の衝突など、それらすべてを防ぐことは難しい事故も発生しています。

ではどうすればいいのでしょうか？　子どもや保護者も事故防止および安全対策の主体者と位置づけ、日々の保育実践のなかで教育していくこと、安全な環境を整えること、私たち保育者がそれぞれの子どもの発達段階や特性を理解することが重要です。さらに保育者が子どもを見守りサポートする能力をおたがいに見極め、必要時SOSを出し、サポートし、保育者の見守りの目とサポートが届く範囲内で、子どもを遊ばせる工夫やスタッフ間での協働が必要となるでしょう。保育者は、知識と経験を蓄え、全体をパッと見渡して危険を察知し、安全な遊びに誘導し、子どもたちをサポートし、事故を未然に防いでいます。子どもたち、保護者、先輩保育者とともに学びましょう。

参照

安全な環境の整備
→レッスン25

179

第5章　環境および衛生管理並びに安全管理

2　事故防止および安全対策

　人間は誰もがミスを犯す存在です。このヒューマンエラーを100%予防することは不可能です。しかしながら、子どもたちの命に関わるような重大な事故は、何としても防止しなくてはなりません。ヒューマンエラーを引き起こした背景を十分に分析して、教訓とし、次の事故防止策へとつなげることが重要です。日々の保育場面、遊具等の定期点検やカンファレンスを通して、事故につながる危険性を見出し、それらを保育所のスタッフ全員で認識し、共有し、解決策を考え、実践していきます。保育場面での**ヒヤリ・ハット報告**[*]一つひとつを振り返るだけでなく、同じような事例、重大な事故につながりかねない事例をくわしく調べ、保育所長、保育主任を中心に、それらへの対策を講じていきます。スタッフ間で協力体制を取れるように調整したり、責任の所在を明確化したり、逆に安全を重視しすぎるあまり、子どもたちが発達できる行動範囲等を狭めてしまっていないかもチェックしていきます。

3．子どもと大人への安全教育

1　子どもたちへの日々の保育場面での安全教育

　大人の禁止を理解できる1歳3か月、命令を理解して行動できるようになる1歳6か月を目安にしながら、日常生活や保育場面を通して、子どもたちが安全な生活習慣や態度を身につけられるように、意識して導いていきましょう。子どもたち自身が危険を察知し、安全を守れるように積極的に教育することが重大な事故を防ぐことにつながります。

　・園外に散歩に出るときは必ず友だちと手をつなぐ
　・道路の端を歩く
　・横断歩道では、右、左、右と確認をしてから道路を渡る
　・遊具の上では押し合いっこをしない
　・ブランコの前や後ろを通らない
　・すべり台をすべり口から登らない

　これらも安全教育の一部です。年長児に「年少児さんにルールを教えてあげて」とお願いすれば、子どもたち同士の微笑ましい**共育**[*]が生まれます。安全教育を通して、子どもたち一人ひとりがかけがえのない大切な存在であることや、命を大切にすることの重要性を伝えていきましょう。

---

[*] 用語解説
ヒヤリ・ハット報告
突発的な出来事やミスにヒヤリとしたり、ハッとしたもので、重大な災害や事故には至らなかったものの、重大な事故につながってもおかしくない一歩手前の事例をヒヤリ・ハットといい、報告書により報告し、共有する。ハインリッヒの法則に従い、ヒヤリ・ハット事例を収集し、振り返りを行うことで重大な事故を防止することを目的とする。

✛ 補足
ハインリッヒの法則
ある工場での労働災害を研究していたハーバート・ウイリアム・ハインリッヒの研究（1929年）「重大事故の陰には29倍の軽度の事故と、300倍のニアミスが存在していた」から導きだされた法則である。

[*] 用語解説
共育
教育・養育・指導を行う側と受ける側がともに学び成長することを意味している。保育者同士、子どもたちや保護者から学ぶことも多い。

180

レッスン27　保育現場における事故防止および安全対策並びに危機管理

2　保護者への日々の関わりのなかでの安全教育

　子どもだけでなく保護者も個性豊かです。安全面への配慮等から、子どもがのびのびとさまざまな経験をさせてもらっていない場合や、逆に子どもに自由にさせ過ぎで、あるいは、スマートフォン操作等保護者自身の活動に夢中になり、子どもに目が行き届いていない場合までさまざまです。横断歩道のない場所で平然と道路を横切る子どもに「危ないよ」と声をかけると「お父さんもお母さんもいっつもここを渡ってる」と返されたことは一度ではありません。横断歩道も信号も数メートル先にあるのにです。

　また、自転車の後ろ乗せに子どもを乗せたまま、自転車を離れる保護者がいます。自転車ごと倒れれば、大けがにつながります。子どもは大人の行動から学んでいます。まずは大人自身が安全に行動できているかを一緒に振り返ってみましょう。危険が予測される行動を発見したら、子どもに安全を促す声をかけつつ、保護者にもそのメッセージを伝えていきましょう。

　また保護者が子どもの発達を十分に理解できるように支援することが、安全対策につながります。図表27-2「子どもの発達と事故例」は年齢別ではなく、発達別で事故例を示すことにより、子どもの発達の個人差が大きい時期に、保育所等とコミュニケーションを取りながら、個々の発達段階に即した事故防止指導や情報提供を行えることを目指して作成されています。たとえば、「足を上手に使って腰をひねる動きが出てきているから、もうすぐ寝返りができるようになりますね。柵がない高いところに寝かせるのは、やめましょうね。」など、このパンフレットを用いながら、実際の子どもの発達に即した具体策を提示することは、より適切で、より実践につながる安全教育となるでしょう。安全を守りつつ発達を促す保育を考えるために役立つ情報を章末コラムに提示します。

3　子どもと保護者への安全教育

　参観日などを活用し、子どもと保護者への安全教育を行うことも考慮します。その際、子どもたちの行動特性や危険な物や出来事は多岐に渡るため、すべてを伝えることは不可能です。さらに、危険な物や出来事は、提示されたもののみととらえる保護者がいることにも留意しなければなりません。想像力を働かせ、保護者が自分の家庭や子どもに対して実際に安全対策を取れるように導くことが必要です。また、初めて子どもをもつ保護者にとっては、危険はわかるけれども、実際にどうすればよいのかわからないということもあるでしょう。そうした場合は、具体

例も提示できるとよいでしょう。

事故防止に関する考え方も、取り組みも、保護者によってまちまちです。一概にはいえませんが、子どもを危険から守ることばかりに囚われすぎて、子どもへの禁止ばかりにならないよう、十分に注意して指導することも重要です。

4 事故や災害発生時の避難訓練

事故や災害発生時には大人の指示に従うように、日頃から子どもたちにしっかりと伝えておきましょう。災害に備えて避難訓練を行い、地震発生時には机の下に隠れて落下物に備えること、火災発生時には口元をハンカチで塞ぎ、煙があればできるだけ身をかがめて避難するなどの行動を子どもたちが身体で覚え、実際に行動できるようにします。子どもの避難誘導、職員間の報告・連絡・協力体制、避難者の人数確認と管理者への報告も訓練しておきましょう。事故・災害発生時のマニュアルは都度見直し、修正します。保育所が地域の避難所となることも想定し、非常時に必要な物品や食料品を備蓄し、非常灯や懐中電灯等の作動状態や消火器の使用期限等確認しましょう。

5 不審者対策

不審者の侵入を防止するために施錠の徹底、職員・保護者の名札着用とあいさつ運動が有効です。不審者が侵入した際の、子どもたちの避難、職員や警察への異常事態発生連絡、刺又の使用方法等訓練しておきましょう。

6 保護者や地域の人々との協働

保育者自身の子どもを見守りサポートする能力を向上させ、保育所内の環境を整えただけではすべての事故を防ぐことはできません。さらに保育所内、保育時間内だけの安全ではなく、「子どもたちの安全」を考える必要があります。地域住民・警察・学校等とも連携し、事故が起こりやすい場所の把握や改善、地域での見守り活動等が行われています。

保護者や地域の人々とともに、子どもの事故の特徴、子どもの発達を学び、事故防止策、災害時の対応等をともに考え、実践し、継続していくことが求められています。

◆ 補足
刺又
相手の動きを封じ込めるために用いる道具で、長い柄の先にU字型の金属がついている。

レッスン27　保育現場における事故防止および安全対策並びに危機管理

4．事故・急病発生時の対応

1　事故・急病発生時の初期対応

　事故や急病を発見したら、まず状況を把握し、周囲の安全確保を図るとともに、応援をよびましょう。受傷した（急病を発症した）子どもだけでなく、他の子どもたちへの配慮も必要なので、人手が必要です。日頃から協力・応援体制を整えておきます。

2　応急処置・救急蘇生と緊急搬送

　第一発見者は、その子どものそばを離れず、声を掛け、観察し、必要な**応急処置**[*]や**心肺蘇生法**[*]を行いましょう。第一発見者から担任に当該児童の担当を引き継ぐ際には、発見した時刻、発見時の状況、現在の状況等重要な情報を伝えます。緊急搬送の必要性の有無を早急に判断し、必要であれば、ためらうことなく救急車を依頼しましょう（救急車到着までにおおよそ10〜15分かかり、さらに病院到着までに時間を要します）。救急車到着時の誘導係、救急隊へ情報を引き継ぐ人、保護者が到着していなければ救急車に同乗する職員を決めておきます。緊急対応中の職員の担当クラスの子どもたち、事故や急病を目撃した子どもたちへの配慮を忘れないようにしましょう。保護者への連絡、嘱託医への連絡と相談、治療や処置に必要な子どもの既往症やアレルギーなどの情報確認等も同時に行っていきます。緊急時の連絡方法をしっかりと確認しておきましょう。

　救急搬送の必要性がなく、医療機関を受診する場合には、保護者の到着を待つのか、保育所職員の付き添いで受診するのかを判断します。後者の場合には、保護者に受診医療機関の同意を得ることが望ましいです。

3　保護者への初期対応

　保護者にはできるだけ早く連絡を取ります。簡潔に要点を伝え、かつ保護者を混乱させないように配慮します（事故の原因等については、改めて伝えます）。かかりつけの総合病院等、搬送先の希望があれば聞いておきますが、必ずしも希望に応じられるわけではないことも伝えます。救急車到着後、搬送先の病院が決定すれば、再度連絡することを伝えます。保護者が現在どこにいるか確認し、どこに向かってもらうのか、おおよその所要時間について必ず聞いておきましょう。

✳ 用語解説

応急処置
急病または外傷を受けたときなどに行う処置。窒息時の気道異物の除去、止血、傷の洗浄とガーゼでの保護、骨折部の添え木での固定、打撲や捻挫の冷却、そげなどの異物除去などが含まれる。

心肺蘇生法
心臓と肺が機能していない状態、よびかけても反応がない際に行う救命処置。まず周囲の人に119番通報とAED持参をよびかけ、胸骨圧迫（心臓マッサージ）30回と人工呼吸2回（救助者が2人であれば胸骨圧迫15回、人工呼吸2回）の組み合わせを絶え間なく続ける。乳児（1歳未満）は2本指で、1歳以上であれば体格に応じて片手もしくは両手で胸骨圧迫（胸の厚みの約3分の1がしずむ程度）を行う。患者と面識がなく、感染症等が疑われる際、人工呼吸用携帯マスクがなければ、人工呼吸は行われなくなってきているが、子どもは呼吸停止が心停止よりも先に起こることがほとんどのため、人工呼吸は重要である。子どもでもAEDは使用可能である。その際には小児用の装着パッドを使用するか、大人用しかなければ、2つのパッドが触れ合わないよう使用する。胸部と背部にパッドを装着してもよい。
【参考となる動画】
小児の心肺蘇生法（広島県北広島町消防本部作成）
https://www.youtube.com/watch?v=K5e18IeOTyI
乳児の心肺蘇生法（広島県北広島町消防本部作成）
https://www.youtube.com/watch?v=2EFFMXCM8m8

183

第5章　環境および衛生管理並びに安全管理

◆補足

緊急搬送が必要な時
①意識がない
②ショック状態
③ぐったりしている
④けいれんが止まらない
⑤大量の出血
⑥広範囲のやけど
⑦頭部打撲後の嘔吐
⑧呼吸困難
⑨事故（交通事故・高所からの転落・おぼれたとき）
⑩いつもと違う、様子がおかしい場合（特に乳幼児）

※用語解説

心的外傷後ストレス障害（PTSD：Post Traumatic Stress Disorder）

強烈なショック体験、強い精神的ストレスが、心のダメージとなって、時間がたってからも、その経験に対して強い恐怖を感じるものをいう。突然、怖い体験を思い出す、不安や緊張が続く、めまいや頭痛がある、眠れないといった症状が出てくる。ストレスとなる出来事を経験してから数週間、ときには何年もたってから症状が出ることもある（厚生労働省ホームページ「知ることからはじめよう　みんなのメンタルヘルス総合サイト」アクセス日2017年9月24日）。

4　保護者への説明

　事故や急変が起こった状況、その原因等について、改めて具体的に説明します。日頃から信頼関係を構築しておくことが重要で、説明時には誠意ある態度で、複数の職員で対応し、説明内容と保護者の反応を記録します。

5　今後の事故防止に向けての取り組み

　事故報告書やヒヤリ・ハット報告書が作成され、職員間で共有し、話し合い、事故防止マニュアルを作成・修正したり、実際に訓練を行ったりします。報告書作成者や当事者数人だけを責めることは、決してしてはいけません。人間は誰でもがミスを犯しうる存在であることを認め、次のミスを防ぐための宝となる経験をお互いに共有します。共育できる雰囲気づくりも重要です。組織としての事故防止策へとつなげ、職員一丸となって事故防止に努めていくことが求められているのです。

6　関係機関への報告

　教育・保育施設等において発生した死亡事故や重篤な事故は、保健所、地方自治体を経て、厚生労働省への報告が求められています。

5．事故や災害を経験した子どもへの対応

　事故や災害発生時には受傷した子どもと保護者の対応に追われますが、事故を目撃した子どもたちに起こる心理・精神面への影響（**心的外傷後ストレス障害：PTSD**[*]）への配慮も必要となります。またCWAPすなわちChildren（子ども）、Women（女性）、Aged people（高齢者）、Patient（患者）は、災害弱者であり配慮が必要とされています。特に子どもは自分の欲求を適切に表現できず、復興に向けた慌ただしさのなかで取り残されがちです。保護者や家族と離れて過ごす子どもたちもいます。その際、保育者として、その専門性を生かし、子どもたちが気持ちを**自然**に表出する機会となる遊びを提供できることが望まれます（無理に表出させることは避けます）。子どもたちの笑顔が、避難所の人々を勇気づけることでしょう。

レッスン27　保育現場における事故防止および安全対策並びに危機管理

演 習 課 題

　公園や保育所などで子どもたちが遊ぶ様子、環境、遊具、おもちゃ、大人の関わり等を観察し、以下の項目について学生間で話し合いましょう。

【観察と議論のポイント】

①子どもたちが過ごす場所にある危険な物や出来事

・観察中に危ないと感じる物や出来事はありましたか？

　そのときの子どもたちや大人の様子はどうでしたか？

　そのときあなたはどうしましたか？

　あるいはどうするべきだったと考えますか？

・危ないと感じる物や出来事がなかった場合には、

　危険を防ぐための工夫や配慮はなされていましたか？

　それはどのような工夫や配慮でしたか？

②事故防止策

・場所（園庭、おさんぽ道、保育室など）を想定し、子どもの発達段階と関連づけて、事故防止策について考えてみましょう。保育所実習や保育実践に生かせるよう、より具体的な方策を考えてみましょう。

③事故防止と発達保障

・子どもたちが楽しく遊ぶ（発達を促す）ことと、安全を守ることについて、子どもの発達段階（特に運動発達能力や認知能力）と関連づけて考えてみましょう。

参考文献

レッスン25〜28

Pumphrey, R. S. (2000). Lessons for management of anaphylaxis from a study of fatal reactions. Clin Exp Allergy, 30 (8), 1144-1150.

厚生労働省　「保育所保育指針解説書」　2008年　http://www.mhlw.go.jp/bunya/kodomo/hoiku04/pdf/hoiku04b.pdf（アクセス日2016年10月28日）

国立保健医療科学院　「子どもに安全をプレゼント」　https://www.niph.go.jp/soshiki/shogai/jikoboshi/public/pdf/mono-checklist-all.pdf（アクセス日2016年10月27日）

汐見稔幸監修　『保育士完全合格テキスト2017年版』　翔泳社　2016年

消防庁　「救急車を上手に使いましょう――救急車必要なのはどんなとき？」2011年3月発行 https://www.fdma.go.jp/html/life/kyuukyuusya_manual/pdf/2011/japanese.pdf（アクセス日2016年10月27日）

消費者庁　「子どもを事故から守る！　プロジェクト」　http://www.caa.go.jp/kodomo/project/pdf/130509_project.pdf（アクセス日：2016年10月27日）

高野陽・中原俊隆編　『医師、看護職のための乳幼児保健活動マニュアル――地域、保育所、

幼稚園の子どもの健康を目指して』　文光堂　2007年
竹内義博・大矢紀昭編　『よくわかる子どもの保健（第2版）』　ミネルヴァ書房　2014年
田中哲郎　『保育園における事故防止と安全管理』　日本小児医事出版社　2011年
内閣府　「学校管理下での災害（負傷・疾病）の発生件数・発生率（平成25年度）」
　　http://www8.cao.go.jp/youth/whitepaper/h27honpen/b1_05_01.html（アクセス日
　　2016年10月28日）
日本ユニセフ協会　「10/15世界手洗いの日」　http://handwashing.jp/（アクセス日2016
　　年11月4日）
野原八千代編著　『小児保健実習セミナー（改訂版）』　建帛社　2004年
松浦信夫・米山岳廣監修　『わかりやすい子どもの保健（改訂版）』　文化書房博文社
　　2014年
渡辺博編著　『子どもの保健（改訂第2版）』　中山書店　2012年

おすすめの1冊

田中哲郎　『保育園における事故防止と安全管理』　日本小児医事出版社　2011年

小児科医、保健福祉事務所長、子ども安全推進医監等としての経験をもとに「事故が
起こらず、身体が大きくなればそれでよいとする保育ではなく、困難に対して自ら考え行動
する力、他者への思いやり、社会的規範の獲得を育む保育を」との願いが込められて
いる。子どもの事故防止と安全管理に関する必携書と言える。

コラム

「事故防止に努めること」と「子どもがのびのびと育つこと」

　家庭内であれば、「タンコブできた！」「痛かったねえ。（泣きやんで）えらかったね。」と冷却シートで冷やす程度の頭部打撲でも、保育施設内で起これば責任が発生します。保育士は「児童福祉法」で定められた国家資格を与えられ、大切な子どもを保護者から預かっているからです。

　残念ながら不慮の事故による死亡率はスウェーデンの9倍と高く、わが国における保育施設内での死亡事故は毎年10〜20件起こっていることを本文で紹介しました。子どもを重大な事故から守ることが何よりも重要であること、一方で危険につながる物（ブランコ、はさみなど）の使用を禁止したとしても、日常生活のなかで事故が起こり得ることを、十分に理解していただけたと思います。

　保育とはいったい何なのでしょうか。みなさんはどんな保育実践を目指していますか？　決して事故防止だけではないはずです。「ダメ！」ばかりではなく、「それいいね。楽しそうだね。やってみよう！」と子どもたちが瞳を輝かせ、好奇心や想像力を最大限に発揮して、遊び、学び、ときにはケンカし、生きる力、相手を思いやる心を育む保育を目指したいものです。

　となると「事故防止に努めること」と「子どもがのびのびと育つこと」の両立の難しさがみえてきます。限られた保育者の人数で、大人数の子どもたちを保育し、軽微なケガでも責任を追及してくる保護者もいらっしゃる現状であればなおさらでしょう。先輩保育者のみなさんは基礎的な知識をもとに、子どもを観察する力を日々養い、ヒヤリ・ハットの経験を蓄え、直観的に危険を察知し、対処しています。以下に紹介するHPの情報・学習コンテンツなどを活用し、実際の場面を想定し、想像力を働かせながら、子どもの発達と事故防止、安全教育、応急処置、救急蘇生法について学びましょう。みなさんの学びが子どもたちの命を救う力となるのです。

国立保健医療科学院「子どもに安全をプレゼント」事故防止支援サイト
　https://www.niph.go.jp/soshiki/shogai/jikoboshi/general/infomation/firstaid.html
消費者庁HP「子どもを事故から守る！　プロジェクト」
　http://www.caa.go.jp/kodomo/project/index.php
日本救急医学会ホームページ
　http://www.jaam.jp/index.htm

第6章

健康および安全の実施体制

本章では、保育の現場で健康や安全を守るための体制づくりに必要な考え方について学びます。保育者は組織の一員として、職員間で連携し、健康や安全に対して組織的に取り組んでいくことが大切です。また、地域全体に対する子育て支援を実現するためには家庭や専門機関、地域との連携が不可欠であることも理解します。

レッスン28　職員間の連携と組織的取り組み

レッスン29　母子保健対策と保育

レッスン30　家庭・専門機関・地域との連携

レッスン **28**

職員間の連携と組織的取り組み

本レッスンでは、まず保育者が組織をどのようにとらえて、組織の一員となるのかについて学びます。次に子どもの健康および安全を守るため、保育現場で求められる職員一人ひとりの姿勢と実践力、職員間の連携、組織としての取り組みについて学びます。

1．組織とは何か

1 組織社会化

「組織」という言葉を聞いて、どのようなことをイメージするでしょうか。組織を変える、組織の目標を立てるなどの言葉がありますが、「はっきりと目で見えず、わかりにくい」「施設長が意識して考えればいいことで、それ以外の保育者にはあまり関係がない」ことでしょうか。

保育者のほとんどは、保育所や児童養護施設、病院など、何らかの組織に所属しています。最初は、組織と雇用契約を結んだり、辞令交付を受けたりして、形式的に「組織の一員になった」ことを自覚させられます。その後、歓迎会が催され、仕事を始めていくうちに、組織内の人たちと相互に関わり、ともに保育を実践するなかで、組織がもつ規範や価値観を理解していきます。形式的だけではなく心理的にも、組織の一員であることを自覚し、組織がもつ規範や価値観を受け入れ、組織に適応していく過程を**組織社会化**といいます。

施設長をはじめ、組織は、すでに学校で学んできた知識や技術、態度の上に、組織が育んできた規範や価値観のもと、さらに知識や技術、態度を習得し、他の保育者、職員とともに、適切に専門性を発揮することを求めます。

2 職業的社会化

もうひとつは、**職業的社会化**という考えを知る必要があります。たとえば、保育所では保育士だけではなく、嘱託医、看護師、栄養士、調理員など、専門性の異なる職員がともに働いています。職業的社会化とは、「人がさまざまな職業に固有の価値・態度や知識・技能を職業につく前に、あるいは職業につくことにより内面化していく累積的な過程」（森岡、

レッスン 28　職員間の連携と組織的取り組み

1993）と定義されています。他職種と協働して保育を実践するなかで、学校で学んでいるときよりもさらに、保育者の専門性とは何か、保育者は対象や組織から何を求められているのかを意識し、その役割を遂行する力が求められます。

3　組織の理念、目標、管理体制を共有する

保育者は、組織の一員として、組織の理念、目標、そして第5章で述べた健康および安全のための具体的な管理体制について理解し、責任をもって実践しなければなりません。また保育士以外の職種の役割、地域の関係機関の業務内容も理解し、他職種や関係機関が必要とする情報は何か、どのように情報提供すればいいかを念頭に、保育実践を行い、得られた情報を共有するよう努めます。他職種や関係機関との情報共有については、組織内で誰が情報をとりまとめ、どのように連携するのか、人・方法に関するルールがあります。そのルールのもと、円滑に連携が機能するよう努めます。

組織に所属した当初は、すでに明確になっている理念、目標、管理体制を理解し、実践することに専念することから始めます。専門家として徐々に熟練していく過程で、なぜその理念、目標、管理体制になったのか組織の文化と歴史を理解し、最終的には、組織の一員として、理念、目標の設定や、よりよい管理体制の構築に向け、発信、変革する力が求められていきます。

参照
他職種の業務内容
→レッスン末コラム

2．職員一人ひとりの姿勢と実践力

保育者は、子どもの最善の利益を考慮し、人権に配慮した保育を行います。そのため保育者は常に、子どもをどのような存在だととらえ、保育者として何を大切に育児や保育を行いたいと考えているのか、自分の子ども観、育児観、保育観を自身に問う姿勢が大切です。

保育者の言動は、子どもや保護者にとって大きな影響力があります。対面している子どもや保護者だけでなく、その保育の周囲にいる子どもや保護者も、保育者の横顔、後ろ姿をみています。保育者の言動には、知識、技術、人間性や倫理観が反映されるのです。そのため日々の保育実践や研修により、専門性を高めていくことが望まれます。専門性や人間性は、自らの信念や生き方と関係しており、主体的に向上させようとする意思がないと高まりません。

191

「児童福祉施設の設備及び運営に関する基準」第7条の2第1項において「児童福祉施設の職員は、法に定めるそれぞれの施設の目的を達成するために必要な知識及び技術の修得、維持及び向上に努めなければならない」とされています。たとえば、プライバシーの保護や子どもの立場に立ってニーズを代弁することなど、保育者に求められる倫理的姿勢は「全国保育士会倫理綱領」に定められています。また健康に関する研修内容の例として、「乳幼児健康診査の実施と評価ならびに多職種連携による母子保健指導のあり方に関する研究班」（2015）が保育者に必要とされる研修内容を次のように提案しています。

・乳幼児の一般的な発達について
・発達障害の特徴について
・乳幼児健康診査問診票の意義と対応について
・発達障害の治療について
・発達障害児及び保護者への面接技法について
・発達障害児の保護者への対応と支援について
・発達障害児の地域生活支援について
・関係機関の取組み内容について
・発達障害児支援のための県内社会資源について

　よりよい保健計画・食育計画の立案や実践、課題解決のためには、綱領などの指針や研修の機会を利用して、常に最新の知識を求め、意欲をもって資質の向上に努めます。研修会等で他施設、他職種の専門家と交流することは、保育者としてのアイデンティティを再確認したり、自施設の課題を見直したりする機会にもなります。

　また保育者は、組織の一員として施設長の役割を理解しておく必要があります。施設長の役割を理解することで、何を報告し、どのような意見を発信しなければならないかが見えてくるからです。施設長は「保育所の役割や社会的責任を遂行するために、法令等を遵守し、保育所を取り巻く社会情勢等を踏まえ、施設長としての専門性等の向上に努め、当該保育所における保育の質及び職員の専門性向上のために必要な環境の確保に努めなければなら」ず、職員の研修機会の確保に関しては「保育所の全体的な計画や、各職員の研修の必要性等を踏まえて、体系的・計画的な研修機会を確保するとともに、職員の勤務体制の工夫等により、職員が計画的に研修等に参加し、その専門性の向上が図られるよう努めなければ」なりません[1]。保育者は、自身の専門性を高め、施設の保

▶出典
[1]　厚生労働省「保育所保育指針」2017年

レッスン28　職員間の連携と組織的取り組み

育の質を高めることと、施設長（リーダー）のもと、よりよい組織運営に向け、期待されている役割が十分担えるようメンバーシップを発揮することが求められています。

3. 職員間の連携

　施設では、保育者以外の専門性の異なる職員が、同じ理念、保育目標のもと働いています。特に健康や安全に関する実践では、保健医療や栄養・食生活に関する専門的知識をもつ**嘱託医、看護師、栄養士、調理員**の役割は重要です。職員間で、連携を円滑にして保育を実践するためには、どのような保育を行うのか、年間を通じた保健計画・食育計画はどうなっているのか、全職員の共通理解と、保健医療や栄養・食生活に関する専門職による計画立案、実践評価への参画、保育者との協働が不可欠です。また保育の展開（情報収集・判断・課題や目標の設定・具体策立案・実践・評価）を共有するために、記録物の共有や記録の書き方、業務指針のようなマニュアルの作成など、円滑な連携のための工夫をする必要があります。

4. 組織としての取り組み

1 健康診断・身体計測

　嘱託医による**健康診断**、保育者や看護師による定期的な**身体計測**を行います。嘱託医には、子ども一人ひとりの発育・発達、健康状態を伝えます。あらかじめ保護者からの質問も受けておき、嘱託医に伝えます。診断結果は、日々の健康管理に活用できるよう、家庭と共有できるような記録簿に記載します。受診や治療が必要な場合は、嘱託医と連携しながら、保護者に伝えます。

2 子どもへの衛生・安全指導

　衛生面では基本的な清潔の習慣、特に**手洗いとうがい**が重要です。外遊びのあとにも手洗い、うがいを励行します。正しい手洗いやうがいの方法については、日常の保育のなかで集団や個別に教えたり、紙芝居や紙人形などの教材を使ったりして、知識と行動の定着を図ります。
　食前の手洗いや、食後のうがい、歯みがきも習慣となるよう保育のな

> **参照**
> 手洗い、うがい
> →レッスン19

第6章　健康および安全の実施体制

かで行います。調理体験などでは爪を切り、エプロンや三角巾などを身につけます。そのまま口に入れる食品と、そうでない食品を触る際に、手や調理器具を介して不潔にならないよう、手洗いや調理器具を洗うタイミングを教えます。

　排泄をしたあとの手洗い指導はよく行われていますが、排泄前に手洗いをする習慣はあまりありません。排泄後の手洗いは、主に自分以外の人への汚染、感染予防であり、排泄前の手洗いは自分の大切な性器に対する汚染、感染予防です。外遊びのあとなど、特に男児の場合、汚れた手で性器を触らず、手洗いをしたあと、排泄する習慣を身につけたいものです。自分の体を大切にするセクシュアリティ教育の観点からも、性器が汚いというメッセージを伝えないように気をつけます。

3　日常の安全管理

　施設、設備、遊具、玩具、用具、園庭など、子どもが使うものすべてを**定期的に点検**し、安全を確保します。点検表などを作成し、具体的な点検項目、点検日、点検者を決めておきます。遊具や玩具は、安全基準や規格を理解し、必要に応じて専門業者による定期点検を行います。子どもが利用する散歩経路や通所経路なども、工事の有無や交通量など職員間で情報を共有するようにします。

4　災害への備えと避難訓練

　火災や地震などの災害に備え、避難訓練計画、職員の役割分担の確認、緊急時の対応などについて、マニュアルを作成し、全職員に周知を図ります。定期的に子どもとともに避難訓練を行います。

5　事故の分析と事故防止マニュアルの整備

　どれほどマニュアルを整備し、訓練を重ねても、**ヒヤリ・ハット**した出来事は起こります。ヒヤリ・ハットした出来事を報告、分析し、今後起こりにくくなるよう対応するシステムが必要です。ヒヤリ・ハットは個人の不注意の問題だけではなく、分析することで環境やタイミング、人や物の配置などの問題が浮かんでくることがあります。一般化された事故防止マニュアルだけではなく、その施設特有のヒヤリ・ハットした出来事と改善策をマニュアルに追加していくことで、安全はより確保できます。

参照
ヒヤリ・ハット
→レッスン27

演 習 課 題

①自分の子ども観、育児観、保育観を言葉にしてみましょう。子どもは
　どのような存在だと思いますか？　あなたは、何を大切に育児や保育
　を行いたいですか？
②組織のなかで、一人の保育者として、どのような役割、行動が求めら
　れているか考えてみましょう。
③健康・安全面で、ほかに組織として取り組むといいと思うことを、考
　えてみましょう。

レッスン**29**

母子保健対策と保育

本レッスンでは母子保健関連施策の体系と各施策の内容、保育との関連について学びます。子どもの健康を維持増進させるには、国（厚生労働省）や自治体が行っている母子保健施策を理解し、保育の場における観察、支援と施策を円滑に連動させる必要があります。

1. わが国の母子保健施策

　図表29-1は現在のわが国の母子保健関連施策をまとめたものです。厚生労働省のホームページなどで、情報が提供されています。

　これらの施策が講じられる根拠となる主な法律は、「**母子保健法**」（1965〔昭和40〕年制定）です。「母子保健法」は、「母性並びに乳児及び幼児の健康の保持及び増進を図るため、母子保健に関する原理を明らかにするとともに、母性並びに乳児及び幼児に対する保健指導、健康診査、医療その他の措置を講じ、もつて国民保健の向上に寄与すること」を目的としています（第1条）。

　乳幼児の健康の保持増進については、「乳児及び幼児は、心身ともに健全な人として成長してゆくために、その健康が保持され、かつ、増進されなければならない」（第3条）と規定されています。「母性は、すべての児童がすこやかに生まれ、かつ、育てられる基盤であることにかんがみ、尊重され、かつ、保護されなければならない」と乳幼児の健康の保持増進の基盤となる**母性の尊重**（第2条）もうたわれています。

　「乳児又は幼児の保護者は、みずからすすんで、育児についての正しい理解を深め、乳児又は幼児の健康の保持及び増進に努めなければならない」（第4条第2項）と保護者の努力や、国及び地方公共団体の責務（第5条）も記されています。保育者は、国及び地方公共団体の施策が乳幼児に対する「**虐待の予防及び早期発見に資するものである**」ことを理解したうえで、乳幼児の健康の保持増進と育児についての保護者の正しい理解を深める保育を実践しなければなりません。

　図表29-1のなかでも、特に保育者が理解しておく母子保健事業について、次にまとめます。

図表 29-1 母子保健関連施策の体系

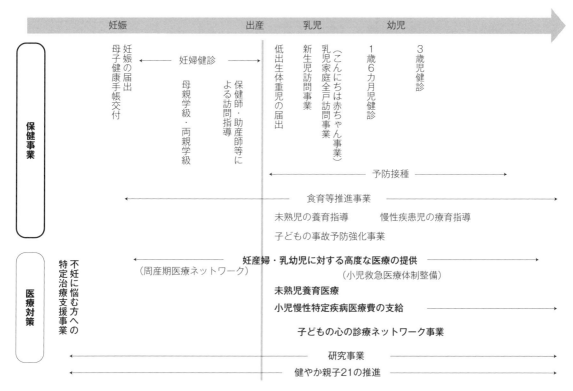

出典：厚生労働省『母子保健関連施策（平成27年9月2日）』をもとに作成

2．主な母子保健事業

1 乳幼児健康診査（1歳6か月児健康診査・3歳児健康診査）

　乳幼児健康診査は、「母子保健法」第12条で「市町村は、次に掲げる者に対し、厚生労働省令の定めるところにより、健康診査を行わなければならない」と規定しています。**1歳6か月児健康診査**は、満1歳6か月を超え満2歳に達しない幼児、**3歳児健康診査**は、満3歳を超え満4歳に達しない幼児を対象としています。また「前条の健康診査のほか、市町村は、必要に応じ、妊産婦又は乳児若しくは幼児に対して、健康診査を行い、又は健康診査を受けることを勧奨しなければならない」としています（第13条第1項）。

　保育者は、各健診における健診内容（図表29-2）を理解し、受診をしたかどうか保護者との会話や母子健康手帳の記載などから把握します。たとえば健診で栄養状態、精神発達の状況、言語障害の有無、育児上問題となる事項などが「気になる」「問題がある」場合は、市町村の保健

第 6 章　健康および安全の実施体制

図表 29-2 乳幼児健康診査の内容

1歳6か月児健診	3歳児健診
○ **健診内容** ① 身体発育状況 ② 栄養状態 ③ 脊柱及び胸郭の疾病及び異常の有無 ④ 皮膚の疾病の有無 ⑤ 歯及び口腔の疾病及び異常の有無 ⑥ 四肢運動障害の有無 ⑦ 精神発達の状況 ⑧ 言語障害の有無 ⑨ 予防接種の実施状況 ⑩ 育児上問題となる事項 ⑪ その他の疾病及び異常の有無	○ **健診内容** ① 身体発育状況 ② 栄養状態 ③ 脊柱及び胸郭の疾病及び異常の有無 ④ 皮膚の疾病の有無 ⑤ 眼の疾病及び異常の有無 ⑥ 耳、鼻及び咽頭の疾病及び異常の有無 ⑦ 歯及び口腔の疾病及び異常の有無 ⑧ 四肢運動障害の有無 ⑨ 精神発達の状況 ⑩ 言語障害の有無 ⑪ 予防接種の実施状況 ⑫ 育児上問題となる事項 ⑬ その他の疾病及び異常の有無

出典：厚生労働省『母子保健関連施策（平成27年9月2日）』をもとに作成

▶ **出典**

†1　厚生労働省「平成27年度地域保健・健康増進事業報告の概況」2017年

✳ **用語解説**

ポピュレーションアプローチ

公衆栄養活動を行う際，対象を特定しないで全体を対象とする活動のこと。

▶ **出典**

†2　社会保障審議会児童部会児童虐待等要保護事例の検証に関する専門委員会「子ども虐待による死亡事例等第11次検証報告書」、2015年

師などが保育所などの施設に連絡し、家庭以外の子どもの生活を支える場で観察、支援、関係者に聞き取りをすることもあります。

　1歳6か月児健康診査の受診率は95.7%、3歳児健康診査は94.3%と高く[1]、日本の乳幼児健康診査は世界に誇る親子の**ポピュレーションアプローチ**✳の機会となっています。乳幼児健康診査の未受診は、虐待との関連が指摘されており[2]、未受診親子の把握は重要です。ただし健診を受診していても虐待死が防げていない状況もありますので[2]、受診していれば問題がないというわけではありません。健診が未受診である場合、市町村は保護者に対し、自宅訪問や文書で受診の勧奨を行います。保育者は、未受診であることを把握した場合、未受診親子、即ハイリスクな親子と決めつけることのないように配慮し、「忙しくて行くことができなかったのか」「健診の必要性を十分理解していなかったのか」など、まずは未受診に至った保護者の理由を十分聞きます。虐待（特にネグレクト）や保護者の障害などによる理解力の乏しさなどを疑った場合は、保育者が安易に勧奨せず、市町村に情報提供をして、**他職種と連携したアプローチ**を検討します。

2　乳児家庭全戸訪問事業（こんにちは赤ちゃん事業）

　乳児のいる家庭と地域社会をつなぐ最初の機会として、乳児家庭の孤立化を防ぎ、乳児の健全な育成環境の確保を図ることを目的にした事業です。生後4か月までの乳児のいるすべての家庭を訪問し、さまざまな不安や悩みを聞き、子育てに関する情報提供などを行うとともに、親子の心身の状況や養育環境などの把握や助言を行い、支援が必要な家庭に対しては適切なサービス提供につなげます。訪問の結果、支援が必要と

レッスン29　母子保健対策と保育

判断された家庭は、適宜、関係者による**ケース会議**を行い、養育支援訪問事業をはじめとした適切なサービスにつなげていきます。

　この事業で、孤立化しそうな家庭に対し、地域の子育て支援拠点を紹介したりします。地域子育て支援拠点となっている保育所、認定こども園などで働く保育者は、参加した親子がうち解けた雰囲気のなか、親子同士が相互に交流することを促すようにします。また地域になじむよう地域ボランティアと顔合わせの仲介をしたり、町内会や地域の子育てサークルの催しを案内したりします。

3　養育支援訪問（要支援家庭への支援）

　周産期医療機関からの連絡や新生児訪問事業、乳児家庭全戸訪問事業の結果、育児ストレスや産後うつ病、育児ノイローゼなどの問題によって不安や孤立感などを抱える家庭、さまざまな原因で養育支援が必要な家庭に対し、個々の家庭の抱える養育上の問題の解決、軽減を図ることを目的とした事業です。訪問で子育て経験者などによる育児・家事の援助や保健師などによる具体的な養育に関する指導助言などを行います。児童養護施設などを退所した子どもの育ちを支えるために、**アフターケア**[＊]を必要とする家庭に対する養育相談・支援も行っています。

4　予防接種

　予防接種は、「**予防接種法**」（1948〔昭和23〕年制定）に基づき、感染症の発生・まん延予防を目的に行われてきました。これまでに天然痘や西太平洋地域におけるポリオを制圧し、公衆衛生水準の向上、国民の健康保持に寄与しています。近年、感染症が減少するなか、きわめてまれな頻度ですが予防接種の副反応による健康被害が指摘されるようになり、より安全な予防接種の実施が求められるようになりました。1996（平成8）年、「予防接種法」が改正され、定期の予防接種を受ける法的義務が努力義務となり、健康被害に対する救済について内容が追加されました。

　しかし同じ頃、麻しん・おたふくかぜ・風しん混合（MMR）ワクチンのおたふくかぜ成分による無菌性髄膜炎の発生頻度などが大きな社会的問題となり、国民の予防接種に対する懸念が払拭されずに、国内のワクチン開発の停滞、定期予防接種の対象疾病の追加がほとんど行われず、世界保健機関が推奨しているワクチンの一部が対象となっていない状況となりました。そこで2014年3月、「予防接種・ワクチンで防げる疾病は予防すること」「予防接種施策の推進は感染症の発生及びまん延の予

✳ 用語解説

アフターケア
援助を必要としていた利用者が、終結後にどのような状態であるのか、一定期間後に確認することをいう。

199

第6章　健康および安全の実施体制

参照
予防接種スケジュール
→レッスン19

防の効果並びに副反応による健康被害のリスクについて、利用可能な疫学情報を含めた科学的根拠を基に比較衡量することとする」という基本的な理念が厚生労働省より告示（適用は4月）されました。予防接種には、国の推奨により自治体が費用を負担する定期接種と、国の推奨はないため自己負担で受ける任意接種があります。定期接種でも期間を過ぎると費用の負担が生じたり、任意接種でも自治体によっては費用を一部負担してくれる場合もあります。

　保育者は、施設長などを通じて、国や自治体から提供される最新の情報を常に把握し、関係機関と基本的理念に基づき方針を同じにして、保護者などに予防接種の推進を図ります。また子どものワクチン接種状況や感染症の流行状況を把握し、施設内外での感染予防に努めます。

5　食育等推進事業

　近年の食生活をめぐる環境の変化にともない、国民が生涯にわたって健全な心身を培い、豊かな人間性を育むため、食育に関する施策を総合的かつ計画的に推進し、現在および将来にわたる健康で文化的な国民の生活と豊かで活力ある社会の実現に寄与することを目的に、2005（平成17）年、「**食育基本法**」が制定されました。

　保育所などにおける食育計画は、「食育は、父母その他の保護者にあっては、家庭が食育において重要な役割を有していることを認識するとともに、子どもの教育、保育等を行う者にあっては、教育、保育等における食育の重要性を十分自覚し、積極的に子どもの食育の推進に関する活動に取り組むこととなるよう、行われなければならない」（第5条）という規定に基づいています。保育所において、食育をより豊かに展開するためには、栄養士が配置されている施設はその専門性を十分活用し、家庭、地域住民に加え、保健センター、保健所、医療機関、学校や社会教育機関、地域の商店や産業、地域の農業、栄養や食生活に関する人材と連携・協力して取り組むと効果的です。

6　子どもの事故予防強化事業

　2010（平成22）年度より、国は家庭内における子ども（特に乳幼児）の事故予防に関するパンフレットなどを妊娠期の両親学級や乳幼児健診などで配布・説明するなど、保護者に対する意識啓発を行っています。

　保育所などでも、施設周辺の地域の状況、施設内、家庭内での事故予防について、情報発信、保護者への啓発を行います。

レッスン 29　母子保健対策と保育

7 妊娠の届出・母子健康手帳交付・妊婦健康診査

①妊娠の届け出・母子健康手帳交付

　母子健康手帳は、市町村によって妊娠の届け出をした者に対し、交付されます（「母子保健法」第16条）。多くの市町村では、妊娠の届出・母子健康手帳交付時に、保健師による初回面談をし、要支援家庭などのリスクアセスメントを行っています。妊婦にとって、妊娠期から育児期まで切れ目なく、居住地の担当保健師と顔の見える関係構築を開始でき、支援が必要な場合は受けられるよい取り組みといえます。

　母子健康手帳は妊娠、出産および育児に関する一貫した健康記録であるとともに、乳幼児の保護者に対する育児の指導書となっています。妊娠中の経過、乳幼児の健康診査の記録、予防接種の記録、乳幼児身体発育曲線等は、厚生労働省令で様式が規定され、必ず記載しなければならない全国一律の内容となっています。

　厚生労働省令で記載項目のみを定め、妊産婦の健康管理や乳幼児の養育にあたり必要な情報（日常生活上の注意、育児上の注意、妊産婦・乳幼児の栄養の摂取方法、予防接種に関する情報）は、自治体の任意で記載されます。母子健康手帳に記載される情報は、乳幼児身体発育調査や社会的変化、母子保健の変化を踏まえた内容に更新されるため、保育者は最新の知識を母子健康手帳から得ることもできます。

　妊娠から就学時までの健診結果、その後の予防接種状況など子どもの健康に関する情報を一貫して記載できる母子健康手帳は、わが国で初めてつくられました。現在、そのよさが認められ、世界の多くの国で取り入れられています。

②妊婦健康診査

　妊婦健康診査は、妊娠初期から妊娠23週までは4週間に1回、妊娠24週から妊娠35週までは2週間に1回、妊娠36週以降分娩までは1週間に1回、医療機関（助産所を含む）を受診することが望ましいとされています。厳密には、医師または助産師が、妊婦および胎児は「健康」「経過は順調」であると判断するために必要な回数を受診する必要があります。心身のリスクが高い母子ほど、この回数以上の受診が必要となります。医師または助産師が必要だと判断した健診を受診しない妊婦を広く**未受診妊婦**といいます。未受診妊婦は、虐待や経済的に困難な状態との関連が指摘されています。しかし健診費用は現在、妊婦の健康管理の充実と経済的負担の軽減を目的に、すべての市町村において14回以上と公費助成の回数が増えました（2013年4月現在）。

　保育者は、入所中の子どもの弟妹となる保護者の妊娠にも注意を払い、

201

第6章　健康および安全の実施体制

日常の会話などから、未受診が疑われる場合は、関係機関と連携する必要があるかどうか検討する場合があります。

8　「健やか親子21」の推進

　健やか親子21とは、母子の健康水準を向上させるための取り組みを推進する国民運動計画をいいます。2001（平成13）年に始まったこの取組は現在、第1次計画の結果を踏まえ、2015（平成27）年度より第2次計画に進んでいます。図表29-3は「健やか親子21（第2次）」のモデル図、図表29-4は課題の概要を示したものです。

　ここでは特に保育者が十分理解して取り組みたい課題、基盤課題C（図表29-5）と、重点課題①（図表29-6）について取り上げます。

①子どもの健やかな成長を見守り育む地域づくり

　基盤課題C「子どもの健やかな成長を見守り育む地域づくり」は、目標を「妊産婦や子どもの成長を見守り親子を孤立させない地域づくり」と設定しています。健康水準の指標の一つに「この地域で子育てをしたいと思う親の割合」を増やすことがあり、健康行動の指標の一つに「主体的に育児に関わっていると感じている父親の割合」を増やすことがあげられています。

　保育所には、2つの保護者支援があります。1つは入所している子どもの保護者に対する支援、もう1つは保育所を利用していない子育て家庭も含めた地域における子育て支援です。後者は、業務に支障がない範囲において、保育所の社会的な機能を十分自覚し、他の関係機関、サービスと連携しながら、保育所の機能や特性を生かした支援を指します。

　保育所には、保護者の就労と自己実現を支える社会的使命があります。入所している子どもの保護者の多くは、就労と育児・家事の両立で時間的にも、精神的にもゆとりがありません。送迎時を中心に、保育者などと接触する機会がありますが、保護者間の交流、特に父親同士は交流がもちにくい状況です。入所している子どもの保護者が、地域で孤立しないために、平日の夜や土曜日など、親子間、あるいは子どもを保育しながら、保護者だけの交流の場を企画するなどの子育て支援が必要です。

　所属する保育所や認定こども園が、保育所を利用していない子育て家庭も含めた地域子育て支援拠点になっている場合があります。施設内や親子が集う場を常設することが困難な地域に出向くなどして、親子の交流の場の提供、交流の促進、子育てに関する相談・援助、地域の子育て関連情報の提供などを行います。

レッスン29　母子保健対策と保育

図表 29-3 健やか親子21（第2次）のモデル図

出典：厚生労働省『「健やか親子21（第2次）」参考資料集』

図表 29-4 「健やか親子21（第2次）」における課題の概要

課題名		課題の説明
基盤課題A	切れ目ない妊産婦・乳幼児への保健対策	妊娠・出産・育児期における母子保健対策の充実に取り組むとともに、各事業間や関連機関間の有機的な連携体制の強化や、情報の利活用、母子保健事業の評価・分析体制の構築を図ることにより、切れ目ない支援体制の構築を目指す。
基盤課題B	学童期・思春期から成人期に向けた保健対策	児童生徒自らが、心身の健康に関心を持ち、より良い将来を生きるため、健康の維持・向上に取り組めるよう、多分野の協働による健康教育の推進と次世代の健康を支える社会の実現を目指す。
基盤課題C	子どもの健やかな成長を見守り育む地域づくり	社会全体で子どもの健やかな成長を見守り、子育て世代の親を孤立させないよう支えていく地域づくりを目指す。具体的には、国や地方公共団体による子育て支援施策の拡充に限らず、地域にある様々な資源（NPOや民間団体、母子愛育会や母子保健推進員等）との連携や役割分担の明確化が挙げられる。
重点課題①	育てにくさを感じる親に寄り添う支援	親子が発信する様々な育てにくさ（※）のサインを受け止め、丁寧に向き合い、子育てに寄り添う支援の充実を図ることを重点課題の一つとする。 （※）育てにくさとは：子育てに関わる者が感じる育児上の困難感で、その背景として、子どもの要因、親の要因、親子関係に関する要因、支援状況を含めた環境に関する要因など多面的な要素を含む。育てにくさの概念は広く、一部には発達障害等が原因となっている場合がある。
重点課題②	妊娠期からの児童虐待防止対策	児童虐待を防止するための対策として、①発生予防には、妊娠届出時など妊娠期から関わることが重要であること、②早期発見・早期対応には、新生児訪問等の母子保健事業と関係機関の連携強化が必要であることから重点課題の一つとする。

出典：図表29-3と同じ

第 6 章 健康および安全の実施体制

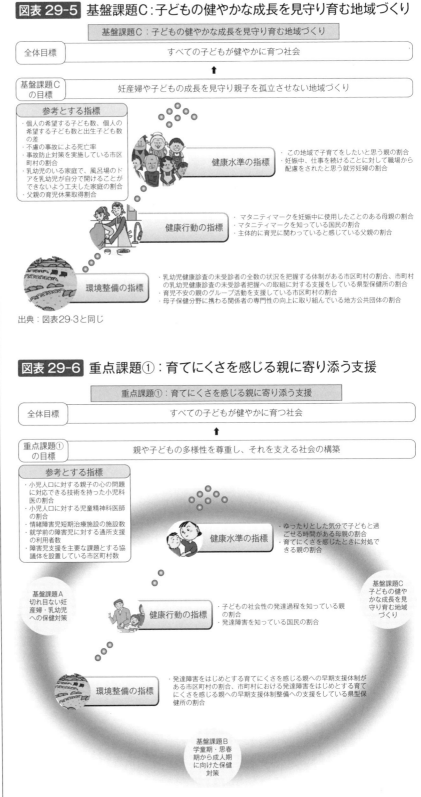

図表 29-5 基盤課題C：子どもの健やかな成長を見守り育む地域づくり

図表 29-6 重点課題①：育てにくさを感じる親に寄り添う支援

出典：図表29-3と同じ

レッスン29　母子保健対策と保育

②育てにくさを感じる親に寄り添う支援

　重点課題①「育てにくさを感じる親に寄り添う支援」では、「親や子どもの多様性を尊重し、それを支える社会の構築」を目標としています。健康水準の指標には「ゆったりとした気分で子どもと過ごせる時間がある母親の割合」「育てにくさを感じたときに対処できる親の割合」を増やすことがあげられています。保護者の心身の状態がよく、精神的に満たされていると、保護者は子どもと向き合う時間が増え、子どものさまざまな反応にもゆとりをもって対応できます。また保育者や他の保護者との関わりも増え、保育者からの助言にも耳を傾けてくれるかもしれません。パーソナリティや夫婦関係・家族関係、就労の状況や家事・育児の得手不得手など保護者の状況はさまざまです。保育者は、保護者一人ひとりに寄り添い、保護者が本音で困りごとを話してくれる関係をつくることが、ひいては子どもの最善の利益につながることを意識し、子育て支援を行います。

　健康行動の指標には「子どもの社会性の発達過程を知っている親の割合」「発達障害を知っている国民の割合」を増やすことが示されています。保育者は子どもの発達や発達障害に関する知識をもち、集団力学を活用しながら子ども一人ひとりに適した発達を促すことができる専門家です。保護者や地域に向け、発信する役割が求められます。

演 習 課 題

①最新の母子保健関連施策は、どこから情報を得ることができますか？
②各施策の目的について調べてください。
③乳幼児健診（1歳6か月児健診・3歳児健診）が未受診だったと保健センターから連絡がありました。保育者は子どもや保護者のどのような情報を収集し、保育所において、どのようなアプローチをしますか？

205

レッスン**30**

家庭・専門機関・地域との連携

本レッスンでは子どもの主な居場所である家庭、福祉や保健・医療などの専門機関、地域との具体的な連携について学びます。子どもの最善の利益に配慮した保育と、地域全体に対する子育て支援の実現には家庭・専門機関・地域との連携が不可欠です。

１．妊娠・出産包括支援事業の展開

　核家族化や地域のつながりの希薄化など、地域において妊産婦やその家族を支える力が弱くなっており、妊娠、出産、子育て期にある女性の不安や負担が増えています。そこで国（厚生労働省）は、地域単位で結婚から妊娠、出産を経て子育て期に至るまでの切れ目ない支援の強化を図ることを目的に、2014（平成26）年度から**妊娠・出産包括支援モデル事業**を開始しました。

　2015（平成27）年度には、妊娠・出産包括支援モデル事業のひとつ、母子保健相談支援事業をさらに推進し、関係機関が個々に行っている支援について、妊娠、出産、子育て期にある女性が利用しやすくなるよう、ワンストップ拠点「**子育て世代包括支援センター**」が立ち上がりました（図表30-1）。子育て世代包括支援センターは、2015年度中に150か所を整備し、地域の状況を踏まえながら、5年後をめどに全国に展開する予定が立てられています。

　子育て世代包括支援センターは、保健師やソーシャルワーカーなどが配置され、すべての妊産婦（子育て期にある女性も含む）の心身の状態、周囲からの支援の状況、妊婦健康診査や乳幼児健診などの結果や保健指導の内容を継続的に把握、母子保健サービスや子育てサービスを実施する関係機関につなぎます。特に手厚い支援が必要な対象には、関係機関と連携して、対象に適したオーダーメイドの支援プランを策定していきます。保育所や幼稚園、認定こども園など（以下、保育所など）は子育て支援機関の一つとして、その一翼を担います。

　子育て世代包括支援センターは、地域の関係機関とネットワークを構築し、必要に応じて新しい子育て支援サービスなど社会資源の開発も行うことが求められています。

◆補足

ワンストップ拠点
1か所で用が足りる、あるいは1か所で何でもそろう場所・施設。

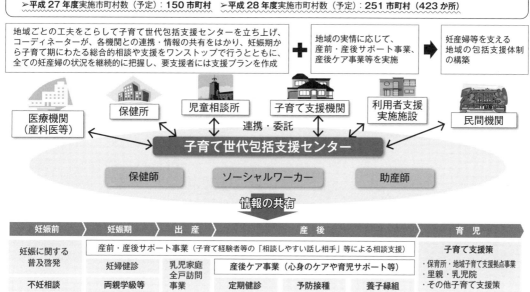

図表30-1 妊娠・出産包括支援事業の展開

出典：厚生労働省雇用均等・児童家庭局「平成27年度全国厚生労働関係部局長会議（厚生分科会）資料」2015年をもとに作成

2. 家庭との連携

　保育所などに入所している子どもは、休日以外の1日の大半を保育所などで過ごします。子どもの健康の維持と心身の発達を促すために、保育所などでの生活を整えることは大切ですが、やはり子どもにとって主となる生活の場は家庭です。退所後の将来の子どもの育ちを支えるためにも、乳幼児期から家庭での健康で安全な生活を確立することは、保育者の重要な役割といえます。

　家庭での生活状況、しつけ（育児方針）、親子の愛着など、保護者から正確で深い情報を得ることは、子どもや親子関係を適切にアセスメント*することにつながります。健康状態、既往歴や予防接種歴は、入所時以外にも定期的に収集し、子どもを把握しておきます。

　子どもの健康と安全に関する取り組みや、食生活、食育に関する活動についてはお便り、連絡ノート、送迎時の会話、園内掲示などを通して、家庭に情報提供します。特に感染症や事故に関する情報、季節の食事や行事など、保育所などと家庭で同じ情報を共有し、育児方針（保育方針）

※ 用語解説
アセスメント
援助開始に当たって事前に査定・評価すること。収集した情報から問題状況を多面的に分析し、総合的に評価する。

第 6 章　健康および安全の実施体制

の違いにより、子どもが混乱しないよう、双方で楽しく、過ごしやすくすることが大切です。保育所などの健康と安全に関する基本的取組方針を入所時に説明することも必要です。

　保護者懇談会、保育参観、保育参加（体験）、親子遠足や運動会などは、保護者のしつけ（育児方針）や親子の関わりを観察できる機会です。子どもを中心に、保護者と保育者が子どもの言動を一緒に観察し、子どもの気持ちや行動の理解の仕方、心身の発達を共有します。保護者の育児に対する自信や意欲が高まるような伝え方をします。保護者と保育者の関係がよりよいものになれば、保護者は保育所などに子どもを預けている間も安心して就労・生活することができます。

3．専門機関との連携

　専門機関と円滑に連携・協力するには、専門機関の役割や機能をよく理解する必要があります。保育所などと連携する主な専門機関と連携内容を示します。

1　保健センター（市町村）

　市町村保健センターは、健康相談、保健指導、健康診査など地域保健に関する事業を地域住民に行うための施設です。「地域保健法」に基づき、多くの市町村に設置されています。気になる親子、健診の結果など子どもの健康や発達に関することは、嘱託医や市町村保健センターに連絡、相談をします。ほぼ100％、市町村には**要保護児童対策地域協議会**（以下、要対協）が設置されています。虐待や不適切な養育など気になる親子は、この要対協で個別ケース検討会議が行われ、虐待、要保護、要支援児童等の判断がなされます。当該の子どもが市町村か児童相談所か、主にどちらが主となって支援するのかも決まります。保育所などの代表者が、関係機関の一人として、個別ケース検討会議や実務者会議、代表者会議に参加する場合もあります。

2　保健所（都道府県など）

　保健所は、地域住民の健康を支える中核となる施設です。疾病の予防、衛生の向上など地域住民の健康の保持増進に関する業務を行います。「地域保健法」に基づいて都道府県、指定都市、中核市、特別区などに設置されています。

参照
要保護児童対策地域協議会
→レッスン24

レッスン30　家庭・専門機関・地域との連携

3　医療機関・療育機関

　嘱託医の業務内容は前述の通りです。嘱託医以外で連携することは、疾病や障害のある子どもが入所している場合、医療機関や療育機関の主治医や看護師、医療ソーシャルワーカーなどに、子どもの健康や保育所などでの生活に必要な情報（専門的な知識や技術）を聞いたり、相談したりします。

4　福祉事務所（都道府県など）

　福祉事務所は、福祉に関する事務所（「社会福祉法」第14条）を指します。福祉六法（「生活保護法」「児童福祉法」「母子及び父子並びに寡婦福祉法」「老人福祉法」「身体障害者福祉法」および「知的障害者福祉法」）に定める援護、育成または更生の措置に関する事務を司る社会福祉行政機関です。都道府県および市（特別区を含む）の設置が義務づけられており、町村は任意で設置することができます。

5　児童相談所（都道府県など）

　児童相談所は、都道府県、指定都市などが設置する機関で、子どもの健やかな成長を願って、ともに考え、問題を解決していく専門の相談機関です。市町村の要対協で検討後、主として虐待、要保護児童等の支援を行うこともあります。入所している子どもやその兄弟姉妹が虐待や要保護児童等の場合、保育所などは関係機関として、児童相談所と連携します。

6　地域子育て支援拠点（市町村）

　地域子育て支援拠点には、一般型と連携型があります。実施主体は市町村ですが、社会福祉法人、NPO法人、民間事業者などへの委託も可能です。

　一般型は、常設の子育て支援拠点を設け、地域の子育て支援機能の充実を図る取り組みを実施します。保育所などが地域子育て支援拠点になっている場合もあります。その他、公共施設の空きスペース、商店街の空き店舗、民家、マンション・アパートの一室、幼稚園などが実施場所になります。子育て支援に関して意欲があり、子育てに関する知識・経験を有する2名以上の者が従事しています。

　連携型は、児童館などの児童福祉施設など多様な子育て支援に関する施設に親子が集う場を設け、子育て支援のための取り組みを実施します。一般型と同じ条件の従事者1名以上に、児童福祉施設などの職員が協力

209

第6章 健康および安全の実施体制

7 女性健康支援センター（都道府県等）

保健師等による婦人科的疾患および更年期障害、出産についての悩み、不妊等女性の健康に関する一般的事項に関する相談指導を行います。

8 教育委員会

保育所などは就学前までの乳幼児が入所します。小学校は、市町村の**教育委員会**が管轄となります。虐待や不適切な養育、疾病や障害のある子どもなどは小学校入学前から情報を共有し、小学校生活が円滑に開始できるよう、教育委員会を通して小学校の教諭と連携します。

保育所は、特別な支援を必要とする家庭および児童の優先入所が原則となっています。「児童虐待の防止等に関する法律」は、「児童虐待の防止に寄与するため、特別の支援を要する家庭の福祉に配慮をしなければならない」（第13条の3）と定めています。「母子及び父子並びに寡婦福祉法」は、「母子家庭の福祉が増進されるように特別の配慮をしなければならない」（第28条）と定めています。「発達障害者支援法」は「発達障害児の健全な発達が他の児童と共に生活することを通じて図られるよう適切な配慮をするものとする」（第7条）と明記しています。子どもに障害や発達上の課題がある場合は、市町村や関係機関と連携・協力を図りつつ、保護者に対する支援も行うよう努めます。

事例

桜ちゃん1歳3か月女児。保育所には生後2か月から入所している。家族は父親21歳、母親19歳の3人暮らしである。妊娠がわかったとき母親は17歳であった。その後、父親と入籍し、同居を開始した。父親は高校を卒業後、自動車を整備する仕事につき、現在、資格取得を目指している。

母親は実家との折り合いが悪く、出産後、父親以外の支援が見込めなかったため、要保護児童対策地域協議会において特定妊婦として、妊娠期よりK市保健センター保健師が中心となり、H産院の医師、助産師とも連携しながら支援を開始した。母親は、実親より十分な養育を受けておらず、「赤ちゃんをちゃんと育てられるか不安」、「ご飯のつくり方がわからない」などの訴えがあった。H産院では、受け持ち助産師を決め、献立の選び方や体重コントロールの方法、生活の整え方、不安の傾聴や支援など、母親の心身の健康管

理や胎児の健康管理を行った。保健師も、自宅訪問や妊婦健康診査随行などで支援を行った。

出産は35週6日の早産であった。桜ちゃんは出生時体重が2,000グラムと小さく、ミルクの飲みが悪かったり、黄疸が少し強く出たりした。母親はそのたび涙し、疲労や心配で十分睡眠がとれないこともあったが、入院中は初めての授乳やお風呂、おむつ交換などの世話や観察に一生懸命取り組み、産院を退院しても育児と家事をなんとかやれるかも、「できるかも」と少し自信がつくまでになった。

保健師がマネジメントし、桜ちゃんの入院費用は**未熟児養育医療***でまかなわれた。またK市に低出生体重児の届け出をし、退院後、保健師から継続した自宅訪問を受けた（K市では助産師などによる新生児訪問事業、乳児家庭全戸訪問事業があり、その結果、気になるケースは養育支援訪問事業につなぐことになっている。桜ちゃんは低出生体重児であったため、最初から担当保健師による支援を受けることになった）。

若年で支援者がおらず、徐々に親として自信をつけつつはあったが、母親の育児負担の軽減、桜ちゃんの見守りを目的に、生後2か月で保育所に入所した。入所後、母親は心身の回復をはかりながら、料理、掃除、洗濯、買い物、家計のやりくりなどにも慣れ、近くのスーパーでの就労も開始した。保育士は朝夕の送迎時に、家での桜ちゃんの様子を聞き、保育所での様子を伝えるなどして、桜ちゃんの育ちを何でみて、どのように支えていくのかが母親にわかるよう丁寧にやりとりするようにした。また就労や家事、育児に取り組む母親をねぎらい、母親の疲労や負担感が増していないかをみて、母親が本音で語れる関係をつくり、寄り添うように関わった。

桜ちゃんは現在、体重、身長とも平均の下限で推移し、発達も順調である。

1歳6か月児健康診査をひかえた桜ちゃんは、どのような状態であれば、成長発達は順調といえるでしょうか？　また、順調な成長発達を維持増進するために、今後、保護者や保育者は日常生活でどのような養育をすればいいでしょうか？

保育者は、母親をはじめ両親にどのような予期的支援を行えばいいか、または1歳6か月児健康診査前後に、保育所はどの関連機関とどのような連携をとればいいかといったことと合わせて考えてみましょう。

✳ **用語解説**
未熟児養育医療
未熟児の健全な育成を図る目的の公費負担医療制度。入院を要する未熟児に対し養育に必要な医療の給付がある。

4．地域との連携

　地域子育て支援は、保育所などが単独で行うもの、市町村、保育や子育て支援に関わる関係機関や関係者と連携して行うもの、関係機関が単独で行うものがあります。特に連携・協力を必要とする関係機関や関係者は、市町村、児童相談所、福祉事務所、保健センター、療育機関の他、小学校、中学校、高等学校、児童委員、児童館、家庭的保育（保育ママ）、ベビーシッター事業、ファミリー・サポート・センター事業、NPO法人などがあります。

　地域子育て支援は、入所している子どもだけでなく、地域の子どもの健全育成にも効果があります。中学生、高校生を対象とした保育者体験や子どもとの触れ合い交流があります。兄弟姉妹が減り、従兄弟も少なくなった昨今、乳幼児をみたことも触れたこともない親が増えています。将来の親を育成するという観点で、中学生、高校生が乳幼児と触れ合う経験は大切です。

　中学生、高校生だけでなく、高齢者など異世代との交流は、子育ての知識、技術を伝え合い、人と人をつないで、地域で顔の見える関係をつくります。地域住民のなかには、衣食住、季節の行事など子どもの生活、育ちを豊かにする専門的能力、趣味をもつ人が潜在しています。

　育児期にある保護者以外のさまざまな年代に参画してもらい、力を引き出し、発揮してもらうことで、子どもや保護者も、地域住民も双方エンパワーされる機会、場となります。保育所という場を中心に、人と人が交流し、地域が活性化していくことが求められています。

演 習 課 題

①子どもや保護者とよりよい関係を築くために、保育者が工夫していることは何でしょう？　実習などで保育者に聞いてみましょう。
②保健センターに連絡・相談する要支援家庭とはどのような家庭ですか？　保育者は、要支援家庭かもしれないと思う情報をどのような場面で収集しますか？
③地域のニーズに合った子育て支援の場として、あなたの施設が提供できるサービスを具体的に考えてください。

レッスン 30　家庭・専門機関・地域との連携

参考文献………………………………………………………………………………………

レッスン28

　井部俊子・中西睦子監修　『看護組織論』　日本看護協会出版会　2004年
　厚生労働省　「保育所保育指針解説書」　2008年
　厚生労働省　「母子保健関連施策」　2015年
　健やか親子21公式ホームページ　http://rhino.med.yamanashi.ac.jp/sukoyaka/tuuti8_
　　11_20.html
　平成26年度厚生労働科学研究費補助金（成育疾患克服等次世代育成基盤研究事業）乳
　　幼児健康診査の実施と評価ならびに多職種連携による母子保健指導のあり方に関す
　　る研究班　「保健指導に関する手引き」　2015年
　森岡清美・塩原勉・本間康平編　『新社会学辞典』　有斐閣　1993年

　おすすめの1冊

厚生労働省　「妊娠・出産包括支援モデル事業の取組事例集」
http://www.mhlw.go.jp/file/06-Seisakujouhou-11900000-
Koyoukintoujidoukateikyoku/h26nshm.pdf
各地域の状況に応じた子育て支援の取組事例が紹介されている。自分が働く地域の状況
に照らして読むと、よりよい子育て支援を考えるヒントになる。

213

コラム

他職種の業務内容

　施設では、嘱託医、看護師、栄養士、調理員など保育者以外の専門性の異なる職員が、同じ理念、保育目標のもと働いています。それぞれの業務内容をみていきましょう。

【嘱託医】
◎子どもの発育・発達状態の評価、定期および臨時の健康診断とその結果に関するカンファレンス
◎子どもの疾病および傷害と事故の発生時の医学的処置および医学的指導や指示
◎感染症発生時における指導指示、学校伝染病発生時の指導指示、出席停止に関する指導
◎予防接種に関する保護者および保育者に対する指導
◎衛生器材・医薬品に関する指導およびその使用に関する指導 等

【看護師】
◎子どもや職員の健康管理および保健計画等の策定と保育における保健学的評価
◎子どもの健康状態の観察の実践および保護者からの子どもの健康状態に関する情報の処理
◎子どもの健康状態の評価判定と異常発生時における保健学的・医学的対応および子どもに対する健康教育
◎疾病異常・傷害発生時の救急的処置と保育者に対する指導
◎子どもの発育・発達状態の把握とその評価及び家庭への連絡
◎乳児保育の実践と保育者に対する保健学的助言 等

【栄養士】
◎食育の計画・実践・評価
◎授乳、離乳食を含めた食事・間食の提供と栄養管理
◎子どもの栄養状態、食生活の状況の観察および保護者からの栄養・食生活に関する相談・助言
◎地域の子育て家庭からの栄養・食生活に関する相談・助言
◎病児・病後児保育、障害のある子ども、食物アレルギーの子どもの保育における食事の提供および食生活に関する指導・相談
◎食事の提供および食育の実践における職員への栄養学的助言 等

【調理員】
◎食事の調理と提供
◎食育の実践 等

さくいん

●かな

あ

愛着・・・・・・・・・・・・・・・・・・ 70, 77
アイデンティティの確立 ・・・・・・ 128
悪性新生物・・・・・・・・・・・・・・ 15, 79
アスペルガー症候群・・・・・・・・・ 145
アセスメント ・・・・・・・・・・・・・・ 207
アセトン血性嘔吐症 ・・・・・・・・・ 138
遊び・・・・・・・・・・・・・・・・・・・・・・ 70
遊び食い・・・・・・・・・・・・・・・・・・ 134
アトピー性皮膚炎 ・・・・・・・ 111, 138
アナフィラキシーショック ・・・ 101, 164
アニミズム・・・・・・・・・・・・・・・・・・ 64
アフターケア・・・・・・・・・・・・・・・ 199
アラン・ヤング ・・・・・・・・・・・・・ 76
安定期・・・・・・・・・・・・・・・・・・・・・ 37

い

イチゴ舌 ・・・・・・・・・・・・・・・・・・ 96
一語文・・・・・・・・・・・・・・・・・・・・・ 66
1歳6か月児健康診査・・・・ 149, 197
溢乳・・・・・・・・・・・・・・・・・・・・・・・ 49
遺糞症・・・・・・・・・・・・・・・・・・・・ 133
医療的ケア ・・・・・・・・・・・・・・・ 114
咽頭結膜熱・・・・・・・・・・・・・・・・・ 95
インフルエンザ ・・・・・・・・・・・・・ 94

う

うがい ・・・・・・・・・・ 120, 169, 193
打ち水・・・・・・・・・・・・・・・・・・・・ 163
運動機能・・・・・・・・・・・・・・・・・・・ 20
運動性チック・・・・・・・・・・・・・・・ 135

え

衛生管理・・・・・・・・・・・・・・・・・・ 169
栄養士・・・・・・・・・・・・・・・・・・・・ 193
エピペン・・・・・・・・・・・・・・ 101, 173
エリクソン・・・・・・・・・・・・・・・・・ 126

お

応急処置・・・・・・・・・・・・・・・・・・ 183
嘔吐・・・・・・・・・・・・・・・・・・・・・・・ 83
おすわり・・・・・・・・・・・・・・・・・・・ 58

おたふくかぜ・・・・・・・・・・・・・・・ 94
汚物処理・・・・・・・・・・・・・・・・・・ 164
オレンジリボンマーク ・・・・・・・ 157
音声チック ・・・・・・・・・・・・・・・ 135
温度感覚・・・・・・・・・・・・・・・・・・・ 55

か

カウプ指数・・・・・・・・・・・・・・・・・ 40
化学的消化・・・・・・・・・・・・・・・・・ 49
学習障害・・・・・・・・・・・・・・・・・・ 145
かぜ症候群・・・・・・・・・・・・・・・・ 104
家族形態・・・・・・・・・・・・・・・・・・・ 16
家族歴・・・・・・・・・・・・・・・・・・・・ 111
「学校保健安全法」・・・・・ 90, 171
合併症・・・・・・・・・・・・・・・・・・・・・・ 7
感覚運動的段階・・・・・・・・・・・・・ 63
換気・・・・・・・・・・・・・・・・・・・・・・ 164
看護師・・・・・・・・・・・・・・・・・・・・ 193
観察力・・・・・・・・・・・・・・・・・・・・・ 25
感染・・・・・・・・・・・・・・・・・ 89, 169
感染症・・・・・・・・・・・・・・ 9, 89, 91
「感染症の予防及び感染症の患者
　に対する医療に関する法律」
・・・・・・・・・・・・・・・・・・・・・・・・・ 171
「感染症法」・・・・・・・・・・・・・・・ 171
感染性胃腸炎・・・・・・・・・・・・・・・ 96
間代発作・・・・・・・・・・・・・・・・・・・ 87
がんばり表・・・・・・・・・・・・・・・・ 144

き

既往歴・・・・・・・・・・・・・・・・・・・・ 111
記憶・・・・・・・・・・・・・・・・・・・・・・・ 64
機械的消化・・・・・・・・・・・・・・・・・ 49
器官形成期・・・・・・・・・・・・・・・・・ 37
気管支ぜんそく・・・・・・・・ 106, 137
聴く力 ・・・・・・・・・・・・・・・・・・・・ 25
吃音・・・・・・・・・・・・・・・・・・・・・・ 135
気になる子ども ・・・・・・・・・・・ 140
基本的信頼感・・・・・・・・・・ 70, 127
基本的不信・・・・・・・・・・・・・・・・ 127
虐待の通告・・・・・・・・・・・・・・・・・ 26
虐待防止・・・・・・・・・・・・・・・・・・・ 27
ギャングエイジ ・・・・・・・・・・・・・ 71

吸引・・・・・・・・・・・・・・・・・・・・・・ 114
嗅覚・・・・・・・・・・・・・・・・・・・・・・・ 55
丘しん・・・・・・・・・・・・・・・・・・・・・ 93
急性糸球体腎炎・・・・・・・・・・・・ 109
吸啜反射・・・・・・・・・・・・・・・・・・・ 58
胸囲・・・・・・・・・・・・・・・・・・・・・・・ 41
共育・・・・・・・・・・・・・・・・・・・・・・ 180
教育委員会・・・・・・・・・・・・・・・・ 210
強直間代発作・・・・・・・・・・・・・・・ 87
強直発作・・・・・・・・・・・・・・・・・・・ 87
協同遊び・・・・・・・・・・・・・・・・・・・ 71
協働力・・・・・・・・・・・・・・・・・・・・・ 25
胸部突き上げ法・・・・・・・・・・・・ 178
気流・・・・・・・・・・・・・・・・・・・・・・ 163
緊張性頸反射・・・・・・・・・・・・・・・ 58
勤勉感・・・・・・・・・・・・・・・・・・・・ 127

く

空気感染・・・・・・・・・・・・・・・・・・・ 90
具体的操作期・・・・・・・・・・・・・・・ 78
具体的操作段階・・・・・・・・・・・・・ 65

け

経管栄養・・・・・・・・・・・・・・・・・・ 114
経口感染・・・・・・・・・・・・・・・・・・・ 90
経口補液剤・・・・・・・・・・・・・・・・・ 85
形式的操作段階・・・・・・・・・・・・・ 65
けいれん ・・・・・・・・・・・・・ 86, 99
ケース会議 ・・・・・・・・・・・・・・・ 199
血圧・・・・・・・・・・・・・・・・・・・・・・・ 48
欠神発作・・・・・・・・・・・・・・ 87, 107
解熱剤・・・・・・・・・・・・・・・・・・・・・ 82
下痢・・・・・・・・・・・・・・・・・・・・・・・ 84
原因と結果・・・・・・・・・・・・・・・・・ 77
健康・・・・・・・・・・・・・・・・・・・・・・・ 11
健康教育・・・・・・・・・・・・・・・・・・ 119
健康診断・・・・・・・・・・・・・・ 172, 193
言語機能・・・・・・・・・・・・・・・・・・・ 20
原始反射・・・・・・・・・・・・・・・・・・・ 57
減数分裂・・・・・・・・・・・・・・・・・・・ 34

こ

誤飲・・・・・・・・・・・・・・・・・・・・・・ 175

215

恒温動物・・・・・・・・・・・・・・・ 44
合計特殊出生率・・・・・・・・・・・ 12
高年齢化・・・・・・・・・・・・・・ 18
紅斑・・・・・・・・・・・・・・・・ 91
抗利尿ホルモン・・・・・・・・・ 50, 132
呼吸・・・・・・・・・・・・・・・・ 46
5歳児健康診査 ・・・・・・・・・・・ 149
子育て世代包括支援センター
・・・・・・・・・・・・・・・・・ 206
ごっこ遊び・・・・・・・・・・・・・ 71
子ども虐待 ・・・・・・・・・・ 21, 151
子ども虐待相談対応件数 ・・・・ 152
子ども・子育て支援新制度
・・・・・・・・・・・・・・・ 18, 25
子どもの健やかな成長を見守り育む
地域づくり ・・・・・・・・・・ 202
子どもの貧困・・・・・・・・・・・ 21
昏睡・・・・・・・・・・・・・・・ 151
こんにちは赤ちゃん事業・・・ 156, 198

さ

罪悪感・・・・・・・・・・・・・・ 127
臍帯・・・・・・・・・・・・・・・ 37
細胞外液・・・・・・・・・・・・・ 51
産後うつ病 ・・・・・・・・・・・・ 153
3歳児健康診査 ・・・・・・・ 149, 197

し

ジアゼパム座薬・・・・・・・・・・ 100
自我・・・・・・・・・・・・・・・ 69
視覚・・・・・・・・・・・・・・・ 54
視覚ツール ・・・・・・・・・・・ 146
自家中毒・・・・・・・・・・・・・ 138
時間・空間の概念 ・・・・・・・・ 65
糸球体・・・・・・・・・・・・・・ 49
自己肯定感・・・・・・・・・・・ 127
自己中心性 ・・・・・・・・・・・ 64
死産・・・・・・・・・・・・・・・ 15
指示行為・・・・・・・・・・・・・ 66
自尊感情 ・・・・・・・・・・・・ 143
肢体不自由児 ・・・・・・・・・・ 112
市町村保健センター ・・・・・・・ 208
室温・・・・・・・・・・・・・・・ 162

疾患・・・・・・・・・・・・・・・ 76
実践力・・・・・・・・・・・・・・ 25
湿度・・・・・・・・・・・・・・・ 162
疾病・・・・・・・・・・・・・・・ 76
「児童虐待の防止等に関する法律」
・・・・・・・・・・・・・・ 25, 156
「児童虐待防止法」・・・・・ 25, 156
児童相談所・・・・・・・・・・ 155, 209
「児童福祉法」・・・・・・・・・・ 23
自動歩行反射 ・・・・・・・・・・ 58
シナプス・・・・・・・・・・・・・ 37
自閉スペクトラム症・・・・・・・ 142
死亡数・・・・・・・・・・・・・・ 14
死亡率・・・・・・・・・・・・・・ 14
社会性 ・・・・・・・・・・・・・ 70
周期性嘔吐 ・・・・・・・・・・・ 138
周産期死亡 ・・・・・・・・・・・ 15
重症心身障害児・・・・・・・・・ 112
集団の健康管理 ・・・・・・・・・ 9
受精・・・・・・・・・・・・・・・ 34
受胎・・・・・・・・・・・・・・・ 36
出生数・・・・・・・・・・・・・・ 12
出生率・・・・・・・・・・・・・・ 12
受療率・・・・・・・・・・・・・・ 20
循環・・・・・・・・・・・・・・・ 47
消化・・・・・・・・・・・・・・・ 49
小泉門・・・・・・・・・・・・・・ 41
情緒・・・・・・・・・・・・・・・ 68
象徴機能・・・・・・・・・・・・・ 64
照度・・・・・・・・・・・・・・・ 163
「食育基本法」・・・・・・・・・・ 200
職業的社会化・・・・・・・・・・・ 190
嘱託医・・・・・・・・・・・・・・ 193
食中毒予防・・・・・・・・・・・・ 170
食物アレルギー ・・・・・・・・・ 100
初語・・・・・・・・・・・・・・・ 66
初婚率・・・・・・・・・・・・・・ 18
女性健康支援センター ・・・・・ 210
女性の就業率 ・・・・・・・・・・ 18
自律神経・・・・・・・・・・・・・ 9
自律性 ・・・・・・・・・・・・・ 127
親権・・・・・・・・・・・・・・・ 26
腎疾患・・・・・・・・・・・・・・ 109

心室中隔欠損・・・・・・・・・・ 108
心身症・・・・・・・・・・・・・・ 129
新生児死亡・・・・・・・・・・・・ 15
身体計測・・・・・・・・・・・・・ 193
身体的虐待・・・・・・・・・・・・ 151
身長・・・・・・・・・・・・・ 18, 38
身長計・・・・・・・・・・・・・・ 41
身長体重曲線・・・・・・・・・・・ 39
心的外傷後ストレス障害・・・・・ 184
心肺蘇生法・・・・・・・・・ 178, 183
心拍数・・・・・・・・・・・・・・ 47
心房中隔欠損・・・・・・・・・・ 108
心理的虐待・・・・・・・・・・・・ 152

す

睡眠・・・・・・・・・・・・・・・ 51
「健やか親子21」・・・・・・・ 24, 202

せ

生活の質・・・・・・・・・・・・・ 2
精子・・・・・・・・・・・・・・・ 34
性的虐待・・・・・・・・・・・・・ 151
生理的体重減少・・・・・・・・・・ 38
生理的微笑・・・・・・・・・・・・ 68
世界保健機関・・・・・・・・・・ 3, 11
咳 ・・・・・・・・・・・・・・ 82, 106
脊髄反射・・・・・・・・・・・・・ 49
積極性・・・・・・・・・・・・・・ 127
接触感染・・・・・・・・・・・・・ 90
絶対的貧困・・・・・・・・・・・・ 21
0歳児虐待 ・・・・・・・・・・・ 154
「全国保育士会倫理綱領」・・・ 192
前操作期・・・・・・・・・・・・・ 77
前操作的段階・・・・・・・・・・・ 64
ぜんそく・・・・・・・・・・・・・ 163
先天奇形・・・・・・・・・・・・・ 15
先天性心疾患・・・・・・・・・・ 108
潜伏期間・・・・・・・・・・・・・ 91
喘鳴・・・・・・・・・・・・・ 82, 106
泉門・・・・・・・・・・・・・・・ 41

そ

騒音・・・・・・・・・・・・・・・ 163

さくいん

相対的貧困率・・・・・・・・・・・・・ 21
ソーシャルスキル ・・・・・・・・・・ 148
足底反射・・・・・・・・・・・・・・・ 58
組織社会化・・・・・・・・・・・・・ 190
粗大運動・・・・・・・・・・・ 58, 61
育てにくさ ・・・・・・・・・・・・・ 24
育てにくさを感じる親に寄り添う支援
・・・・・・・・・・・・・・・・・・・ 205

た
体温調節・・・・・・・・・・・・・・ 44
胎芽・・・・・・・・・・・・・・・・・ 37
胎児・・・・・・・・・・・・・・・・・ 37
体重・・・・・・・・・・・・・・ 18, 38
体重計・・・・・・・・・・・・・・・ 42
大泉門・・・・・・・・・・・・・ 41, 85
胎盤・・・・・・・・・・・・・・・・・ 37
他者の視点・・・・・・・・・・・・・ 64
脱水・・・・・・・・・・・・・・ 85, 162
脱力発作・・・・・・・・・・・・・・ 87
探索反射・・・・・・・・・・・・・・ 58

ち
チアノーゼ ・・・・・・・・・・・・・ 83
地域子育て支援拠点・・・・・・・ 209
チック症・・・・・・・・・・・・・・ 135
窒息・・・・・・・・・・・・・・ 15, 174
知的障害・・・・・・・・・・・・・ 113
着床・・・・・・・・・・・・・・・・・ 36
注意・・・・・・・・・・・・・・・・・ 64
注意欠陥多動性障害・・・・・・・ 144
聴覚・・・・・・・・・・・・・・・・・ 54
調整機能・・・・・・・・・・・ 61, 65, 69
調理員・・・・・・・・・・・・・・・ 193

つ
つかまり立ち ・・・・・・・・・・・・ 59
爪かみ・・・・・・・・・・・・・・・ 136

て
手足口病・・・・・・・・・・・・・・ 95
手洗い・・・・・・・・・・ 117, 169, 193
定期健康診断・・・・・・・・・・・・ 172

定期接種・・・・・・・・・・・・・ 119
低出生体重児・・・・・・・・・ 12, 93
低体温症・・・・・・・・・・・・・ 162
てんかん ・・・・・・・・・・・・・ 107

と
頭囲・・・・・・・・・・・・・・・・・ 42
同一性・・・・・・・・・・・・・・・ 128
導尿・・・・・・・・・・・・・・・・・ 114
動脈管開存症・・・・・・・・・・・ 108
トキソイド ・・・・・・・・・・・・・ 119

な
生ワクチン ・・・・・・・・・・・・・ 119
喃語・・・・・・・・・・・・・・・・・ 65

に
二語文・・・・・・・・・・・・・・・ 66
乳児家庭全戸訪問事業・・ 156, 198
乳児死亡・・・・・・・・・・・・・・ 15
乳幼児健康診査・・・・ 149, 156, 197
「乳幼児身体発育調査」・・・・・・ 39
乳幼児突然死症候群
・・・・・・・・・・・・ 15, 53, 115, 174
乳幼児ゆさぶられ症候群 ・・・・・ 151
尿細管・・・・・・・・・・・・・・・ 49
尿路感染症・・・・・・・・・・・・ 110
任意接種・・・・・・・・・・・・・・ 119
妊産婦死亡・・・・・・・・・・・・・ 14
妊娠・出産包括支援モデル事業
・・・・・・・・・・・・・・・・・・・ 206
妊婦健康診査・・・・・・・・・・・ 201

ね
ネウボラ ・・・・・・・・・・・・・・ 27
寝返り ・・・・・・・・・・・・・・・ 58
ネグレクト ・・・・・・・・・・・・・ 152
熱けいれん ・・・・・・・・・・・・・ 98
熱失神・・・・・・・・・・・・・・・ 98
熱射病・・・・・・・・・・・・・・・ 98
熱性けいれん ・・・・・・・・・・・・ 99
熱中症・・・・・・・・・・・・・ 98, 162
熱疲労・・・・・・・・・・・・・・・ 98

ネフローゼ症候群 ・・・・・・・・・ 110

の
脳炎・・・・・・・・・・・・・・・・・ 93
ノンレム睡眠 ・・・・・・・・・・・・ 51

は
把握反射・・・・・・・・・・・・・・ 58
パーセンタイル値・・・・・・・・・・ 39
排尿・・・・・・・・・・・・・・・・・ 49
ハイハイ ・・・・・・・・・・・・・・ 59
背部叩打法・・・・・・・・・・・・ 178
排便・・・・・・・・・・・・・・・・・ 50
ハインリッヒの法則・・・・・・・・ 180
はしか ・・・・・・・・・・・・・・・ 91
恥・疑惑・・・・・・・・・・・・・・ 127
発達障害・・・・・・・・・・・ 22, 142
「発達障害者支援法」・・・・・・・ 142
発熱・・・・・・・・・・・・・・・・・ 81
バビンスキー反射 ・・・・・・・・・ 58
歯磨き ・・・・・・・・・・・・・・・ 121
場面緘黙・・・・・・・・・・・・・ 136
パラシュート反射 ・・・・・・・・・ 59
反抗期・・・・・・・・・・・・・・・ 69
晩婚化・・・・・・・・・・・・・・・ 18

ひ
ピアジェ ・・・・・・・・・・・・・・ 63
ひきつけ ・・・・・・・・・・・・・・ 86
微細運動・・・・・・・・・・・ 59, 62
人見知り ・・・・・・・・・ 54, 68, 70
ひとり遊び ・・・・・・・・・・・・・ 71
ひとり歩き ・・・・・・・・・・・ 20, 59
避難訓練・・・・・・・・・・・・・ 182
皮膚感覚・・・・・・・・・・・・・・ 55
飛沫核感染・・・・・・・・・・・・・ 90
飛沫感染・・・・・・・・・・・・・・ 90
肥満度・・・・・・・・・・・・・・・ 40
ヒヤリ・ハット ・・・・・・・・ 180, 194
病気・・・・・・・・・・・・・・・・・ 76

ふ
ファロー四徴症 ・・・・・・・・・・ 109

217

風しん ・・・・・・・・・・・・・・・・・・ 93
プール熱 ・・・・・・・・・・・・・・・ 95
不活化ワクチン ・・・・・・・・・・・・ 119
不感蒸泄量 ・・・・・・・・・・・・・・ 85
福祉事務所 ・・・・・・・・・・・・・・ 209
腹痛 ・・・・・・・・・・・・・・・・・・ 86
腹部突き上げ法 ・・・・・・・・・・ 178
不顕性感染 ・・・・・・・・・・・・・・ 94
不審者対策 ・・・・・・・・・・・・・・ 182
不正咬合 ・・・・・・・・・・・・・・・ 136
不慮の事故 ・・・・・・・ 15, 79, 174
分娩 ・・・・・・・・・・・・・・・・・・ 37
分離不安 ・・・・・・・・・・・・・・・ 68

へ
ペアレントトレーニング ・・・・・・・ 147
並行遊び ・・・・・・・・・・・・・・・ 71
ヘルスプロモーション ・・・・・・・・・ 2
ヘルパンギーナ ・・・・・・・・・・・・ 95
偏食症 ・・・・・・・・・・・・・・・・ 134
便秘症 ・・・・・・・・・・・・・・・・ 133

ほ
保育環境 ・・・・・・・・・・・・・・・ 162
保育所におけるアレルギー疾患生活
　管理指導表 ・・・・・・・・・・・・・ 101
「保育所における感染症対策ガイド
　ライン（2012年改訂版）」・・・・ 91
傍観 ・・・・・・・・・・・・・・・・・・ 71
胞胚 ・・・・・・・・・・・・・・・・・・ 36
ボウルビィ ・・・・・・・・・・・・・・・ 70
保健活動の目的 ・・・・・・・・・・・ 6
保健所 ・・・・・・・・・・・・・・・・ 208
母子健康手帳 ・・・・ 15, 23, 156, 201
母子保健 ・・・・・・・・・・・・・・・ 11
「母子保健法」・・・・・・・・・・・ 23, 196
母性の尊重 ・・・・・・・・・・・・・ 196
発作 ・・・・・・・・・・・・・・・・・・ 86
ポピュレーションアプローチ ・・・・ 198

ま
魔術的思考 ・・・・・・・・・・・・・・ 64
麻しん ・・・・・・・・・・・・・・・・・ 91

慢性糸球体腎炎 ・・・・・・・・・・・ 109

み
味覚 ・・・・・・・・・・・・・・・・・・ 54
未熟児養育医療 ・・・・・・・・・・ 211
未受診妊婦 ・・・・・・・・・・・・・ 201
水ぼうそう ・・・・・・・・・・・・・・ 93
みっかばしか ・・・・・・・・・・・・・ 93
脈拍 ・・・・・・・・・・・・・・・・・・ 47

む
むら食い ・・・・・・・・・・・・・・・ 134

め
免疫 ・・・・・・・・・・・・・・・ 53, 169
免疫グロブリン ・・・・・・・・・・ 53, 89

も
モロー反射 ・・・・・・・・・・・・・・ 58

や
夜驚症 ・・・・・・・・・・・・・・・・ 134
役割の混乱 ・・・・・・・・・・・・・ 128
夜尿症 ・・・・・・・・・・・・・・ 50, 132

ゆ
指しゃぶり ・・・・・・・・・・・・・・ 136

よ
養育支援訪問 ・・・・・・・・・・・ 199
要保護児童対策地域協議会
　・・・・・・・・・・・・ 155, 156, 208
溶連菌感染症 ・・・・・・・・・・・・ 96
夜泣き ・・・・・・・・・・・・・・ 53, 134
予防接種 ・・・・・・・・・・・・ 118, 199

ら
ライフサイクル ・・・・・・・・・・・ 126
卵子 ・・・・・・・・・・・・・・・・・・ 34

り
リウマチ熱 ・・・・・・・・・・・・・・ 96
離婚率 ・・・・・・・・・・・・・・・・ 17

流行性嘔吐下痢症 ・・・・・・・・・ 96
流行性耳下腺炎 ・・・・・・・・・・ 94
臨界期 ・・・・・・・・・・・・・・・・ 57

れ
レジリエンス ・・・・・・・・・・・・ 129
劣等感 ・・・・・・・・・・・・・・・・ 128
レム睡眠 ・・・・・・・・・・・・・・・ 51
連合遊び ・・・・・・・・・・・・・・・ 71

ろ
ローレル指数 ・・・・・・・・・・・・ 40

わ
ワクチン ・・・・・・・・・・・・・・・ 118
ワンストップ拠点 ・・・・・・・・・・ 206

●欧文
A
ADHD ・・・・・・・・・・・・・・・・ 144
ASD ・・・・・・・・・・・・・・・・・ 142

I
IgA ・・・・・・・・・・・・・・・・ 6, 53
IgA腎症 ・・・・・・・・・・・・・・ 109
IgE ・・・・・・・・・・・・・・・・・ 53
IgG ・・・・・・・・・・・・・・・・・ 53
IgM ・・・・・・・・・・・・・・・・・ 53

L
LD ・・・・・・・・・・・・・・・・・・ 145

P
PTSD ・・・・・・・・・・・・・・・ 184

Q
QOL ・・・・・・・・・・・・・・・・・ 2

S
SIDS ・・・・・・・・・・・・・・・ 115

W
WHO ・・・・・・・・・・・・・・・ 3, 11

監修者

倉石哲也（くらいし てつや）　武庫川女子大学 教授

伊藤嘉余子（いとう かよこ）　大阪府立大学 教授

執筆者紹介（執筆順、＊は編著者）

鎌田 佳奈美＊（かまた かなみ）
担当：はじめに、第1章、第1章コラム
摂南大学 教授
主著：『心とからだを育む子どもの保健2（演習）』（共著）保育出版社　2016年
　　　『小児看護学（TACSシリーズ⑧）』（共著）建帛社　2006年

辻 佐恵子（つじ さえこ）
担当：第2章、第2章コラム
北里大学大学院博士後期課程在学中（2018年現在）、北里大学 講師

池田 友美（いけだ ともみ）
担当：第3章、第3章コラム
摂南大学 准教授
主著：『ケアリング研究へのいざない――理論と実践』（共著）風間書房　2011年

森 瞳子（もり とうこ）
担当：第4章、第4章コラム
園田学園女子大学 助教

亀田 直子（かめだ なおこ）
担当：第5章、第5章コラム
京都大学大学院博士後期課程在籍中（2018年3月現在）、摂南大学 助教

古山 美穂（ふるやま みほ）
担当：第6章、第6章コラム
大阪府立大学 講師
主著：『すべての子どもたちを包括する支援システム』（共著）せせらぎ出版　2016年
　　　『今日の助産』（共著）南江堂　2013年

編集協力：株式会社桂樹社グループ
装画：後藤美月
本文イラスト：宮下やすこ
本文デザイン：中田聡美

MINERVA はじめて学ぶ子どもの福祉⑧
子どもの保健

2018 年 1 月 25 日　初版第 1 刷発行　　　　　　　　　〈検印省略〉

定価はカバーに
表示しています

監 修 者　　倉　石　哲　也
　　　　　　伊　藤　嘉余子
編 著 者　　鎌　田　佳奈美
発 行 者　　杉　田　啓　三
印 刷 者　　藤　森　英　夫

発行所　株式
　　　　会社　ミネルヴァ書房
　　　607-8494　京都市山科区日ノ岡堤谷町 1
　　　　　　　　電話代表　(075) 581 - 5191
　　　　　　　　振替口座　01020 - 0 - 8076

©鎌田ほか, 2018　　　　　　　　　　　　亜細亜印刷

ISBN978-4-623-07957-5

Printed in Japan

倉石哲也/伊藤嘉余子 監修

MINERVAはじめて学ぶ 子どもの福祉

全12巻／B5判／美装カバー

① 子ども家庭福祉　　　伊藤嘉余子/澁谷昌史 編著　本体2200円

② 社会福祉　　　倉石哲也/小﨑恭弘 編著　本体2200円

③ 相談援助　　　倉石哲也/大竹 智 編著　本体2200円

④ 保育相談支援　　　倉石哲也/大竹 智 編著

⑤ 社会的養護　　　伊藤嘉余子/福田公教 編著

⑥ 社会的養護内容　　　伊藤嘉余子/小池由佳 編著　本体2200円

⑦ 保育の心理学　　　伊藤 篤 編著　本体2200円

⑧ 子どもの保健　　　鎌田佳奈美 編著　本体2200円

⑨ 子どもの食と栄養　　　岡井紀代香/吉井美奈子 編著　本体2200円

⑩ 家庭支援論　　　伊藤嘉余子/野口啓示 編著　本体2200円

⑪ 保育ソーシャルワーク　　　倉石哲也/鶴 宏史 編著

⑫ 里親ソーシャルワーク　　　伊藤嘉余子/福田公教 編著

―――――――――――― ミネルヴァ書房 ――――――――――――

http://www.minervashobo.co.jp/